现代性批判的别样曲

——从《资本主义的终结》看西方马克思主义女性主义的资本主义观

XIANDAIXING PIPAN DE BIEYANGQU
CONG ZIBEN ZHUYI DE ZHONGJIE KAN XIFANG
MAKESI ZHUYI NÜXING ZHUYI DE ZIBEN ZHUYIGUAN

史巍 著

东北师范大学出版社 长春

图书在版编目（CIP）数据

现代性批判的别样曲：从《资本主义的终结》看西方马克思主义女性主义的资本主义观/史巍著．—2版．—长春：东北师范大学出版社，2015.3（2025.7重印）
ISBN 978-7-5681-0297-1

Ⅰ.①现… Ⅱ.①史… Ⅲ.①资本主义—研究—现代 Ⅳ.①D033.3

中国版本图书馆 CIP 数据核字（2015）第 267489 号

□责任编辑：王斯莹　□封面设计：张　然
□责任校对：曲　颖　□责任印制：张允豪

东北师范大学出版社出版发行
长春净月经济开发区金宝街 118 号（邮政编码：130117）
网址：http://www.nenup.com
东北师范大学出版社激光照排中心制版
河北省廊坊市永清县晔盛亚胶印有限公司
河北省廊坊市永清县燃气工业园榕花路 3 号（065600）
2015 年 3 月第 2 版　2025 年 7 月第 3 次印刷
幅面尺寸：170mm×227mm　印张：12.25　字数：192 千

定价：36.00 元

目　　录

引　言 …………………………………………………………… 1
一、作为现代性问题的女性问题 ……………………………… 27
　（一）女性问题的历史考察 ……………………………… 27
　（二）女性意识的觉醒与女性问题的理论自觉 ………… 30
　（三）女性问题何以作为现代性问题 …………………… 32
二、西方马克思主义女性主义现代性批判的基本理路 ……… 37
　（一）现代性批判的基本理路之一：资本主义批判 …… 38
　（二）现代性批判的基本理路之二：父权制批判 ……… 41
　（三）作为现代性问题的女性问题的奥秘——资本主义与父权制
　　　　的二元结构 ……………………………………… 44
三、《资本主义的终结》的资本主义批判与现代性批判 …… 51
　（一）《资本主义的终结》何以代表西方马克思主义女性主义的
　　　　资本主义批判 …………………………………… 51
　（二）《资本主义的终结》所体现的西方马克思主义女性主义的
　　　　资本主义批判何以体现现代性批判 …………… 55
　（三）《资本主义的终结》对资本主义的现代性批判何以体现
　　　　女性主义的思想立场 …………………………… 59

四、《资本主义的终结》现代性批判之一：经济一元论批判 ⋯⋯ 65
  （一）质疑经济一元论的唯经济论，提出多元经济论 ⋯⋯ 65
  （二）质疑经济一元论的有机体理论，提出新有机体理论 ⋯⋯ 70
  （三）质疑经济一元论的干预方式，提出新干预方式 ⋯⋯ 73

五、《资本主义的终结》现代性批判之二：阶级理论批判 ⋯⋯ 81
  （一）阶级状况的反思 ⋯⋯ 81
  （二）阶级概念的质疑 ⋯⋯ 87
  （三）一种新阶级理论 ⋯⋯ 93

六、《资本主义的终结》现代性批判之三：全球化批判 ⋯⋯ 100
  （一）女性空间——强奸空间——现代空间 ⋯⋯ 100
  （二）女性空间的占有与资本主义全球化的侵略 ⋯⋯ 108
  （三）追寻一种有丰富内涵的现代空间 ⋯⋯ 115

七、《资本主义的终结》现代性批判的新观点 ⋯⋯ 123
  （一）终结资本主义霸权形象，揭示资本主义新形象 ⋯⋯ 123
  （二）批判资本主义神圣形象，拯救资本主义非神圣形象 ⋯⋯ 129
  （三）资本主义霸权形象的解构与新图景建构的统一 ⋯⋯ 134

八、《资本主义的终结》现代性批判的新思维 ⋯⋯ 138
  （一）反思女性主义研究的问题式 ⋯⋯ 139
  （二）从女性主义思维方式到人类性思维方式的转变 ⋯⋯ 146
  （三）从整体性批判到多样性批判方式的转换 ⋯⋯ 151
  （四）政治经济学批判与批判精神 ⋯⋯ 157

九、《资本主义的终结》现代性批判的新路径 ⋯⋯ 162
  （一）思想立场之新 ⋯⋯ 162
  （二）思想理路之新 ⋯⋯ 167
  （三）思想观点之新 ⋯⋯ 172

结 语 《资本主义的终结》现代性批判的新问题 ⋯⋯ 178
后 记 ⋯⋯ 190

引　言

　　马丁·海德格尔（Martin Heidegger，1889～1976）曾经说过："每个时代的人都会热衷于某个问题，那么当今社会，对于性别差异的研究也许就是我们这个时代从理智上获得拯救的关键课题之一。"① 如果女性主义问题可以被作为时代问题予以理解，那么当西方马克思主义女性主义者朱丽叶特·米切尔（Juliet Mitchell，1940～ ）说出"我们应当提出女性主义问题，但要试图给出马克思主义的回答"之时，女性主义已经自觉地将自己与马克思主义联系在一起，西方马克思主义女性主义由此诞生。因此，西方马克思主义女性主义作为典型的以女性独特视角思考时代性问题的思想流派，不但体现了思想性的研究，更体现了人类性特征。那么如何将西方马克思主义女性主义的这一思想特征揭示出来，我们拟以《资本主义的终结——关于政治经济学的女性主义批判》②的研读代表对西方马克思主义女性主义的研究，从而揭示西方马克思主义女性主义的时代性特点、思想性追求和人类性特征。

　　我们拟采取专门性问题的研究方式对这一文本进行思想性研究，即将该书中的资本主义批判置于现代性批判的视阈进行专门性研究。选择这样的方式进行研究，一是基于国内理论界对西方马克思主义女性主义的研究状况；二是基于本人以往研究中对西方马克思主义女性主义的基本理解——西方马克思主义女性主义不应仅仅被看做是基于某种社会性别的性别研究，而应将其置于更加广阔的视阈内，在关涉整个人类大问题的视角上加以现代性批判。正是基于这两点想法，拟通过对西方马克思主义女性主义对资本主义的现代性批判的探讨，在诸多西方马克思主义女性主义的代表著作中选择最具代表性的、对这一问题的研究最为突出的《资本主义的终结》一书作为研究

---

　　① 秦美珠. 试论马克思女性解放思想的哲学意义 [J]. 兰州学刊，2004（6）.
　　② 在后文的表述中将《资本主义的终结——关于政治经济学的女性主义批判》简称为《资本主义的终结》。

对象，试图通过具体深入地分析，切入到具体问题，打开对西方马克思主义女性主义的研究思路。

（一）现状的把握

纵观国内理论界对西方马克思主义女性主义研究的发展历程，从宏观上看，无论是张一兵、周凡、李惠斌将西方马克思主义女性主义看做是后马克思主义思潮，还是王维、曾枝盛将其作为国外马克思主义的重要流派，国内理论界已经自觉地将西方马克思主义女性主义作为西方马克思主义流派中的新生力量看待；从微观上看，国内理论界对西方马克思主义女性主义的研究呈现出"百花齐放"的发展态势，具体来说表现为：在历史研究中把握关系，在经典阅读中寻找问题，在专门研究中反思现实的发展态势。

1. 在历史研究中把握关系

国内理论界对西方马克思主义女性主义的历史梳理以及评介性研究，从上世纪八十年代末九十年代初就已经开始了。一般来说，理论探讨多是从把握其历史发展的大体脉络出发，这既符合现实的要求，也符合理论自身的要求。在这方面作出较大贡献的，以沃野、戴雪红、王跃华、邵继红、秦美珠等为代表。他们或将西方马克思主义女性主义分做早期和晚期，认为早期的西方马克思主义女性主义从家务劳动出发探讨妇女的劳动与资本主义生产关系之间的必然联系，晚期的西方马克思主义女性主义从资本主义与父权制关系的角度探讨女性的解放问题；或将西方马克思主义女性主义的发展分为早、中、晚三个阶段，将唯物主义女性主义作为西方马克思主义女性主义发展的最新阶段，并对西方马克思主义女性主义各阶段关注的主要问题、主要观点等进行说明。

在对西方马克思主义女性主义进行历史评介的同时，国内理论界也重点对其中的若干关系给予了关注：马克思主义与女性主义的关系问题。一部分学者以沃野、继红等人为代表从女性主义研究出发，认为二者的关系是女性主义者"为了进一步有效地发展女性主义理论，不得不寻求新的理论荃源，以图科学地建造新的女性主义理论大厦。一些女性主义者对马克思主义的重视，就是因这种情势而导致的"①，他们"把视野从经济因素转向政治、历史、文化、生理等多种因素，以更开放的态度对待女性主义，使马克思主义能够破天荒地与女性主义结合起来。"② 他们认为西方马克思主义女性主义"使用了一些马克思主义的概念并赋予自己的理解，结合女性主义，对妇女解放提出了一套独特的主张和理论。"③ 另一部分学者从马克思主义的基本立场和观点出发，认为西方马克思主义女性主义不仅仅利用马克思主义的观点来进行女性主义研究，它本身也是一种马克思主义，"女性主义对马克思主义的解读是建立在批判基础之上的开拓性、创新性解读，是立足当代世界实际和学术前沿对马克思主义内在价值的提取和阐发，也是一个开辟新领域、创造新知识、构建新理论的过程"④，他们的研究使"马克思主义对资本主义的深刻批判，以及消灭压迫、消灭异化、实现人的全面发展的根本宗旨，在妇女解放问题的探讨也呈现得更加清楚。"⑤ 在历史脉络的梳理中对马克思主义与女性主义关系问题的理解往往又伴随着对另外一种关系的理解，即对马克思主义妇女理论与西方马克思主义女性主义研究关系进行的把握。比较常见的观点认为马克思主义妇女理论与西方马克思主义女性主义研究之间具有很大的差异，认为二者之间在指导思想、解释原则、发展模式和实现途径等方面存在着不同。如王谨等人认为从指导思想方面，西方马克思主义女性主义除了运用马克思主义妇女解放理论为指导思想之外，还吸取了西方马克思主义的一些观点，如安东尼奥·葛兰西（Antonio Gramsci，1891～1937）关于统治阶级文化领导权、文明社会内部的思想斗争的论点，路易斯·阿尔都塞（Louis Althusser，1918～1990）关于强调意识形态作用的思想，赫伯特·马尔库塞（Herbert Marcuse，1898～1979）的"性解放"、"性欲文明"的理论等。马克思主义的妇女理论认为私有制是妇女受歧视、受压迫的根源，而西方马克思主义女性主义则认为私有制并不能够完全涵盖妇女受压迫的根源；与之相应，马克思主义妇女理论寻求解放的道路是消灭私有制，而

---

① 沃野. 关于西方的马克思主义女权主义 [J]. 辽宁教育学院学报，1995（6）.
② 继红. 新马克思主义的女权主义理论 [J]. 马克思主义与现实，1996（2）.
③ 王谨. 新女权主义马克思主义 [J]. 教学与研究，1995（4）.
④ 王宏维. 女性主义：马克思主义的一个解读模式 [J]. 学术研究，2002（4）.
⑤ 王宏维. 女性主义：马克思主义的一个解读模式 [J]. 学术研究，2002（4）.

西方马克思主义女性主义则主张通过改良、建立妇女组织，发展慈善事业等方式来争取妇女解放。但是继红、叶苗等人也认为西方马克思主义女性主义在一定程度上就是马克思主义妇女理论在当今的发展，"突破马克思主义经典妇女理论，作出了一些新的解释"，实现了"对传统的马克思主义的妇女解放观进行了补充、批判和超越。"① 她们指出："马克思主义女性主义在对马克思主义妇女理论多方面的批评和质疑的基础上，以性别理论为突破口，为当代批评领域输进了新鲜血液……主张寻求女性的传统，强调女性经验、女性独特的想象力和理解力……扩大了女性主义的思考范围。"②

毫无疑问，国内理论界在对西方马克思主义女性主义历史发展脉络把握的同时，着重对其进行关系性的研究：在关系中理解历史，历史就会获得另外一个重要的参照系；在历史中把握关系，关系就会获得逻辑的生成性和厚重的历史感。在关系的发展中形成历史，历史就不再是事实和观点的简单堆砌，不再是代表人物和主要思想的循序介绍，而是理论按照自身的逻辑发展形成的观念生成史。正如吴晓明教授所指出的那样："对于马克思哲学之当代性的那种高度肯定，往往只是以最抽象和最空疏的辞令表现出来。"③ 在历史的形成中把握关系，关系也就不再是简单的肯定一方，否定另一方，而是在历史的生成过程中寻求理论之间的良性互动，这会给理论提供更为广阔的发展空间。因此，国内理论界对西方马克思主义女性主义的研究在历史性中把握关系，赋予了历史和关系以更为丰富的内容。

2. 在经典阅读中寻找问题

这里所说的"经典阅读"包含两个方面的含义：一是指西方马克思主义女性主义研究中公认的卡尔·马克思（Karl Marx，1818~1883）、弗里德里希·恩格斯（Friedrich Engels，1820~1895）关于女性问题的经典著作的阅读；二是指对西方马克思主义女性主义自身的经典作品的阅读。

前一个方面的经典阅读包括作为马克思主义妇女理论的最为重要的代表

---

① 叶苗. 略论当代西方马克思主义女权主义 [J]. 江西社会科学，2002 (5).
② 许鸿翔，周敏. 论马克思主义妇女理论对西方女权主义的吸收与借鉴 [J]. 大连大学学报（哲学社会科学版），2000 (3).
③ 吴晓明. 论马克思哲学的当代性. 当代国外马克思主义评论：第1辑 [M]. 上海：复旦大学出版社，2000：178.

作品：恩格斯的《家庭、私有制和国家的起源》、马克思的《共产党宣言》、《资本论》等。一些学者在对恩格斯的《家庭、私有制和国家的起源》的阅读中，针对西方马克思主义女性主义关于私有制和阶级是否是女性受压迫的根源展开了探讨。刘莉认为："私有制的出现是妇女受压迫的根源，但在很多历史条件下，它与许多历史因素同时出现，形成历史的合力，这些因素共同参与制造了母权的丧失。"① 同时西方马克思主义女性主义关于性别压迫的原因——资本主义和父权制的理解是对恩格斯提出的"最初的阶级对立，是同个体夫妻间的对抗的发展同时发生的，而最初的阶级压迫是同男性对女性的奴役同时发生的"② 思想的深化和丰富。何萍也从恩格斯的《家庭、私有制和国家的起源》出发，探讨了父权制如何阻碍妇女解放的实现。认为妇女解放的实质"是从性别歧视的角度批判父权制文化，要求充分肯定、发挥女性的生存价值，以推动历史的进步。"③ 还有一些学者通过阅读马克思主义的经典文本，结合西方马克思主义女性主义的研究，提出了女性的异化、社会性别意识消解以及女性主义问题与生态问题的一致性等问题，丰富和发展了对西方马克思主义女性主义的研究。

后一个方面的经典阅读首先包含了引入翻译的过程。从上世纪九十年代初开始，国内一些学者就致力于西方马克思主义女性主义经典的翻译和介绍，以李银河、艾晓明、王政、王逢迎等人为代表。如李银河翻译的《妇女：最漫长的革命》、艾晓明翻译的《女性主义思潮导论》、王逢迎等编译的《性别政治》等著作，使人们能够跨越时空的差异，把握西方马克思主义女性主义者的思想。围绕着经典文本的阅读，国内理论界纷纷展开了各自的研究。在这方面值得一提的是由复旦大学俞吾金教授担任主编、由秦美珠写作完成的《女性主义的马克思主义》一书，是国内理论界对西方马克思主义女性主义进行系统研究的第一本专门性著作。此书在对西方马克思主义女性主义经典著作阅读的基础上，对经典著作的基本思想作出了较为精准的归纳和

---

① 刘莉，王宏维. 重释恩格斯《家庭、私有制和国家的起源》：回应麦金侬"对马克思和恩格斯的女权主义批评"[J]. 妇女研究论丛，2003 (1).
② 刘莉，王宏维. 重释恩格斯《家庭、私有制和国家的起源》：回应麦金侬"对马克思和恩格斯的女权主义批评"[J]. 妇女研究论丛，2003 (1).
③ 何萍. 恩格斯的两种生产理论与妇女解放的观念变革 [J]. 武汉大学学报（哲学社会科学版），1995 (5).

总结，分析了西方马克思主义的相关问题，体现了国内理论界对西方马克思主义女性主义的思考。此外一些理论家在阅读经典的基础上，讨论了女性主义斗争与资本主义全球化的关系究竟怎样，性别斗争和阶级斗争哪一个是女性被压迫的首要因素，父权制和资本主义在女性的压迫中分别扮演什么样的角色，西方马克思主义女性主义研究能够使妇女获得怎样的解放等西方马克思主义女性主义关注的问题，形成了自己的观点。如陈学明教授认为《资本主义的终结》的重要闪光点在于作者对全球化展开的批判，并赞同作者的观点——全球化的旧范本应为新范本所取代："新范本的大致轮廓是强调行为的双方不再是单向的，而是双向的，即不仅仅强调男性对女性的渗透，资本主义经济对非资本主义经济的渗透，而且强调女性对男性的作用，非资本主义经济对资本主义经济的作用"，他认为"决不能忽视他们对当代资本主义，特别是对资本主义全球化的独到的判断……向当代资本主义的统一性、独特性和整体性发出挑战，并提出要从语言上和实际行动上打碎它们，终结这种资本主义的活力。"① 赵凯在阅读《资本主义的终结》一书后，认为对于阶级斗争和性别斗争的关系如何界定的问题可以使用这样的方法，即"将阶级理解为'剩余劳动占有和剩余劳动分配的社会过程'，用'剩余劳动'来分析出男性对女性的性别压迫和性别剥削、资产阶级对无产阶级的经济剥削、发达资本主义国家对第三世界的经济剥削，这样的经济分析有助于个人廓清对性别剥削、阶级剥削等多样化剥削的认识，强化被剥削的个人的阶级主体意识，把所有遭到剥削和压迫的边缘力量联合起来。"② 对于父权制和资本主义的关系，戴雪红在对《性别政治》一书阅读的基础上提出了"父权制与资本主义是一体的。既不能把它们看做有着明显区分的、相对独立的两个系统，也不能把它们看做仅具有一种密切联系的互补关系，更不能把父权制关系看做是居首位的……反对父权制的斗争是反对资本主义斗争的一个重要方面；只有摧毁资本主义，女性才有可能从父权制的社会结构中赢得彻底解放。"③

---

① 陈学明. 西方女性主义的马克思主义对资本主义全球化的独特批判 [J]. 毛泽东邓小平理论研究，2007 (1).
② 赵凯. 反本质主义的马克思主义和女性主义者立场：《资本主义的终结：关于政治经济学的女性主义批判》评介 [J]. 妇女研究论丛，2004 (5).
③ 戴雪红. 父权制与当代资本主义批判：女权主义的理论透视 [J]. 妇女研究论丛，2001 (6).

戴雪红还提出："性别斗争是不同于阶级斗争的其他斗争类型中的一种。阶级解放不等于女性解放……没有阶级解放就没有女性解放，推翻资本主义能创造有利于女性解放的条件。"① 针对西方马克思主义女性主义能否使女性获得解放，戴雪红认为："马克思主义要求工人阶级团结起来推翻资本主义，而女权主义者不可能将自身融入这一革命事业中去……马克思主义女性主义理论确实是一种很有价值的思想，但也只不过是一种思想而已。"②

国内理论界通过对马克思、恩格斯关于女性主义问题的经典著作和西方马克思主义女性主义的经典文本的阅读，走进了西方马克思主义女性主义，寻找到各自眼中女性主义问题的症结，真实地思考女性所面临的困境，并试图寻找走出困境的切实道路。经典阅读基础上的问题提出，不但使国内理论界对西方马克思主义女性主义的研究获得多样性视角，而且能够逐渐自觉地站在马克思主义的立场上思考女性主义问题，形成自己的问题阈，这种努力和尝试有助于建立原创性女性主义的马克思主义观点，发展出中国自己的马克思主义女性主义。这对于国内理论界无疑是具有更为重要的意义。

3. 在专门研究中反思现实

国内理论界对西方马克思主义女性主义的研究，还有另外一种研究方式，即对西方马克思主义女性主义进行专门性研究。有的学者针对西方马克思主义女性主义研究中的整体趋向进行研究；有的针对西方马克思主义女性主义的各种具体流派进行分门别类的研究；有的学者针对西方马克思主义女性主义的具体问题进行思考，其中包括对两种分工的思考、对家务劳动的思考、对社会性别的思考、对女性解放的思考等。在专门性研究的基础上，将理论研究与女性主义问题的现实状况及女性面临的现实问题结合起来进行思考。这些研究从不同的角度探讨与西方马克思主义女性主义相关的各种理论，深化了理论界对西方马克思主义女性主义的理解，也使西方马克思主义女性主义理论与现实结合的日益紧密。

对西方马克思主义女性主义的专门研究，首先体现在对西方马克思主义

---

① 戴雪红. 父权制与当代资本主义批判：女权主义的理论透视 [J]. 妇女研究论丛，2001 (6).
② 戴雪红. 父权制与当代资本主义批判：女权主义的理论透视 [J]. 妇女研究论丛，2001 (6).

的整体趋向的研究上。强乃社认为这一趋向"就是反思近代和现代女性主义对女性同一性（identity）或者女性身份的研究，批判性地吸收后现代主义思潮的观点，并重新重视马克思的唯物主义理论，进一步展开对社会性别的社会建构的批判性分析。"① 张羽佳认为西方马克思主义女性主义趋向于在认识论上开启新的视阈，即从立场认识论到经济分析法；在话语分析上，体现为从启蒙叙事到后现代叙事；从基本精神的延续上，体现为从女性的解放与人类的解放。其次体现在对西方马克思主义女性主义各门具体流派的研究。如刘晓芳对唯物主义的女性主义理论进行了理解和反思，认为唯物主义的女性主义是"对家务劳动和社会劳动、资本主义和父权制、文化和意识形态的分析批判基础上，在反抗资本主义的斗争中逐步深入、逐渐成熟并最终形成了比较完整的理论体系。"② 再次体现在对西方马克思主义女性主义具体问题的研究。如秦美珠对两种生产的研究，认为"当西方马克思主义女性主义者借用马克思、恩格斯的两种生产理论作为她们理论分析的基石时，她们批评马克思、恩格斯强调了物质生产的决定作用而忽视人类自身生产的作用。她们看到了物质生产与人类自身生产之间的辩证法……但当她们试图通过展开物质生产与人类自身生产之间的辩证法来说明妇女受压迫的状况时，她们把妇女受压迫的物质生产因素与人类自身生产因素置于两个分离的结构中。"③ 这就导致她们用二元对立的观点④将性别分析和阶级分析放在不同的领域，最终导致二者的结合不可能成功。叶苗对两种劳动分工颇有研究，她认为西方马克思主义女性主义在马克思主义妇女理论基础上探讨妇女受压迫的根源，将劳动分为家务劳动和社会劳动两个领域，她们"不同程度地呼吁妇女进入社会化大生产，将妇女的经济独立及生活状况的改善放在首位，力争家务及养育后代的工作社会化，这些观点对全世界妇女解放运动都有着深刻的理论

---

① 强乃社. 超越女性同一性与回归马克思主义：论第三波女性主义哲学思想中的一种倾向[J]. 社会科学辑刊，2007（2）.
② 刘晓芳. 从西方女权主义社会主义思潮看现代女性的发展[J]. 学术交流，2004（11）.
③ 秦美珠. 历史的误读：西方马克思主义女性主义关于两种生产理论[J]. 华东理工大学学报（哲学社会科学版），2005（2）.
④ 西方马克思主义女性主义二元对立的观点也可以称为"二元制"，即认为资本主义与父权制是造成女性主义问题的根源，并认为其分属于阶级和性别两个不同的领域。

启示。"① 杨晓宁认为："社会性别概念是女性主义研究的核心概念，但对社会性别概念仍然没有完全摆脱传统理性主义中的二元论倾向，仍然把男女意识作为一成不变的、固定的观点，这显然带有研究现实的局限性，难以解释现存的阴阳交错的现象。"② 何平和吴风反对社会性别定型论，"女性主义者的主要任务之一，就是将被客体化的'他者'重新加以界定，召唤其主体，建立新的论述，进一步逆转'他者'在知识与权力间被支配的地位。"③ 秦美珠从人类解放的角度理解了女性解放问题："没有真正的女性解放，也就不可能有人类解放，当然不以人类解放为前提的女性解放也不可能使女性获得真正的解放。在马克思看来，女性解放就是在充分发展的基础上结束资本统治，消除异化，结束把权力当做统治来行使，恢复权力的创造性的、维持生命的特征，恢复感性的自然界，使女性和男性都获得解放，使双方之间良性的互动。"④

国内理论界对西方马克思主义女性主义进行专门理论研究的同时，也注重将理论的研究同女性所处的社会现实状况和具体实际问题相结合，即注重理论与实践相结合的研究。如刘晓芳基于西方马克思主义女性主义的研究，提出自我意识的觉醒是现代女性发展的前提、经济独立是现代女性发展的关键、制度建构是现代女性发展的保障等思想，为现代女性主义问题的研究与发展提供了重要的启示。何平和吴风从西方马克思主义女性主义的社会性别反观当前的"超级女声"现象，认为"超级女声"实现了对女性身体审美准则的颠覆，指出"超级女声"在不经意间表达了自主意识，因此从女性主义角度来看，具有相当的积极意义。但"超级女声"的崇拜者既不足以成为推进社会发展的思想公众，也无法从个体情感自发上升到集体理性自觉，而只是在客观上起到提醒人们重视私人领域的作用。理论与实践相结合的研究一方面对西方马克思主义女性主义的研究起到了深化的作用，更为重要的是使西方马克思主义女性主义研究与现实生活的实际相结合。这样的研究就不再

---

① 叶苗. 略论当代西方马克思主义女权主义[J]. 江西社会科学，2002 (5).
② 杨晓宁. 社会性别概念与女权主义：从历史唯物主义的视角看社会性别概念的产生[J]. 大连大学学报（哲学社会科学版），2003 (5).
③ 何平，吴风. "超级女声"与性别政治：西方马克思主义女性主义视角[J]. 南开学报（哲学社会科学版），2005 (5).
④ 秦美珠. 试论马克思女性解放思想的哲学意义[J]. 兰州学刊，2004 (6).

仅仅被理解为女性自己的事情，而是社会的、现实的问题；不再仅仅是说西方社会中"别人的事"，而是在说我们自己当下面临的事情；不再仅仅是建筑理论的空中楼阁，而是在现实基础上生发理论，在理论指导下审视现实。这样对西方马克思主义女性主义的研究才更有意义。

纵观现有的研究成果，我们会发现国内西方马克思主义女性主义研究取得了很大的理论成就。但如何在对西方马克思主义女性主义的研究中寻找到各自眼中女性主义问题的症结，思考女性所面临的困境，努力寻求走出困境的切实道路；如何自觉地站在马克思主义和西方马克思主义的立场上思考女性主义问题，努力建立原创性的马克思主义女性主义的思想观点，发展出中国自己的马克思主义女性主义；如何在现有的西方马克思主义女性主义研究的基础上更进一步挖掘其真实内涵、思想轨迹、逻辑脉络、思维方式、精神实质、价值旨归等问题，是需要我们进一步深入研究的。在我们看来，西方马克思主义女性主义越来越受到马克思主义研究者的重视，研究成果也越来越丰厚。但这些研究中多是以一般性介绍为主，专题性研究较少，对西方马克思主义女性主义的著作的翻译也相对较少。如果我们仍然可以用托马斯·库恩（Thomas Kuhn，1922～1996）的范式理论来概括的话，毫无疑问，国内理论界对西方马克思主义女性主义的研究尚处在知识性研究范式和历史性研究范式之间，即把西方马克思主义女性主义"作为探究世界普遍性的知识而有其相对的确定性、独立性、模式化的知识体系"，或"进行史学意义上的断代分别，按学派、人物、事件、思想观点进行历史性的描述，达到对其客观介绍，客观了解和客观把握。"① 造成这种状况的原因可能与长期以来将西方马克思主义女性主义与马克思主义妇女理论作为资产阶级妇女理论和无产阶级妇女理论对立的定位有关。无论如何，这种研究是不够的，在很大程度上尚未触及到西方马克思主义女性主义问题本身。这一方面造成了国内理论界对西方马克思主义女性主义的误解，即认为其仅仅是一些女性主义学者闲暇之中的"闲言碎语"或"无病呻吟"，无法上升到理论层面上进行探讨，使其研究在实际生活中常常处于比较尴尬的境遇；另一方面更为重要的是，西方马克思主义女性主义的研究，对马克思主义的发展（在一些学者看来是

---

① 韩秋红. 西方哲学史的研究范式 [J]. 新华文摘，2008（9）.

曲解）所具有的启示和借鉴作用常被人们所忽视。在我看来，对西方马克思主义女性主义的研究要从对其的知识性研究和历史性研究中转变出来，真正地面向西方马克思主义女性主义思想和问题本身进行真正的哲学（或者是政治经济学）探讨，将其中所蕴含的思想的丰富性、逻辑的展开性、现实的关怀性和人类精神的崇高性真实地揭示出来。

（二）前提性反思

本书拟对西方马克思主义女性主义作出思想性研究，随之而来的问题就是如何对这一问题进行思想性研究。这一问题包含了以下这样一些问题：何谓思想性研究，我们选择何种路径进行思想性研究，这种研究方式能够为我们带来何种启示。思想性研究就是"面向事情本身"的研究。在现代西方哲学领域中，现象学和分析哲学无疑是公认的对现代西方哲学影响最大的思想潮流。深究其原因，就在于它们为现代西方哲学带来重要的方法论原则。前者是"面向事情本身"的现象学还原方法，后者是分析的方法。因此，想要理解一种思想的本来面目，想要将一事物从纷繁复杂的表面现象中"拯救"出来，现象学"面向事情本身"的研究方式提供了很好的思想启示。面向西方马克思主义女性主义思想和问题本身的研究，在我看来也可分为两种方式：一是基于西方马克思主义女性主义思想的文本进行文本分析和文本解读，从中找出理论问题，并对理论问题展开思考；二是在对西方马克思主义女性主义的宏观理解中寻找到具体问题，再深入文本对具体问题加以研究。无论如何，选择哪一种思想性研究方式都离不开对文本的研读、探讨和对典型性问题的把握。正如汉斯-格奥尔格·伽达默尔（Hans-Georg Gadamer，1900～2002）所说的那样："文本的意义超越它的作者，这并不只是暂时的，而是永远如此的。因此，理解就不只是一种复制的行为，而始终是一种创造性的行为。"① 文本本身代表了历史的真实性，读者对于文本的理解具有理解的真实性，历史的真实性与文本的真实性的内在关联使得对文本研读代表了一种对文本进行真实理解的方式。基于这样的理解，将本书的立足点放在文

---

① 伽达默尔. 真理与方法：上卷 [M]. 洪汉鼎，译. 上海：上海译文出版社，1999：380.

本研读上，并选择了国内理论界公认的西方马克思主义女性主义的代表性文本——《资本主义的终结》作为文本基础（选择此文本的原因后文将有所交代），集中分析其对资本主义进行的批判，将其进一步提升为现代性批判而展开专门性、思想性、典型性的研究。即将研究问题确立在西方马克思主义女性主义的资本主义批判上，认为西方马克思主义女性主义的资本主义批判较为典型地体现为现代性批判。这种对文本的阅读不代表"在心理上重建过去的思想"，而在于"把过去的思想融合到自己的思想当中"，"因为历史精神的本质并不在于对过去事物的修复，而是在于与现实生命的思维性沟通。"① 在对这一问题加以具体研究之前，对于一些前提性问题是有必要进行反思的，这样的问题包含以下几个问题：

1. 如何理解资本主义

"资本主义"这一概念看似简单，却很难对其做出准确的概念界定。因为"资本主义"这一概念本身具有内在的复杂性。我们可以说资本主义是一种国家形式，但它又不单纯指一种国家形式，更多的时候它也指代在这种国家形式之下存在的社会制度、经济制度、意识形态和文化制度；我们可以将资本主义放在马克思主义所说的社会发展的"五形态"中理解，但这也不是资本主义的全部内涵，因为资本主义并非只是封建制度与社会主义之间的过渡，而更代表了一种行为方式和生活方式；我们可以将资本主义理解为一种批判的对象，但它在某种程度上又是现存世界上大多数人每天面对的真实生活世界。同时我们又清晰地知道资本主义不是什么：资本主义不是单纯的国家制度，不是单纯的封建制度和社会主义制度之间的过渡形式，不仅仅是一种抽象的、观念的对象。如此看来，想要对"资本主义"这一概念本身做出界定是很困难的，那么对"资本主义是什么"的问题不用概念界定的方式，而是用现象学所说的事实描述的方法思考这个问题时，可否这样认为，资本主义作为一种大多数人生活于其中的真实生活世界，不仅是一种社会形态和国家制度，更是一种政治形式、经济形式、意识形态和文化形式，它不但决定了人们在社会生活中的行为方式，更作为人们的思维方式存在。如果可以这样描述资本主义，那么"资本主义"就不单纯是经济层面和政治层面上的

---

① Hans-Georg Gadamer. Wahrheit und Methode, I, J. C. B. Mohr (Paul Siebeck), Tuebingen, 1986: 174.

制度，更代表了一种文化层面上的思维方式。

如此看来，对资本主义本身的探讨或者对资本主义所进行的批判，必然衍生出对作为一种经济和政治制度的资本主义的制度批判，对作为一种文化观念的资本主义的文化批判，而以上两种批判的进行都是在思维方式的基础上发生的。或许这样对资本主义的理解才能全面地把握资本主义的整体特征，也才能对资本主义进行更为彻底的批判。如果能够这样理解资本主义本身以及随之衍生出来的资本主义批判，那么我们就更加清楚为什么该书中两位西方马克思主义女性主义者对马克思主义发展状况的焦虑以及对女性主义问题解决的渴求最终都集中于对资本主义本身的探讨。因为资本主义作为一种经济制度、政治制度、文化观念以及思维方式构成了无论是女性主义者还是马克思主义者所生存的真实的生活现实，而理论的批判首先应该根植于现实状况，因此对资本主义的批判是马克思主义思想发展以及女性主义问题解决的前提性问题。同时，我们也对该书中两位西方马克思主义者对资本主义批判的思路有了更加清晰的认识。她们从经济制度、政治制度、文化观念的层面对资本主义进行了逐层深入地批判，特别是基于政治经济学的女性主义批判（该书副标题），更体现了其思维方式的独特性。本着这样的思考，本书将对《资本主义的终结》一书的资本主义的现代性批判加以具体探讨，并从中离析出资本主义的现代性批判所体现独特的思维方式，确立该书由于思维方式变革所开启的新观点、新视野和新问题。

2. 西方马克思主义女性主义为什么要以资本主义为对象展开批判

将"资本主义"问题具体到西方马克思主义女性主义研究上，西方马克思主义女性主义者对资本主义的理解表征出这样一种共同性：她们不仅仅探讨资本主义在国家制度层面是如何表现的，而是集中探讨作为一种政治、经济、文化形态相统一的资本主义是如何表现的，这样的表现何以直接体现为女性主义问题，如何把女性主义问题理解为资本主义的制度问题、观念问题，如何在阶级、全球化等问题上进一步理解女性主义问题，显然，西方马克思主义女性主义具有独特的思维方式。这首先是西方马克思主义女性主义作为对女性主义自身问题的研究，必须具有女性主义思考问题的典型思维方式。这就是说，在其对资本主义问题加以批判的过程中总是在女性主义的思想框架内理解问题的——女性主义问题是社会历史文化造成的，作为女性主义问题的二元制之一的资本主义对于女性主义问题起作用的方式自然也更多的是历史文化层面的，这种文化层面上的霸权与制度层面上的霸权相结合，才使得其具有了全面的、深刻的霸权地位。即在她们看来，资本主义是造成女性主义问题的根源。因为资本主义作为一种社会制度所具有的政治经济形态而产生的霸权是其在文化形态上处于霸权地位的原因，而其作为文化形态所具有的霸权地位更是导致其他文化形式处于劣势地位和边缘地位的原因。因此，只有对现代性意义上的资本主义进行现代性批判，采取解构的方式解构资本主义的整体性霸权，才是政治经济学的女性主义批判，也才形成了资本主义是女性主义问题的根源，只有对资本主义进行政治、经济、文化等全面的现代性批判才能真正根除这种霸权的观点。

其次，西方马克思主义女性主义具有的独特思维方式还表现在，政治经济学批判与文化批判相互一致，解构主义与建构主义相互统一，女性主义立场与人类性立场相互结合的思维方式。作为始终将马克思主义视为重要思想基础的西方马克思主义女性主义，其对问题的把握始终坚持着马克思主义的思想立场，在其对资本主义展开批判的过程中也是如此。依据马克思实践观点思维方式，西方马克思主义女性主义者在思考问题的过程中，如同马克思主义者一样注重在生产力和生产关系的互动中寻求问题的根源。因此，她们对资本主义的现代性批判总是以对资本主义的政治经济学批判为基础，以人们真实的实践活动为出发点，以政治经济学的批判与女性主义问题的文化批判相结合为方法，以人类性的思想立场思考女性主义问题为原则，以建构西方马克思主义女性主义理论为价值旨归，以表征西方马克思主义女性主义的马克思主义为思维方式。我们知道以格奥尔格·卢卡奇（Georg Lukacs，1885~1971）为代表的西方马克思主义者继承了马克思主义现代性批判的思想理论，以对现实问题的现实批判开创了西方马克思主义的思想先河。这一点在法兰克福学派那里表现得尤为典型。西方马克思主义女性主义似乎也继承了从马克思到西方马克思主义的现代性批判的思维方式，她们将资本主义作为同法兰克福学派眼中的物化问题、异化问题、大众文化问题、工具理性问题一样的现实问题，特别认为女性主义问题就是资本主义更为现实的问题，使西方马克思主义女性主义始终以资本主义为对象展开现代性批判。

3. 为何要将西方马克思主义女性主义的资本主义批判视为现代性批判

通过以上的说明，表明我们对资本主义本身的理解是从经济、政治、文化和思维方式等方面加以展开的，因此由之衍生的对资本主义的批判也应该从这些方面全方位的展开。本书不但对两位西方马克思主义者对资本主义的全面批判展开理论探讨，更将这一批判放在现代性批判的维度上加以审视，这需要说明理由。

理论界比较公认的说法来自于米歇尔·福柯（Michel Foucault，1926～1984），即现代性是伴随着启蒙而来的"一种精神气质和一种思维方式"。在马克思看来，现代性是以资本主义为根本原因所导致的一系列异化状况。"中世纪的俗语'没有无主的土地'被现代俗语'金钱没有主人'所代替，后一俗语清楚地表明了死的物质对人的完全统治。"① 这就是现代性问题的核心。即现代性问题产生的根源在于新的生产关系——资本主义生产关系所导致的异化，也就是说马克思现代性批判在致力于批判现实世界中的异化状况的同时，也将矛头对准了资本主义。在西方马克思主义者的观点中，现代性问题的观点多有分歧，如早期西方马克思主义与马克思观点较为类似，将其定位在资本主义所导致的物化状况上；法兰克福学派将现代性问题理解为"启蒙的逻辑"或现代性的"同一原则"，这种观点更类似于在文化意义上寻求现代性问题的解决方案。我们暂且不讨论这种解释原则的不同，也不讨论这两种在思想逻辑上具有承继关系的观点是如何演变的。我们仅从其思想内部就看到，其批判始终是对准资本主义（即使后者是在文化层面上进行批判，但仍然认为"启蒙的逻辑"就是"现代性的逻辑"从根本上来说就是由"资本的逻辑"所造成的）；在西方马克思主义女性主义看来，现代性问题是女性主义问题所面临的实际状况，这种状况是由"二元"的压迫所造成的，即资本主义和父权制。前者是在制度层面上，后者是在文化层面上，两者的结合使得现代性问题加倍作用于女性主义问题。如果大众文化是现代性的产物，那么女性就是深受大众文化侵害的主要群体；如果说消费异化和日常生活异化是现代性生活中必须面对的问题，那么女性就作为这种异化的实际承担者而深受其害；如果说工具理性是现代性的主要表现，那么工具理性的运

---

① 马克思，恩格斯. 马克思恩格斯全集：第42卷[M]. 北京：人民出版社，1979：85.

用彻底地将女性排除出社会的关键领域之外。在这个意义上来说，父权制如果是女性主义问题的历史文化根源，它使女性的受压迫成为一种传统；那么事实上，在资本主义的作用下，父权制获得了制度上的支持而上升为一种社会所普遍接受和认同的事实，更因为这种事实对巩固资本主义经济、政治、文化制度本身的重要意义，使女性主义问题根深蒂固地成为难以改变的现代性问题。在现代性条件下，女性主义批判的对象首先应该是资本主义，其次才是父权制。因此，西方马克思主义女性主义对资本主义的批判始终是基于现代性批判的思想理路上（无论是在马克思主义、西方马克思主义还是在对女性主义问题的关注上）。

　　回到对该书的研究，该书对资本主义的批判也是基于现代性批判的。或许该书的作者是从马克思的政治经济学批判中获得启示，她们对资本主义的批判也是分为两个层面：其一是政治经济学批判，其二是文化批判。前者是后者的思想基础，后者是前者的理论推进，这双重批判共同构成了其对资本主义的现代性批判。

（三）研究的方式

　　具体到该书的研究中，如何将西方马克思主义女性主义对资本主义的现代性批判真实地揭示出来，尤其是西方马克思主义女性主义作为一个思想流派，其中诸多思想家对资本主义的现代性批判的思想观点各异、理解方式不同，甚至有许多相互冲突的思想。在这当中，如何真正切入到西方马克思主义女性主义的资本主义批判上来呢？本书拟采取典型性的文本选取与思想性的研究方式进行研究。典型性的文本选取是指在诸多文本中选取典型性文本进行文本研读，并认为这是对西方马克思主义女性主义进行思想性研究的重要方式之一。这样讲的理由有两种：一是选择典型性经典文本阅读，能够在学术观点的相互冲击中，避免惯用的求同存异方式，抹杀西方马克思主义女性主义思想中的真正闪光点，避免其中一些包含真知灼见的观点被我们疏忽或遗忘；二是这种研究方式确实是国内理论界尚有欠缺的方面，正如学者张一兵所说："相对于国外相同的研究领域，上述缺陷已令我辈汗颜，它们仿佛完形缺口向我们展示着两个最重要的研究前景：即经典文本的深度解读和全新研究范式的建构。"① 没有深入文本本身，而妄言思想本身是徒劳的。也就是说只有对经典文本进行深入耕犁，才有助于对全新研究方式的理论建构，而这正是国内西方马克思主义女性主义研究问题的症结所在。对典型性文本的阅读正能够在此两个方面有所着力。

那么接下来的问题就是如何在西方马克思主义女性主义浩如烟海的文本中选取"典型性"文本。在我看来，西方马克思主义女性主义的典型性文本应该具有两个特征：一是体现其对时代问题特别是对女性主义问题的真实关注，二是对马克思主义相关理论的典型运用。前者体现其作为女性主义的理论旨趣及价值取向，后者作为其重要的方法论原则使其与自由主义女性主义、激进主义女性主义、后现代女性主义等作出鲜明的区分。而这两点就是我选择西方马克思主义女性主义者 J. K. 吉布森-格雷汉姆②的《资本主义的终结》作为典型性文本加以研究的原因所在。

《资本主义的终结》一书的典型性首先体现在该书所建构的思想理论上。该书并非空泛地谈论资本主义在制度层面上如何终结，它所谓的"资本主义的终结"是特指资本主义霸权概念的终结，也就是与我们惯常所熟知的资本主义全球化怀有必胜信念的各种学说相抗衡，其以"为什么女性主义者正在进行革命，而马克思主义者还在等待革命"为问题，探讨了传统马克思主义③存在的矛盾，即将资本主义社会中种种异化现象描述的异常惨烈，却又无力提出改变途径。这种理论的直接后果就变成了资本主义是不可战胜的，我们只能安静的等待出现一个时机——进行革命的时机。在对资本主义霸权概念的质疑中，两位西方马克思主义女性主义者延续了马克思思考问题的方式。马克思将其一生中的重要著作冠以"经济学哲学手稿"、"政治经济学批判"之名，是向人们表明其研究和思考的方式所展现其思想理论的批判精神，即从政治经济学出发对社会的核心领域——经济领域进行批判，动摇整个社会结构的基础，最终对整个社会结构展开批判。凯瑟琳·吉布森和朱

---

① 张一兵. 文本的深度耕犁 [M]. 北京：中国人民大学出版社，2004.
② J. K. 吉布森-格雷汉姆是美国学者凯瑟琳·吉布森和澳大利亚学者朱丽·格雷汉姆两人合用的笔名。她们都是所在国家的马克思主义女性主义学者、大学教授，也都致力于政治、经济、社会领域的研究，特别是上述领域中的马克思主义角度的女性主义研究。
③ 在西方马克思主义女性主义看来，传统马克思主义主要是指在她们之前的以卢卡奇和法兰克福学派为代表的西方马克思主义。

丽·格雷汉姆延续了这样的批判方式。其一，她们将女性主义问题的根源放在现代性的视阈中进行审视，认为只有深入地对资本主义进行政治经济学批判才能真正地将作为现代性问题的女性主义问题加以解决；其二，她们所进行的政治经济学批判与马克思的政治经济学批判有异曲同工之妙——马克思从商品、资本、劳动、异化等作为社会生产、社会生活的基本范畴出发进行政治经济学的批判，而这两位西方马克思主义女性主义学者则从劳动、资本、阶级、全球化等概念出发对资本主义展开现代性批判，这其中既包含了西方马克思主义女性主义学者以马克思主义为基本方法和基本立场，更表明了其对现代性问题的理论敏感和及时捕捉；其三，该书将女性主义立场与资本主义批判统一起来，即将男性和女性与资本主义和非资本主义因素相比拟，通过对女性主义问题的反思自然地切入到对资本主义的批判上来，又通过对资本主义的现代性批判，阐明女性在现代性中的重要地位及重要作用，特别是在克服资本主义固有问题及全球化问题上所具有的独特作用。

《资本主义的终结》一书的典型性其次体现在该书的研究方式上。该书所采取的研究方式即包含对资本主义霸权概念进行马克思主义的现代性批判，在批判的过程中又将西方马克思主义者阿尔都塞的反本质主义的多元决定论和雅克·德里达（Jacques Derrida，1930～2004）的解构主义研究方式囊括其中。一方面通过现代性批判解构资本主义所固有的霸权形象："一个巨大有力、持久不断、积极主动、广泛扩张、步步紧逼、充满活力、转体变形的新事物；一个包罗万象、无孔不入、有条不紊、殖民拓地、强制他人的侵略者；一个有系统解构、能自我繁殖、似乎合理合法、能自我矫正的原生物；一个组织和被组织、集中和被集中的矛盾体；一个始发性、原创性、多变性的创造物；一个战无不胜、蓬勃向上的战斗者；一个自我认同、自我表现、丰富多彩、个性鲜明、名副其实、积极进取的主人翁。"[①] 这一霸权形象由"神化"变得真实、合理。另一方面又通过多元决定论重新分析了资本主义的阶级关系、资本主义全球化的进程及资本主义的福特制和后福特制中的若干复杂因素，将简单地界定资本主义过程中被忽视和略过的一些重要概念重新进行审视和理解，同时将资本主义作为男性的特权与女性相对立，将资

---

① J.K. 吉布森-格雷汉姆. 资本主义的终结：关于政治经济学的女权主义批判 [M]. 陈冬生，译. 北京：社会科学文献出版社，2002：5.

本主义霸权地位中的女性生活状况通过政治经济学批判真实地揭示出来。

《资本主义的终结》一书的典型性还体现在该书的价值旨归上。在我们看来，现代性批判始终是与对人类形而上精神的重构紧密地结合在一起的，现代性批判作为一种内在否定性的精神力量始终推动着人类形而上精神前行。该书不仅仅是想通过对资本主义隐喻的男性霸权的批判而对女性权力有所希冀，而是将女性主义问题不再作为一个单一的社会性别问题，并置于现代性和全球化的大背景之下，研究女性在现代性中所处的位置问题，也就是研究整个人类在现代性际遇之下所作出的利益牺牲和利益选择的问题，将女性的自由和解放问题放在整个人类的自由和解放的问题上进行研究。因此，凯瑟琳·吉布森和朱丽·格雷汉姆才积极地寻求以马克思的现代性批判的思维方式、以阿尔都塞的多样性的反本质主义方法以及德里达的解构主义方法解构现代性的权力系统为代表的现代性批判方式，进一步批判资本主义，为女性的自由与解放建构一种可行的思路与途径。这一理论旨趣鲜明地反映了西方马克思主义女性主义的基本立场——女性主义立场与人类性立场相互结合，能够改变国内理论界对西方马克思主义女性主义的错误认知和理论误解，还西方马克思主义女性主义研究以本来面目。

《资本主义的终结》一书的典型性最终体现在西方学者对该书及该书作者的高度评价上。该书的作者凯瑟琳·吉布森和朱丽·格雷汉姆作为美国、澳大利亚的西方马克思主义女性主义的权威学者，代表了美国和澳大利亚理论界对女性主义问题的思考。她们对政治、经济、文化等社会领域的西方马克思主义女性主义的研究使得该书具有厚重的思想理论基础。此外该书并非是以两人合著的方式发表，而是以一个独立的写作个体的身份进行写作。"我们在一起工作、一起思考和一起写作，时间已经不止15年了，越来越重要的是我们以一种实事求是的态度去破坏多层次的价值和权力结构，这种多层次解构（以变化不定的复杂方式）构建了我们的关系，我们之间的相互沟通跨越了民族差异、年龄差异、外貌差异、学术素质差异、家庭地位差异、个性和经历差异。"[1] 这种写作方式使得作为个体的两个人摆脱了既有观念的束缚——研究员、作家、理解家、有创意的思想家等等——用从来没有过的

---

[1] J.K.吉布森-格雷汉姆.资本主义的终结：关于政治经济学的女权主义批判[M].陈冬生,译.北京：社会科学文献出版社，2002：6.

方式体现和建构该书的特色。该书也得到了许多西方学者的首肯和推荐，ARC① 专职研究员、悉尼科技大学的米根·莫里斯（Meegan Morris）教授评价到："长期以来，我一直想读到这样一本对政治经济学进行有说服力的、准确严谨的女性主义批判的书；但我从没想到真有这样一本书，其精神如此落落大方，其风格如此生气勃勃，其蕴义如此鼓舞人心。J.K. 吉布森-格雷汉姆的确是一位大理论家。"② 巴黎圣母院大学经济学教授大卫.E. 鲁西奥（David E. Lucio）认为："这确实是一本不同凡响的著作。我坚信一段时间以后它将成为论战的中心。很大程度是因为它写得太好了。从总体上看，文笔'流畅'而'闲适'，使得读者舒服而轻松一气读下去。在很多方面，我认为它堪称灵感之作，遣词造句非常优美，主题表达非常雅致。换句话说，这本书采用了一种很受人欢迎的写作方法，不仅取代了政治经济学'枯燥无味的'表达方式，而且替换了以往'死板的'解构文体。对这本书，尽管读者需要动点脑筋，但也是令人愉快的。因此，它不仅对于学术界而言是有趣的和容易理解的，而且对于广大（受过教育的）非学术界人士也是如此。"③ 英国杜克大学教授伊夫·科索夫斯基·塞奇威克和纽曼·艾威·怀特则作出了这样的评价："在这一极富想象力的研究中，J.K. 吉布森-格雷汉姆提出了一系列全新的方法，使具体的资本主义概念不再迷醉于对立的理论和政治。这本书风格宜人、观念新颖，激起了罕见的热情，惊奇和希望。"④ 国内理论界对《资本主义的终结》一书的认同也取得了近乎一致的认可，中央党校陈冬生先生认为："我们可以从这部书中把握西方马克思主义者通常是如何认识资本主义的、现在又是如何重新认识资本主义的，如何通过分析通常所认识的资本主义的特征及其矛盾来探索社会主义目标自身改革的可能性。"⑤ 复旦大学陈学明教授明确地指出："在女性主义的马克思主义者众多评析当代资

---

① ARC（Australia Research Committee），即澳大利亚研究委员会。
② J.K. 吉布森-格雷汉姆. 资本主义的终结：关于政治经济学的女权主义批判[M]. 陈冬生，译. 北京：社会科学文献出版社，2002：封底.
③ J.K. 吉布森-格雷汉姆. 资本主义的终结：关于政治经济学的女权主义批判[M]. 陈冬生，译. 北京：社会科学文献出版社，2002：封底.
④ J.K. 吉布森-格雷汉姆. 资本主义的终结：关于政治经济学的女权主义批判[M] 陈冬生，译. 北京：社会科学文献出版社，2002：封底.
⑤ J.K. 吉布森-格雷汉姆. 资本主义的终结：关于政治经济学的女权主义批判[M]. 陈冬生，译. 北京：社会科学文献出版社，2002：5.

本主义的著作中，数1996年出版的《资本主义的终结》一书最具影响力。"①另一位学者凌海衡也认为："《资本主义的终结》一书并没有告别重视文化批判的西方马克思主义传统，而是试图借后结构主义的话语理论从语言的角度重塑马克思主义的政治经济学批判。"②

(四) 研究的思路

　　本书以《资本主义的终结》为文本基础，以反思该书代表的西方马克思主义女性主义的资本主义批判是现代性批判为思想前提，以对资本主义在经济理论、阶级理论和全球化理论上的政治经济学批判为思想基础，以对资本主义的政治经济学批判和对资本主义文化霸权的现代性批判的相互结合为逻辑主线，以对该书资本主义的现代性批判所呈现出的新思维方式、新视野和新问题的挖掘为价值旨归，努力在现代性批判的视阈下揭示西方马克思主义女性主义独特的资本主义批判。本着这样的研究思路，本书主要研究以下四个问题。第一个问题是对资本主义的批判为何要放在现代性批判的维度上加以研究，这是本书的基础性问题，也是前提性问题；第二个问题是该书如何展开对资本主义的政治经济学的女性主义批判；第三个问题是该书如何通过政治经济学批判将女性主义问题上升到文化批判；最后一个问题是该书呈现了何种新思维方式，向我们展现了哪些新视野，提出了哪些新问题。

　　第一个问题是本书的基础性和前提性的问题，也是本书得以立论的关键性问题，即何以将资本主义批判放在现代性批判的维度上加以理解。对这一问题的理解首先包含了该书在何种意义上能够代表西方马克思主义女性主义的资本主义批判，西方马克思主义的资本主义批判何以体现现代性批判，现代性批判又怎样体现女性主义的理论旨趣。对这些问题的反思奠定了本书研究的基本思路：从对该书的具体性、典型性研究出发，展开西方马克思主义女性主义对资本主义的研究，又将这种研究放在现代性批判的视阈之上，这

---

① 陈学明. 西方女性主义的马克思主义对资本主义全球化的独特批判 [J]. 毛泽东邓小平理论研究，2007 (1).
② 凌海衡. 话语批判的力量：评吉布森-格雷汉姆《资本主义的终结》 [J]. 国外理论动态，2002 (12).

不但符合女性主义本身思考问题的方式，更符合马克思主义和西方马克思主义的研究思路。对这样问题的反思能够使得本书的立论基础更加坚实，也使得后文对该书资本主义的现代性批判思想理路的揭示更加深刻和具体。

第二个和第三个问题是具体研究该书对资本主义进行现代性批判的思想内容。这也包括两个层面，对资本主义批判的微观解读和宏观解读，这两个层面在某种程度上表征了两位西方马克思主义女性主义者进行现代性批判的基本思路。她们对资本主义现代性批判的立足点是马克思的政治经济学批判，因为只有从此出发才能真正破解资本主义的霸权之谜。因此，她们对资本主义的一些具体领域展开了政治经济学批判，包括经济领域、阶级领域、空间概念与全球化领域、管理领域等，通过对具体领域内资本主义的政治经济作用方式的批判，从而还原真实世界中的资本主义，这是问题的一个方面。另一个方面是两位西方马克思主义女性主义者始终坚持在进行政治经济学批判的基础上，更要借助女性主义的观点对资本主义进行文化批判，这是较之政治经济学批判更为关键的批判。因为文化领域上的霸权才是导致马克思主义者无法进行革命的根本原因。因此，在政治经济学批判之后，还要对文化形态上的资本主义予以批判。凯瑟琳·吉布森和朱丽·格雷汉姆对资本主义的现代性批判不是针对资本主义制度，而是针对资本主义在当前人们的观念领域所形成的霸权观念的破解和批判，这种宏观上的批判是通过摧毁资本主义在人们的观念领域所体现的统一性、同一性和整体性，将对真实生活世界中的经济生活的多样化呈现出来而完成的。政治经济学批判和文化批判共同构成了其现代性批判的核心内容。

最后一个问题是对该书所开启的新思维方式、新视野和新问题的揭示。"思维方式是人们在思想中把握世界的过程中形成的特有的批判反思性能力，是人类通过一定的思维方式认识人与世界关系，同时在认识世界和改造世界的活动中不断对固有的思维方式进行理论反思和辩证批判，不断使人生成为人，占有自身的本质的思想能力。"① 从思维方式变革的角度对该书所呈现的西方马克思主义女性主义思维方式的考察是从更为根本的层面上揭示该书的现代性批判的实际意义。不仅如此，该书在马克思主义、西方马克思主义和

---

① 唐继东. 思想政治工作的思维方式 [D]. 长春：东北师范大学马克思主义学院，2008.

女性主义的基本立场上，形成了对女性主义问题、资本主义问题、现代性批判问题上的新视野，留下并带给我们许多新问题，如何对这些问题展开进一步的思考，将促使作者在对西方马克思主义女性主义的资本主义现代性批判的研究中继续前行。

（五）概念的澄明

在对本书的研究思路、研究方式和研究内容作出一定程度说明的基础上，在开始具体的理论探讨之前，还有必要对一些与本书相关的概念进行进一步的明晰，以便在以后的理论探讨中不至于陷入概念之间的相互纠缠而忽视对理论本身的把握。这样的概念包括女性主义与女权主义，西方马克思主义女性主义与女性主义的马克思主义，西方马克思主义女性主义与社会主义女性主义等等。

理论界对于基于女性主义社会性别所特有的地位、权力等问题所进行的研究统称为"女性主义"或"女权主义"。这当然有"Feminism"这一词本身从英语译为汉语过程中所发生的翻译的原因，但更为深层次的原因是立足于何种视角理解这一概念。将这一词翻译为"女权主义"的研究者大多是基于这样的思考：权力问题是女性主义问题研究的基础和核心问题。认为女权主义作为一个思想理论流派，从其产生之初就明确了在普遍的父权制下为女性争取与男性同等权力的目标，权力之争首先是指女性为自己的权力而进行的斗争。即妇女的屈从地位根源于一整套社会习俗、法律制度和道德规范，人为地为妇女进入公共领域并在其中获得价值设置了壁垒，使许多妇女的潜能得不到实现。如何在一切公共领域内为自发或自觉的"游戏"设置公正公平的游戏规则，使这样的游戏规则有利于一切人特别是妇女的潜能得到完全的实现，便成为女权主义斗争的主要问题。将这一概念翻译为"女性主义"的研究者则出于这样的考虑：女性问题在被作为权力问题提出来的时候，首先预设了一个前提，即女性被作为与男性对立的群体而存在，在社会生活中处于与男性不同的地位。因此性别差异问题应该是女性主义问题研究的核心。"性别差异问题即便不构成一个时代问题,也是最重要的哲学问题之一。"① 一些研究性别问题的女性主义者认为,女性主义问题不在于为女性争取多少社会权力和使女性获得多少社会地位,而在于帮助妇女摆脱社会历史造成的社会性别特征的压迫。社会性别压迫是妇女处于劣势的根本原因,而性别差异则是文化和制度的产物。这两种理解方式都有自身的道理。在我看来,将女性主义问题定义为权力问题稍显狭隘,因为权力之争必然将女性问题定义在与男性之间的权力斗争上,这会使得女性问题永远囿于与男性之间的对立而无法解决;相反将女性主义问题作为一个社会性别的问题则没有体现如此尖锐的对立,反倒将问题的根源不是归结为另一个社会性别而是归结为社会制度或文化制度的理解方式,可能更能够切近女性主义问题的理解和解决。因此,本书在对两种翻译方式的取舍中选取了"女性主义"这一概念来指代这一思想流派。

对于西方马克思主义女性主义和女性主义马克思主义的称谓,国内理论界对在西方世界中马克思主义与女性主义结合产生的理论流派没有一个定论性的称谓,只是一些研究者将其称之为"女性主义的马克思主义",另一些研究者将其称之为"西方马克思主义的女性主义",当然还有人称之为"新马克思主义的女性主义"。前者以复旦大学国外马克思主义研究中心的俞吾金、陈学明教授为代表,他们将"女性主义的马克思主义"类比于"存在主义的马克思主义"、"结构主义的马克思主义"等称谓,认为这种称谓代表了西方世界对各种哲学思潮与马克思主义相互结合产物的一种习惯性表达。在这种意义上,"女性主义"与"马克思主义"的结合也应被称为"女性主义的马克思主义"。他们也将女性主义的马克思主义视为西方马克思主义的重要组成部分而存在。而"新马克思主义的女性主义"的称谓使用较为广泛的是以南京大学张一兵教授为代表的西方马克思主义研究团队。在他们看来,西方马克思主义经历了一次思想上的断裂,即阿尔都塞多元决定论对传统西方马克思主义的终结,而在阿尔都塞之后出现的西方马克思主义思想流派应该统称为"新马克思主义"或者"后马克思主义"。这两种理解方式都站在各自的视角上,对这一思想流派进行了自我理解。在我看来,无论是将西方

---

① 肖巍.关于"性别差异"的哲学争论[J].道德与文明,2007(2).

马克思主义女性主义作为西方马克思主义的重要组成部分，还是将其作为与传统西方马克思主义断裂和传承的"后马克思主义"思潮，有一点是共同的，就是无论是西方马克思主义还是"后马克思主义"，其作为马克思主义的典型特征或哲学基础都是基于马克思主义的现代性批判理论的。所不同的是前者是基于马克思主义思想理论的现实批判，而后者加入某些现代西方哲学思潮中的思想倾向，如后现代主义等。但事实上，后现代主义所表达的同样是一种对现代性问题的关注和现代性理论的批判。因此，在这个意义上，无论是"女性主义的马克思主义"还是"后马克思主义"，在某种程度上都表达了西方马克思主义女性主义作为现代性批判思想理路上生力军的地位。而我们在借鉴这两种理解方式的基础上，选择了"西方马克思主义女性主义"这样的称谓来代表我们所研究的思想流派，一是基于国内理论界在对这一思想流派研究之初，就使用这样的概念，使得这一概念在大多数理论学者的视野内不陌生；二是基于本书是站在西方马克思主义理论和思想流派的基础上研究其在当代的发展——女性主义，因此为使这一部分思想与西方马克思主义之间的紧密结合更为鲜明和醒目，选择了"西方马克思主义女性主义"这样的称谓。在我们看来，西方马克思主义女性主义这一称谓更能表达其所处的马克思主义、西方马克思主义、女性主义的研究立场，也更能凸显其现代性批判的思想理路。当然这也仅仅是便于说明和分析的称谓问题，不代表我们不同意俞吾金、陈学明教授和张一兵教授的看法，仅仅是表述的需要而已。

还有一个需要进行界定的概念是西方马克思主义女性主义和社会主义女性主义之间的关系。段忠桥教授在《当代国外社会思潮》中将女权社会主义作为一种国外社会思潮加以介绍。在文中，他将女权社会主义的发展分为两个阶段：前者是马克思主义女权主义，后者是社会主义女权主义。二者的共同点在于"都受到马克思主义的影响，都采用一些马克思主义的术语和分析方法来考察当代资本主义国家的妇女问题，并致力于将女权主义与社会主义结合起来。"[①] 不同点在于前者重视对资本主义的分析，后者重视对父权制理论的研究。这一理解方式也可以从西方马克思主义女性主义者那里得到证

---

① 段忠桥. 当代国外社会思潮 [M]. 北京：中国人民大学出版社，2001：293.

明，如罗斯玛丽·帕特南·童在《女性主义思潮导论》中将马克思主义女性主义和社会主义女性主义作为两个不同的思想流派予以说明，两者的不同在于前者直接以恩格斯《家庭、私有制和国家的起源》这一马克思、恩格斯经典著作中较为集中地论述妇女问题的著作为思想基础。恩格斯在著作中认为妇女地位的形成与私有制和国家的形成息息相关。在人类历史初期，妇女不仅居于"自由"的地位，而且居于受到高度尊重的地位，然而"随着财富的增加，它便一方面使丈夫在家庭中占据比妻子更重要的地位；另一方面，又产生了利用这个增强了的地位来改变传统的继承制度使之有利于子女的意图"，"因此，必须废除母权制，而它也就被废除了。"① 从此，父权制随着私有制的产生而产生，特别是国家的诞生更巩固了父权制的统治。在恩格斯看来，妇女的解放应该在废除私有制的大背景之下才有可能实现。马克思主义女性主义直接承袭了这一论点，认为女性主义问题应该伴随着私有制的废除才能解决。社会主义女性主义在对资本主义和父权制的理解上则更侧重于对于父权制的重视，认为父权制是两者的根源，只有"根除父权制，才能摧毁资本主义；只有改变人们的意识形态，人们的物质或经济关系也才能改变。所以，妇女必须在两个战场而不是一个战场进行战斗，这样才能从压迫她们的力量中解放出来。"② 因此两者的根本区别在于将女性主义问题的二元制中的哪一问题看做是根本问题，显然该书研究属于西方马克思主义女性主义的范畴。

　　当对国内理论界关于西方马克思主义女性主义相关研究状况有所把握的前提下，当对本书研究的问题有所说明的基础上，当把相关概念加以澄明后，本书的理论探讨也就开始了。

---

① 恩格斯. 家庭、私有制和国家的起源［M］. 北京：人民出版社，1972：52；72.
② 罗斯玛丽·帕特南·童. 女性主义思潮导论［M］. 艾晓明，译. 武汉：华中师范大学出版社，2002：128.

一、作为现代性问题的女性问题

对于女性主义问题究竟是什么样的问题,许多学者作出了自我理解和自我阐释:有的学者认为女性主义问题是基于社会分工基础上的社会性别分工问题,有的学者认为女性主义问题是父权制社会文化形态所导致的性别歧视问题,还有的学者认为女性主义问题是资本主义制度下阶级压迫派生出来的性别压迫问题。这些观点从各自的维度对女性问题作出了自己的理解,具有借鉴意义。在我们看来,女性问题不仅具有上述意义,更是作为现代性意识、现代性问题和现代性精神所派生出来的具有世界性和人类性意义的问题。女性主义问题看似是女性一个社会性别的问题,实际上如何定义女性在现代性中所处的位置,是一个关涉整个人类在现代性际遇之下所作出的利益牺牲和利益选择的问题。因此,将女性主义问题与现代性批判联系起来考虑,或许能够从更深层次理解女性主义问题的根源。要将女性主义问题和现代性问题联系起来考察,首先就应该明晰女性主义问题的产生过程,从中寻找与现代性之间的契合,从而为理解西方马克思主义女性主义的现代性批判奠定思想基础。

(一) 女性问题的历史考察

女性主义问题的产生是一个社会历史过程。可以说西方文明史是一部以男性的活动为中心的社会演进史,女性长期处于被埋没的匿名状态,但女性主义问题却不单单是女性自己的事情,而是包括男性在内的社会问题,而这一问题的自觉意识,也不是一蹴而就的,是伴随着人类自我意识的觉醒、人类社会的产生而产生的。

人类最初的文化形式是以神话的形式表征出来的,而神话在古希腊则代表着一种原始宗教,原始神话一度成为人们思想的原理、行为的准则、激情的源泉、道德的标准、人际关系的纽带和社会秩序的保证。当然，这些神话作为人类最早的认识体系，都是以生命，即人的自我感知为起点的，任何"神系"都是建立在当时人们对生命、对宇宙认识的基础之上的。在古希腊神话中，我们已经能够发现女性主义问题的些许端倪，在《荷马史诗》给我们讲述的古希腊的神话故事中，就已经开始强调男性统治的权威：在史诗的神话故事中，虽然在奥林匹斯山上的女神几乎占据神族的一半，其中包括富于心计的天后赫拉、美丽聪慧的智慧女神雅典娜、充满魅力的爱情女神阿佛洛狄忒等等，这些女神虽然也都各具本领、各显神通，但是谁都没有最高天神宙斯那样的权力，所有的天神包括女神在内都应臣服于男性天神的象征——宙斯的权威之下。不仅天上的女神要服从最高男性天神的命令，在人间也是如此，希腊神话中多次提到儿子为父亲复仇的故事，儿子向母亲宣布："我是这个家中的权威。"甚至儿子为了给父亲报仇而杀死母亲，在古希腊神话中父子之间的关系是大于母子之间的关系的，这也可以看出以荷马为代表的古希腊人对男性居于主宰地位的赞成。

当古希腊哲学以哲学的蝴蝶打破深化的蛹，破茧而出之时，当人们开始质疑这个神创的世界，提出了世界的本原是什么的问题的时候，人才真正作为人而不是神的附属品而存在。人们面对的是蒙昧的自然和人，人必须要对这种蒙昧的状态"去昧"。这种"去昧"，通过思维方式的变化，世界的本原问题一经提出，人类文明的重要的文化形式——哲学诞生。西方哲学作为西方文明的核心，几乎承载了整个西方文明。古希腊社会作为西方文明的摇篮，常常被看做是仁慈、善良和宽厚的，但毕达哥拉斯禁欲主义的提倡，似乎就已经开始将女性等同于"恶"。之后的柏拉图哲学被尊称为西方文明理性主义传统的源头。然而，在柏拉图哲学中，理性与统治获得了联姻的机会，这一联姻也带来了许多深刻问题，女性主义问题就是其中之一。柏拉图哲学对理性的描述中带有男性的身份，也正是从这里开始女性主义问题透过哲学问题真正渗入人们的思想和内心。在柏拉图看来，灵魂是通达知识的唯一道路，而灵魂通达知识是通过理性而实现的，但柏拉图认为理性是以男性的名字命名的，女性不具备理性认识能力。在《蒂迈欧篇》中，柏拉图指出宇宙的主导性物质是理性的男性物质统治着女性的非理性物质。理性作为人的本质，它不仅是一切知识的根据，而且是一切价值的根据，是人生的终极尺度和可靠支点。人生的全部意义都是建立在理性这个绝对的支点上的,由这种理性所支撑的人生的全部意义,而女性在理性上相对于男性的劣势,使得女性始终处于被统治的境遇。在《理想国》中,柏拉图虽然也曾提出过女性护国权的问题,但这并不真正与对女人的贬低这些总体的趋势相矛盾,毋宁说,它们显示了柏拉图对城邦第一要务的支持和调动城邦中一切现有力量来为其服务的决心。

  灵魂和肉体的绝对对立的禁欲主义终于在文艺复兴的启蒙浪潮中被打破,人们不但想要享有灵魂的安宁,也力图占有身体的欲望,文艺复兴时期的一些伟大的思想家的作品,明确的表达了这种愿望。但是女性主义问题却远远没有停止,反而越演越厉,而笛卡尔要为这个女性的世界——灵魂的死亡负责。女性主义思想家苏珊·博尔多认为笛卡尔哲学是一种对女性主义的逃离,"笛卡尔从这个世界上驱散的灵魂是一个女性灵魂……这一点在柏拉图这里是最清楚不过的,世界上有一个灵魂——一个女性灵魂——它渗透于宇宙的有形身体当中。"不仅如此笛卡尔的"我思故我在"用"思"来定义"在",使得二元对立的认识结构在认识论层面保留和延伸了一种男权思想对自身的解释,"知识的两大理想状态——免于疑惑的自由和客观性——同时也被解释为摆脱身体的束缚和它的误导、拖累及阻碍。但是这些特点与其说是为笛卡尔的主体建构了一个男性身份,倒不如说是为其建构了一个主宰身份。"笛卡尔之后的西方近代哲学大抵延续了这种二元论的思路,无论是强调理性的唯理论,还是强调感性的实在论,贯穿于这个启蒙哲学的——正如康德所言——就是公开的对理性的运用。笛卡尔之后,洛克创立了社会契约,整个人类社会、自然界和人类历史都用理性、科学和政治解释,而这些是男性的领地,与女性相对的因素如,伦理、家庭、意义、利他主义等被科学的异军突起挤到了边缘,女性被看做是与理性相对的感性的存在,丧失了自身存在的空间,进而又丧失了政治上的地位,只能沦为被统治的"物"。黑格尔哲学更是将这种对立发展到了极致,人被抽象成了精神和意志,人的历史也被抽象成了精神和意志的发展历史,精神和意志发展到了极致也意味着男权对女权的压制发展到了极致,女性主义只能处于被遮蔽的状态。

(二) 女性意识的觉醒与女性问题的理论自觉

通常意义上认为，女性主义问题的理论自觉与问题的提出是时间意义上的现代以后的事情，是女性通过现代性的启蒙运动使得自我意识觉醒后的产物，是与欧洲和北美妇女解放运动联系在一起的。但在我们看来，事实并非如此，女性主义问题与现代性问题遵循着统一的思想逻辑，即女性主义问题的理论自觉和问题的提出对于女性长期处于被压迫、女性的主体地位长期处于被遮蔽的状态的转化也并非是时间意义上的断裂，而是在统一的思想历程中相互交织、融会贯通，可以说女性的被遮蔽和被压迫状态始终伴随着女性意识的不断觉醒和女性问题的不断提出。正如有人说的那样：压迫与挣脱压迫、剥削与消灭剥削是一个过程的两个方面，它们是同时存在的。

女性问题与现代性问题一样经历了女性主义意识的觉醒、女性主义问题的提出、女性主义批判的展开的历史过程。当然这一过程也不仅仅是时间上的断裂，而是一个你中有我、我中有你的过程。前文我们说到自古希腊时期以神话的方式表征女性受压迫的地位之时，女性已经开始了不断觉醒的过程。阿里斯托芬的喜剧《吕西斯特剌忒》中就清楚地指出：男子对妇女的轻视态度，说妇女不能了解政治问题是毫无根据的，而且就刚毅的精神和坚韧的性格来说，妇女还要优于男性。在剧中，演员诙谐地问道："假如男人相信女人是祸水，为什么男人爱吃醋，硬要追求祸水呢？"与此同时，许多思想家们也都相信妇女绝不是男人卑贱的附属品，古希腊思想家色诺芬就认为男人与女人共同组成家庭，他们同样是养育儿女的合作者，因此它们理应相互合作，共同完成合作的任务。苏格拉底也认为女人与男人一样，并非劣等的生物，甚至他认为在某些方面妇女要比男子做得更好。此后，在希腊化时期，人们在追求生死和现世的幸福的时候，进一步认识到了女性的重要性。女性自我意识的进一步苏醒应该是文艺复兴时期，此时一些杰出的女性开始在各行各业中作出了杰出的成绩：如女武士斯弗尔扎在军队入侵时机智勇敢地保卫了自己的城市；女诗人科伦娜曾因同情宗教改革遭到宗教法庭的监视，还受到米开朗琪罗的青睐；安奎索拉则是当时著名女画家之一；伊莎贝拉就是意大利文艺复兴时期最杰出的女统治者；欧洲最杰出的君主英国女王伊丽莎白一世也成为英国的君王；值得一提的是近代早期第一位女性主义作家克里斯蒂娜·德·皮桑面对整个文化对女性的不信任、排斥和贬低相续完成《妇女城》和《淑女的三个美德》两本著作，提出了"妇女城"思想，大胆地为女性作辩护。①

启蒙时期是女性真正觉醒的时期，康德在《答复这个问题："什么是启蒙运动？"》中认为，启蒙就是"人类脱离自己所加之于自己的不成熟状态，不成熟状态就是不经别人的引导，就对运用自己的理智无能为力"②。在这样一个使得人类脱离不成熟状态的时代，一切都呈现出了崭新的气象，而女性也逐渐意识到了困扰自身的问题。"玛丽沃尔斯通克拉夫特完成了历史上第一部重要的女权主义理论著作：《为女权辩护》。这本书对后来的女权主义思想产生了极大的影响。就在这部著作完成前四个月——当时法国大革命正处在早期阶段——奥林拍·德·古杰在巴黎散发一本名为《妇女的权力》的街头小册子，她因此被送上了断头台。早年一个名叫朱迪思·萨金特·玛丽的美国人在马萨诸塞发表了一篇题为《论两性平等》的文章。甚至早在美国独立战争期间，阿比盖尔·亚当斯就曾向她的丈夫约翰建议，在当时正在起草的美国《新法规》中应让妇女拥有一定的发言权。"③ 这一系列理论成果标志着女性自我意识的真正觉醒。

此后女性围绕着如何使得女性获得平等的权力在理论上进行了探讨。如他们认为妇女的屈从地位根源于一整套社会习俗、法律制度和道德规范，它们人为地为妇女进入公共领域并在其中获得成功设置了壁垒，结果使许多妇女的潜能得不到实现。如沃斯通克拉夫特认为女性获得权利的平等首先应基于男性与女性拥有平等的理性能力。在她们看来权利是否能被平等的享用或者是否每个人都能够在权利洪流中获得同等的机会和位置取决于理性。约翰·斯图尔特·穆勒和哈里雅特·泰勒则认为女性权利的获得除了得到平等的受教育权利外，更为重要的是获得平等的政治权利和经济机会。在其思想的

---

① 吕军录. 浅谈文艺复兴时期女性的逐步觉醒 [J]. 四川理工学院学报（社会科学版），2006（10）.
② 康德. 历史理性批判文集 [M]. 北京：商务印书馆，1997：22.
③ 约瑟芬·多诺万. 女权主义的知识分子传统 [M]. 南京：江苏人民出版社，2003：1-2.

基础上形成了女性主义研究的最初形态——自由主义女性主义。此后女性主义理论蓬勃发展，相继出现了激进主义女性主义、精神分析女性主义、存在主义女性主义等诸多派别，出现了许多女性主义思想家，也发表了诸多女性主义研究著作，她们的努力在客观上促使女性的不断觉醒。女性在理论上逐渐完成觉醒的同时，开始在实践活动中进行一系列使得妇女在各个领域获得与男子平等地位的运动。从"全国妇女组织"、"妇女公平行动联盟"的成立到"妇女权利议案"的提出；从为少数民族妇女争取权利的斗争到为女同性恋者利益说话；从为妇女在社会组织、社会活动等方面广泛参与的积极呼吁到为妇女参政议政的制度安排等等。这样女性在理论和实践上的双重努力使得女性问题已经成为时代的显性问题。这正如一些西方学者说的那样："女性主义是一个非常成功的社会运动，它极大地改变了妇女的期望和生活，也影响了男性对妇女生活的看法和对待妇女的方式。可以说，没有其他的社会运动像女性主义运动这样，如此迅速地革命化，并进而深入地影响人们的行为方式。"①

（三）女性问题何以作为现代性问题

我们之所以说女性问题是现代性问题，首先基于对现代性的理解。虽然吉登斯从现代性的断裂和非连续性对现代性进行了概括和剖析，认为现代性是对传统的断裂，是对传统秩序的一种前所未有的远离，他用"巨型怪兽"来概括现代性的特征，认为现代性就是一种过渡、短暂和偶然。但这仅是在现代与传统断裂的意义上理解现代性，现代性在与传统断裂的同时，也具有传承性。因此，哈贝马斯才拥护现代性，视之为一项包含着尚未实现的解放潜能，即包含着理性、公正和道德在内的未竟事业。现代性就并不仅仅是一个时间意义上的概念，而是作为人类在社会历史发展中时间性与空间性相统一的概念；它并非仅仅是自启蒙以来人类才获得的意识自觉，而是人们对自己生活着的时代的自觉理解和自觉把握；它并非是基于传统基础上的断裂，而是对传统的批判性的传承。从这个意义上理解，现代性意识的觉醒、现代

---

① 刘霓. 西方女性学 [M]. 北京：社会科学文献出版社，2001：185.

性问题的提出、现代性批判的进行不但是一个历史历程，更是一个思想历程和认识深化的过程。之所以提出女性主义问题应该是现代性问题，正是因为女性主义问题有着与现代性相契合的思想历程，与现代性遵循着一致的发展逻辑，与现代性表征着同样的价值旨趣。事实上，女性主义问题的提出正是现代性意识自觉的结果，女性主义的批判也正是基于现代性问题的现代性批判。

女性主义问题实质上与现代性从家庭到社会的资本的逻辑相关。女性主义问题的核心就是探讨如何实现女性与男性平等的地位。在一些女性主义思想家看来，女性之所以在社会生活中处于劣势，究其原因正是因为女性的劳动得不到社会化，在现代性的际遇中，女性的劳动不能符合资本自身的逻辑，因此他们探讨从资本主义的经济关系出发实现自身劳动从家庭到社会的转换，这实际上就是在政治经济学特别是在市场和商品关系中探讨权力问题。资本的逻辑是指在资本主义社会中，劳动的合理化剥夺了人们通过对时间的体验而确证人的存在方式，进而把人的存在下降为可以用数字来测量、计算的物的存在。现代社会是尊崇资本逻辑的社会，"资本害怕没有利润或利润太少，就像自然界害怕真空一样。一旦有适当的利润，资本就胆大起来。如果有百分之十的利润，它就保证到处被使用；有百分之二十的利润，它就活跃起来；有百分之五十的利润，它就铤而走险；为了百分之一百的利润，它就敢践踏一切人间法律；有百分之三百的利润，它就敢犯任何罪行，甚至冒绞首的危险。"① 现代社会体现出资本的逻辑，表现出追求利润的特征，男性之所以能够拥有霸权是因为男性在资本主义的商品经济关系中占据主导地位，而女性的劳动因其被排斥在社会劳动范围之外，无法满足资本追求利润的逻辑，因此，女性始终处于社会的劣势地位，因此女性希望通过获得社会劳动的机会创造价值，进而获得平等的权力。这正如朱丽叶·米切尔在《妇女：最漫长的革命》一文中说到的那样："在发达的工业社会中，妇女的劳动亦处于整体经济的边缘，而男人是通过劳动改变自然条件、建立社会的。除非在社会劳动中产生一场革命，否则，妇女的劳动就只会被看做是

---

① 马克思. 资本论：第1卷[M]. 北京：人民出版社，1975：829

男性劳动附属品。然而，妇女被赋予了自己另外的世界——家庭。家庭像女性自身一样，被视为自然的产物，而实际上它是文化的产物。"① 而本斯顿也认为，妇女承担的家务处于前市场阶段，处于货币经济之外，依照资本的逻辑，妇女的工作只有使用价值，而不具有交换价值，属于无价值的工作，因此，在资本逻辑起作用的社会，妇女是处于金钱经济之外的群体。但是，实质上说，妇女的工作却为资本逻辑的正常运转作出了重要的贡献"食物要烧、衣服要洗、被要叠、柴要劈等。所以在提供剩余价值的劳动者的再生产过程中，家务劳动是个关键环节。由于通常是女人做家务，所以人们认为正是通过劳动力的再生产，妇女才被连接到资本主义必不可少的剩余价值关系中。还可以进一步说，妇女在家庭中的劳动为资本家实现最大的剩余价值作出了贡献。"② 因此，一些女性主义思想家提出了家务劳动计酬、家务劳动社会化的方式力图解决女性问题。

女性主义问题也与现代性的政治逻辑：权力的追逐相关。建构在资本逻辑基础上的现代性政治逻辑体现在对权力的追逐。现代哲学家福柯对权力有如下论述："权力以网络的形式运作，在这个网上，个人不仅在流动，而且他们总是既处于服从的地位又同时运用权力。"③ 马克斯·韦伯也认为："权力意味着在一种社会关系里哪怕是遇到反对也能贯彻自己意志的任何机会，不管这种机会是建立在什么基础之上。"④ 现代性对于权力的追逐使得女性主义问题鲜明的凸现出来，在经济上资本的逻辑天然的追求政治上的权力，而女性因为在经济上的劣势地位，在政治上也处于底层。

女性问题也与现代性条件下的文化逻辑相关。在现代社会中，妇女的劳动——家务劳动被排挤到边缘，而男人所进行的改变自然条件、建立社会的活动被放在了经济活动的中心，这不是一种自然的产物，而是一种文化的产物。女性主义者从恩格斯的母权制的废除中，寻找到了女性受压迫和歧视的某些端倪。凯特·米利特 1969 年在《性的政治》一书中的一个创造性的发

---

① 李银河. 妇女：最漫长的革命 [M]. 北京：中国妇女出版社，1997：9.
② Maxine Molyneux. Beyond the Domestic Labour Debate. New Left Review, 1979.
③ 米歇尔·福柯. 必须保卫社会 [M]. 上海：上海人民出版社，1999：27.
④ 马克斯·韦伯. 经济与社会：上卷 [M]. 北京：商务印书馆，2006：81.

现就是她发现了人类政治历史中的最重要的因素——父权制（patriarchy system 也有译为"家长制"）。米利特认为父权制来自文化的传统之中，"性别之间的统治深深扎根于我们的社会结构之中。这种统治比任何一种被隔离的方式更加牢固，比阶级的形成更加无情、更一致，而且毫无疑问也更长久……父权制作为一种制度，是一个社会常数，这个常数贯穿其他所有政治、经济和社会的形式。"① 父权制度是男性中心主义和女性从属地位的症结所在。在另外一些以性别研究为问题的女性主义研究者眼中，父权制是种种问题的根源。正如女权主义者克莉丝·维登《女性主义实践与后结构主义理论》所指出的那样："在一般的不情愿的背后（女权主义者除外），存在一种基本的父权假设：女性与男性的生物差异使他们适用于不同的社会职务。在自由主义民主制度中，这种假设在歧视性的社会政策中找到了它的表达。举例而言，男性无权利为照顾子女而暂时离职……"② 在她们看来，父权制社会采用了男性和女性的一些生理学的某些事实，并以此为基础建构了一套关于男性应有的气质和女性应有的气质来厘定男性和女性的身份和行为，并力图使生活于其中的男性和女性信服而认为其是自然而然存在的，它从文化上把这些气质与人的不同的生物性联系在一起。父权制度本身的重要特质就在于夸大了男女之间生物学意义上的不同，认为男性的性别角色决定其永远是处于统治地位的，永远与果敢、正义、勇气等品质相联系，处于社会的主动和强势的地位。与此相对应，女性就应以顺从、温顺、善良为应有的品质，在社会中处于依附地位和弱势地位。

女性问题与现代性的认知模式——二元对立思维方式相关。女性主义者认为现代性的认知模式是导致女性主义问题的重要缘由。现代性的认知模式是建立在二元对立基础之上的。这种认知模式与现代科学基础相结合成为将女性排斥在外的一种认知模式。人们普遍认为科学方法是现代性唯一正确的真理性的认知方式，而科学方法和活动的标准是理性的，客观的，在他们看来真正的方法也只能由男性掌握，女性因为擅长直觉、感情用事，而与理性精神的本质不符，这种文化的影响也渗透在科学体系之中，必然会卷入我们

---

① 凯特·米利特. 性的政治 [M]. 北京：社会科学文献出版社，1999：31—35.
② 克莉丝·维登. 女性主义实践与后结构主义理论 [M]. 台湾：桂冠出版社，1997：13.

的世界观的是那种关于外部现实的父权制的秩序观，无论是自然的还是社会的，统治和顺从、控制和服从、男性和女性的语言和关系，都成为我们定义和解释外部世界的意识的一部分。处于权力中心的男性将自己对两性关系的态度带入科学、用男性化的语言讲述科学、用男性思维表达科学、用男性的价值观定义科学和科学的方法。随着科学成为绝对知识的范本，某种意义上，科学就成为男性表达和维系权力的独断的工具。

女性问题的产生与现代性的资本逻辑、政治逻辑、文化逻辑和认知模式有关，因此解决女性问题与解决现代性问题息息相关。于是女性主义思想家在现代性的语境之下积极探索现代性视阈下女性问题的解决途径，将女性问题作为一种现代性问题进行探讨。在她们当中，女性主义者将女性问题与马克思主义理论联系起来理解，形成了自己独到的女性主义现代性批判理论。

二、西方马克思主义女性主义现代性批判的基本理路

西方马克思主义女性主义是女性主义流派中的一支，更是西方马克思主义在当代的新发展，是现代性批判的新生力量。西方马克思主义女性主义，顾名思义是在西方社会用马克思主义理论研究女性问题形成的理论学派。国内对西方马克思主义女性主义这一概念的理解往往从两个角度：一是认为西方马克思主义女性主义是女性主义者使用了一些马克思主义的概念并赋予自己的理解，结合女权主义，对妇女解放提出了一套独特的主张和理论；二是认为西方马克思主义女性主义不仅仅是指利用马克思主义的观点来进行女性主义研究，而它本身也是一种马克思主义。这些研究一方面运用马克思主义妇女理论的观点、方法，又不断地结合社会现实的变化和理论本身的发展对这些成型的论断进行了不断地补充调整、丰富发展，特别是将马克思的认识论和方法论中的批判、反思的思维方式运用到女性问题的解决当中，对一些惯用的概念进行质疑，对男性主义的话语方式进行批判，将研究方法重新放在平台上加以审视，体现了对马克思主义基本精神的继承和发扬。另一方面这些研究将马克思主义的基本理论与女性作为认识主体的生活体验和实践体验相互结合在一起，不再仅仅用保持绝对中立态度的抽象的"人"的立场去解读人生活着的现实世界，这种理解符合伽达默尔哲学解释学上的理解方式，即人总是要带着头脑中已经形成的"成见"，用特有的方式去理解事物，即理解的总是存在着"前理解"，这种方式使得女性所特有的认识方式、女性所持的基本立场成为理解的背景，使得女性成为了理解的主体，使得女性由长期以来的被演说者成为言说者，从"他者"的存在成为自我的存在，也体现了对女性问题认识的不断深化，从而不断形成西方马克思主义女性主义现代性批判的基本理路。

（一）现代性批判的基本理路之一：资本主义批判

在西方马克思主义女性主义看来，"把妇女推向边缘，从而使她们起次要劳动力的作用是资本主义本质的基本的特性。"而这种特征首先是由于资本的逻辑来实现的，由于资本主义制度中起主要作用的资本的逻辑天然的排斥女性，女性才在资本主义制度下长期处于劣势地位。因此，西方马克思主义女性主义对资本主义制度的批判首先是针对资本逻辑进行的。

1. 资本主义经济制度的现代性批判

西方马克思主义女性主义认为资本主义社会化生产是妇女边缘化的直接动因。从经济角度来看，市场经济的发展、大工业的进行，在人们可以很大程度地节约劳动力的同时，也使得社会的大部分财富被集中在少部分的人手中，资本集中和资本积聚使得资本主义活动在经济生活中一统天下的局面，经济多元化的格局被单一的资本主义经济所替代。这样一来，资本主义生产方式获得了单一的权力。特别是全球化的进行加深了这种权力。在西方马克思主义女性主义者看来，全球化作为现代性的产物已成为席卷世界的潮流和过程，它把许多偏远的地区和第三世界国家卷入了世界性大工场和世界性市场。世界沿着全球化这个过程，经由增长的国际贸易、生产与金融市场的国际化以及逐渐网络化的全球通讯系统所促成的商业文化的国际化，迅速地整合成一个经济空间。但全球化普遍被描述为资本主义在全球生产、流通和消费领域的渗透和胜利。资本主义的这种单一权力是天然排斥女性的：资本主义没有对女性生活水平的提高和女性工人生活状况的改善起到促进作用，反而出现了相反的效果。资本主义的一系列运行规则并没有为大多数女性带来工资、资本、培训、福利等各方面的安全保障。相反，却把女性进一步推向了困境。资本主义经济剥夺了女性的社会生产活动，将女性局限于家庭，将女性排斥在社会生产活动之外。"的确，工业化和自动化为妇女解放提供了前提，但只是前提而已。随着工业经济的增长，女性大量涌入就业市场"[①]，

---

① 秦美珠. 女性主义的马克思主义 [M]. 重庆：重庆出版社，2008：25.

但是按照性别分工却是资本主义社会的基本机制,"它维护男人对妇女的优势,因为它坚持在劳动力市场中对妇女实行较低的工资,低工资使得妇女依赖男人……于是,男人从较高工资和家庭分工中得到好处。这种家庭分工反过来又为削弱妇女在劳动力市场中的地位起作用"①,因此工业化的出现没有使得妇女获得解放。不仅如此,每当就业市场饱和的时候,妇女最容易失业。"在西方,不可否认,随着工业经济的增长,大量妇女涌入就业市场,但很快就饱和了,在近几十年中几乎没有增长。德波伏瓦曾希望自动化将通过消除两性间的体力差异而引发一场决定性的、质的飞跃,但是对这一点的依赖本身就要求技术独立,而历史还没有认定技术独立的作用。在资本主义社会里,自动化可以导致不断增加的结构上的失业,妇女作为劳动大军中的崭新的、最不稳定的成员和资产阶级社会力最易被牺牲的成员,在一段短短的插曲之后就被排除于生产之外。技术要素与社会总结构结合起来,社会总结构才是决定妇女劳动关系的要素"②。特别是当资产阶级意识到妇女能帮助她的丈夫——作为资本主义生产关系的被剥削者工人——提供一个安稳的、温暖的家,能够帮助其尽快获得劳动力的恢复之需,更是通过种种制度将其排除在社会生产活动之外。

2. 资本主义政治制度的现代性批判

资本主义经济制度使得女性的经济利益受到不断攻击的同时,在政治上,资本主义是以不断扩大贸易获得更多剩余价值为目的,但自由贸易却要求废除或更改保障女性工人权利的法律,因为这样的法律对工人权利的保护会妨碍跨国公司获得低廉的劳动力,因此,女性并没有像资产阶级民主制度所标榜的那样获得与男子平等的经济地位和权力,仍然是男子在经济生活中占据主导和支配地位。而被资本主义制度排斥在生产活动之外的妇女,也依然受到资本主义制度的剥削,妇女的家务劳动对于创造剩余价值是不可缺少的,但是妇女所作出的贡献是不被资本主义制度所承认的,妇女的家务劳动本应作为生产劳动力价值的劳动,在经济上被排除在生产关系之外,自然在政治上就不能获得平等的地位。因此,资本主义社会在政治生活中歧视和排斥女性,女性获得平等的权力和机会受到极大的限制,女性参与政治生活的

---

① 李银河. 妇女:最漫长的革命 [M]. 北京:中国妇女出版社, 1997: 49.
② 李银河. 妇女:最漫长的革命 [M]. 北京:中国妇女出版社, 1997: 18.

权利也基本处于被遮蔽的状态。在当今资本主义世界体系的控制和影响下，她不仅仅要遭受本民族资本主义制度的压迫，还要遭受种族主义、殖民主义、阶级压迫等其他形式的歧视和剥削。所以西方马克思主义女性主义提出反对性别压迫的斗争应该与反对其他任何形式的压迫的斗争结合起来，唯有如此，女性才能真正获得解放。

  不仅如此，在政治上，资本主义制度希望通过经济上的统治地位，进而控制人们的意识，使人们形成对资本主义意识形态的认同，使资本主义制度获得意识形态的霸权地位。这一点在以卢卡奇为代表的西方马克思主义者中已经有了鲜明的认识。西方马克思主义女性主义者也认同这样的观点，他们认为资本主义以一种整体化、统一化、单一化的认识方式使得人们丧失了对现实世界的反抗。资本主义意识形态普遍存在着把资本主义经济普遍化、本质化的倾向，把资本主义作为唯一的话语分析范畴，比如"垄断资本主义"、"全球资本主义"、"晚期资本主义"等。资本主义生产关系是"同全国经济或全球经济有潜在的共同覆盖范围的、有结构有系统的统一体"①。在资本主义生产关系下，特别是在资本主义二元对立的将资本主义整体化、统一化预设为"强大的"类似男性霸权的认识方式之下，"资本主义被隐喻等同于男权的霸权和扩张，而非资本主义被定义为是资本主义的对立物、附庸、复制品、另类的，就恰如女性之于男性，因而非资本主义经济形态被资本主义性质所伤害、征服和边缘化"②。西方马克思主义女性主义者引证了阿尔都塞对资本主义作为本质主义的解读："对认同的资本主义这样一种本质主义的解读，'资本主义'在它所涉及的对象中，指定了一个根本的共性。因此，在不同的时间和不同的地点我们遇到本质上相同的资本主义，我们并不奇怪……当资本主义仍作为一个同类而存在时，非资本主义只能是从属性的或被描述得隐约不见。"③ 正因为资本主义变成了一种本质主义，这才导致了妇女的从属地位成为一种理所应当的问题，使得资本主义被描述为"铁板一

---

① J.K. 吉布森-格雷汉姆. 资本主义的终结：关于政治经济学的女权主义批判 [M]. 陈冬生，译. 北京：社会科学文献出版社，2002：321.
② J.K. 吉布森-格雷汉姆. 资本主义的终结：关于政治经济学的女权主义批判 [M]. 陈冬生，译. 北京：社会科学文献出版社，2002：17.
③ J.K. 吉布森-格雷汉姆. 资本主义的终结：关于政治经济学的女权主义批判 [M]. 陈冬生，译. 北京：社会科学文献出版社，2002：55—56.

块"的单一性和同质性,也使我们在这个"庞然大物的笼罩"下而无力去变革。

(二) 现代性批判的基本理路之二:父权制批判

除了资本主义制度在经济层面和制度层面上对女性受压迫地位形成起到重要作用之外,还有另外一股力量则在文化和思维方式上加以影响。前者是以显性的力量影响女性的地位和权力,而后者却是以隐性的力量施加影响。这样说并不是贬低父权制的影响,恰恰相反,父权制作为女性受压迫的根源对女性所施加的影响不但是长久的,而且是深重的。

1. 作为文化逻辑的父权制批判

海迪·哈特曼曾经对父权制作出界定:"父权制是男人之间用来统治女人的一整套的社会关系,它有一个用来在男人之中建立或创立相互依赖及团结一致的物质基础,尽管它是等级制的,这一物质基础存在于男人对女性劳动权力的控制上,这种控制表现在限制女性得到重要的经济资源,不允许女性对其性生活及生育权进行控制。"[1] 在她看来,父权制是一种阶层制,"不同阶级、种族和伦理团体的男性在其中处于不同的位置,他们也能在他们分享到的对于他们女性的统治关系联合起来;他们相互依赖以维持这种统治"[2]。自父权制随着私有制和国家的产生而产生之后,"我们的军队、工业、技术、高等教育、科学、政治机构、财政,一句话,社会所有通向权力(包括警察这一强制性的权力)的途径,全都掌握在男人手里"[3]。与激进女性主义者将父权制的起源看做是生物性的,"在两性之间生殖上的天然差异直接导致了基于生理性别的第一次分工。以此为起源,才有进一步的分工,即划分为各个经济上和文化上的阶级……"不同,西方马克思主义女性主义者将父权制看做是一种根植于文化当中的、具有历史传承性的意识形态观念。"传统的两性既定关系和父权制的家庭是父权社会存在的基础,这种父权制从根本上把女性排除在政治、经济权力系统之外,妇女被剥夺了对资源的所有控制权,她们几乎成为一无所有者,必须依附于男性才能生存与发展,于

---

[1] 詹尼特·克莱尼. 女权主义哲学:问题、理论和应用 [M]. 北京:东方出版社,2006:576.
[2] 詹尼特·克莱尼. 女权主义哲学:问题、理论和应用 [M]. 北京:东方出版社,2006:576.
[3] 凯特·米利特. 性的政治 [M]. 北京:社会科学文献出版社,1999:38—39.

是，妇女成为从属于男性的第二性"。在一定程度上说，父权制超越了阶级，尽管在不同的历史时期，在不同性质的阶级压迫的社会中，父权制的表现形式存在着些许不同，但其实质没有改变，都作为一种普遍有效的意识形态结构，父权制"描述的是一般文化，但每一种特殊的生产方式都通过各种不同的意识形态来表现这一点"，虽然"按照天生的权力行使支配权的集团正在很快地消失，但容忍一个集团按天生的权力统治另一集团的一种古老的和普遍的格局却残留下来——在两性之间被保存下来"。因而，它比任何形式的种族隔离更坚固，比阶级的壁垒更严酷、更普遍、更持久。女性受压迫的核心根源是父权制，父权制的男女关系是一切权力关系的范式，父权制确保男人对女人实行统治的各种制度及相应的价值观念。父权制度本身的重要特质就在于夸大了男女之间生物学意义上的不同，认为男性的性别角色决定其永远是处于统治地位的，永远与果敢、正义、勇气等品质相联系，处于社会的主动和强势的地位。与此相对应，女性就应以顺从、温顺、善良为应有的品质，在社会中处于依附地位和弱势地位。米利特认为，在父权制度下，老练世故的女人都应该知道，如果她想要在父权制下生存，她最好表现出有"女人气"的举止，否则她就有可能遭受"形形色色的残酷和野蛮对待"。因此米利特指出："社会等级制度取代了所有其他不平等——种族、政治或经济的不平等的形式，除非最终抛弃这种积习，不再把男性最高权威看做与生俱来的权力；否则所有的压迫制度还将继续发挥作用，这仅仅只是由于在最初人类处境中它们得到了逻辑上和情感上的规定。"①

2. 作为思维方式的父权制批判

西方马克思主义女性主义者认为女性受压迫和歧视的文化根源在于父权制，而父权制赖以存在的思想基础在他们看来是西方主流哲学中的二元对立，这样一种两分法将世界分为截然对立的两面，例如：自我/他者，客观/主观，理智/情感，抽象/具体，事实/价值，文化/自然的区分，这其中，自我、客观、理智、文化等因素是与男人相联系的，受到主流社会的肯定，而他者、主观、情感、自然则相应地与女人相联系，受到贬抑与排斥。这种二元对立的思维方式是男性霸权的认识方式的天然语境，在这种语境下，男性

---

① 罗斯玛丽·帕特南·童. 女性主义思潮导论［M］. 武汉：华中师范大学出版社，2002：73.

霸权被描述为天然的同质性和单一性，而女性在这种霸权主义的统治下被压抑丧失了主体性和反抗力量。二元对立表现在女性问题上就在于它并没有假定女人作为一个阶层具有与男人——作为另一个阶层——同样的能力，作为一个阶层，女性本性上就比男性低劣。女性一直与欲望和身体相联系，被作为一个低劣的阶层，处于整个西方哲学和西方文化的边缘地位。因此这样的二元对立延伸出的思想逻辑必然是理性中心主义、男性中心主义和人类中心主义。理性中心主义一直是西方文化的核心，西方马克思主义女性主义反对父权制的理性中心主义，是因为在她们看来理性从其诞生之初就是以男性的话语方式说话的，理性中心主义实质上就是男性中心主义的体现，女性自始至终是被排除在理性之外的，随着理性成为西方哲学乃至西方文化的核心，女性也随之被排挤到了边缘的地位。她们反对在理性传统之下的各种形式的——理性对非理性的、文化对自然的、男性对女性的统治和压迫，希望改变现存的领导——服从的关系，希望通过对理性主义的批判，改变基于权利的关系和等级结构，重建社会的基础价值和文化，而在现存关系之外建立一种平等、文明、民主的两性关系；在西方马克思主义女性主义者看来人类中心主义实质上也是男性中心主义。"随着森林、水和土地的破坏，我们正失去人类赖以生存的生命支撑系统。这种破坏以'发展'、'进步'的名义正在进行……对自然的暴力，似乎是传统发展模式的内在组成部分，仍然与对妇女的暴力联系在一起。"在她们看来，在西方文化中男性往往与科学和文化等同，而女性往往与自然有着某种神秘的联系，因此，她们认为"西方文化中在贬低自然和贬低女性之间存在着某种历史性的、象征性的和政治性的关系"①。而父权制的社会、经济、政治和文化体制是导致男性对女性歧视和压迫以及人类歧视和压迫自然的根源，性别歧视与自然歧视之间以及女性的解放与自然的解放之间有着社会逻辑的、历史的联结和不可分割性。

虽然远在资本主义产生之前，父权制就已经存在，但在西方马克思主义女性主义者看来，资本主义制度一旦建立起来，就是一种"存在性别偏见的资本主义"，也就是说在资本主义制度下存在对妇女的压迫，是资本主义的本质所必需的，这也决定了资本主义的过去、现在及将来始终都具有父权制

---

① 查伦·斯普瑞特耐克. 生态女性主义建设性的重大贡献[J]. 秦喜清, 译. 国外社会科学, 1997 (6).

的性质，压迫妇女是这个制度的一种基本属性。它与资本主义的结合，使"资本主义的主要、基本特征就在于女性的被边缘化，以及女性由于被边缘化而沦入次要劳动力的地位。"按性别分工仍然是资本主义社会的基本机制，它所维护的是男人对妇女的优势，这是"资本主义和父权制两种连锁制度长期影响的结果。父权制远没有被资本主义征服，它仍然是强有力的；它具备了现代资本主义采用的形式，正如资本主义的发展改变了父权制一样。资本主义和父权制互相适应给妇女造成恶性循环。"

（三）作为现代性问题的女性问题的奥秘——资本主义与父权制的二元结构

虽然在西方马克思主义女性主义内部对父权制和资本主义制度是分别作为女性被压迫和被歧视的两种不同的力量起作用，还是两者互为对方提供了天然的土壤共同造成了女性目前的地位的看法存在着一定的分歧："家长制（父权制）关系指明一种与传统马克思所说的生产关系截然不同的独立制度……一方面，一个人可以保持作为意识形态和心理结构的家长制……正在形成的二元制理论试图给这种意识形态和心理结构与社会物质关系的相互作用提供一种说明。另一方面，一个人也可以把家长制本身的价值发展成一种独立存在的、与社会生产关系相互作用、相互影响的社会物质关系制度。"①但是她们几乎一致地认为资本主义和父权制度的结合是研究女性主义问题的关键所在：现代妇女在社会中所遭受的压迫是普遍性、综合性的，妇女的处境正是资本主义本身的结构和动因起作用的结果。在研究中，把"父权制"定位于经济关系之外的，是一种意识形态结构和社会心理结构，并指出它与当代资本主义经济制度之间存在的复杂互动，力求更深刻地把握资本主义本质，这成了西方马克思主义女性主义对现代性视野下的女性主义问题探讨的关键。

从西方马克思主义女性主义这一概念中，我们就能发现在这一思潮内部马克思主义与女性主义思想是其研究的主要理论，在她们看来马克思主义是一种对生产关系的研究，是局限于经济领域的批判，它的对象是针对资本主

---

① 李银河. 妇女：最漫长的革命 [M]. 北京：中国妇女出版社，1997：79.

义制度;而女性主义是一种对女性受压迫原因的探讨,是局限于以家庭领域为代表的私人领域,是针对父权制度的文化批判。因此对于她们来说厘清资本主义与父权制之间的关系就成为了问题的关键,也是超越"马克思主义与女性主义不幸婚姻"的关键。在如何看待父权制度和资本主义的关系上,西方马克思主义女性主义首先产生出一种二元制理论,艾里斯·扬首先对这种二元制加以界定,即女性受压迫源于资本主义和父权制理论的作用,并认为它们是两种不同的制度,并作用于不同的系统,资本主义作用于生产领域,而父权制度作用于家庭领域。"资本主义与父权制构成妇女受压迫的两种不同的制度,父权制是一种男性拥有对女性权威的社会关系制度,用来描述男性具有对女性权威的关系体系;资本主义是指资本家和工人之间的关系制度。这两种不同制度构成了社会、政治与经济制度",她们力图从理论上证明自己的二元制观点:在时间上看资本主义和父权制度对于女性主义问题的影响并非同步的,在资本主义出现之前,父权制度就早已经存在,而且独立地对女性问题施加影响。在父权制度下,"男人支配家庭中妇女和儿童的劳动,这样做的结果,男人学会了进行等级组织和控制的技巧。随着国家机关和基于更广泛的交换和更大生产单位之上的经济体制的出现而造成的公私分离的出现,维持对妇女劳动力的控制成了男人的专利。换句话说,直接的个人控制系统转变为间接的通过社会机构进行的非个人控制系统"①。父权制度正与这种在前资本主义社会中已经出现的非个人控制系统相互结合,达到控制女性的目的,"男人进入阶级统治的历史结构,而妇女(无论她们在现实生产中的工作是什么样的)仍然要由统治者的组织形式来限定。阶级差别、历史时代、特殊的社会状况改变了女性的姿态"。因此,父权制度始终作为一种史前的或非历史的生产方式——意识形态变化的背景而存在,并且这种意识形态和心理结构始终处于经济关系之外保持着同一种形态。在空间上,资本主义与父权制度也存在一定的相互排斥的关系,资本主义是追求利润最大化的经济形态,总是希望能够把可用的劳动力尽可能的纳入到资本市场和雇佣劳动关系当中,这样才能达到他们想要的增加劳动力数量,降低成本的同时扩大剩余价值的目的。但这与在父权制度下的男性的利益发生了冲突,

---

① 李银河. 妇女:最漫长的革命[M]. 北京:中国妇女出版社,1997:48.

男性希望女人仅仅停留在家庭生活当中，为他们和孩子提供私人服务，而女性一旦进入了公共领域势必对其私人领域的生活造成影响。特别是女性一旦能够创造价值，势必对父权制度造成威胁。"资本主义的出现威胁到基于制度权力基础之上的家长制的控制，正如它摧毁了许多旧机构，建立了新机构（如'自由'劳动力市场）一样。它也威胁要把所有的妇女和儿童变为劳动力，因此要消灭家庭和男人对妇女的控制权（即男人对家庭劳动力的控制）的基础。如果说消灭劳动者地位的一切差别，使所有劳动者在市场上一律平等是纯资本主义的理论倾向，那么妇女为什么要在劳动力市场中甘居男人之下呢！"①

在绝大多数西方马克思主义女性主义看来，这种二元制的表现形式只是一种表象，并且存在问题："二元制理论不适当地否定妇女受压迫的历史事实，并使这种压迫变得一般化。把家长制说成是整个历史上具有同样基础结构的一半制度可能导致严重的问题化、种族和阶级偏见……这种二元制理论的主要问题还在于它不能令所说的家长制与生产方式制度占有平等的分量，并使之不依赖生产关系制度。这么一来，它没有给它实际上认为不依赖生产关系制度的家长制留下物质影响力。"② 这样一来，二元制自身就完结了。因此父权制和资本主义之间绝不仅仅是一种外在的、各自独立的作用系统，而应该有一种深层次的相互依赖的关系，"如何认识资本主义社会中的父权制社会关系呢？似乎每个女性都是被自己的男性独立的压迫着；她的受压迫看上去像一个私人事件。男性间的关系与家庭关系似乎是平等的，各不相干的。将男性间的关系和男性与女性的关系作为一个父权制系统来认识是很困难的。然而，我们认为，在资本主义社会中父权制作为男性和女性之间的一个关系系统而存在，在资本主义社会中父权制和资本之间存在一种健康的和强有力的伙伴关系。如果一个人由父权制概念和对资本主义生产模式的理解而开始研究，他马上就会认识到父权制与资本的伙伴关系是不可避免的"③。

资本主义与父权制究竟以一种什么样的方式相互作用？一方面资本主义

---

① 李银河. 妇女：最漫长的革命 [M]. 北京：中国妇女出版社，1997：48.
② 李银河. 妇女：最漫长的革命 [M]. 北京：中国妇女出版社，1997：79.
③ 詹尼特·克莱尼. 女权主义哲学：问题，理论和应用 [M]. 北京：东方出版社，2006：578.

与父权制是一种相互支持、相互需要的外在关系——父权制关系的组织是资本的功能、资本的产生根植于父权制的土壤;另一方面父权制本身就是一种内在于资本主义的男性统治,或者干脆说资本主义就是一种父权制。如果仅仅将资本主义与父权制看做一种各自独立的制度,在寻求他们之间的外在结合,在一些西方马克思主义女性主义者看来是远远不够的,因为外在的关系并不能解释父权制度在资本主义条件下或者资本主义扎根于父权制的土壤中所产生的如此重大的影响。因此,它们之间的结合并不应该仅仅是一种外在的关系,而更应该是一种内在的关系。于是,一些西方马克思主义女性主义者提出了自己的新的解释框架。这种理解的实质就是将资本主义父权制与资本主义结合在一起考察问题。"我选择'资本主义父权制'这个词来强调资本主义的阶级结构和性等级结构之间辩证的、相互作用的关系……尽管父权制(即大男子主义)在资本主义以前就存在,并在资本主义后的社会里得到延续,但如果要改变这个压迫结构,我们必须弄明白它们的现存关系。"① 她们通过考察阶级与父权制的历史,包括父权制与封建主义、资本主义、社会主义等制度的关系,希望打破在阶级与性别、公共与私人、家务劳动与工资劳动等领域的二元对立,而将其囊括到一个统一的解释体系和框架当中。在她们看来,在资本主义父权制条件下,社会性别分工本身就是等级制的,这种等级制的社会性别分工不但使得资本主义制度获得了更加充足的剩余劳动力,也使得父权制在资本主义条件下获得更为广泛的发展。这种理解方式实际上存在一定的问题,有些西方马克思主义女性主义者认为即使说资本主义与父权制之间都以等级制作为基础,但也并非能够证明两者之间就是二位一体的。

如果说资本主义与父权制是一种外在的关系,那么资本主义的压迫主要是阶级压迫,它发生于公共领域之中;而父权制的压迫主要是性别压迫,它主要发生于以家庭为主的私人领域中。那么二者是如何发生联系呢?因为私人领域作为父权制度的主要发生场所并非是完全脱离开公共领域的私人领域,因此,资本主义和父权制的相互作用既发生于作为公共领域的资本主义社会结构中,也发生于作为私人领域的家庭生活当中。正如西方马克思主义

---

① 秦美珠.女性主义的马克思主义[M].重庆:重庆出版社,2008:62.

女性主义者米歇尔·巴雷特所指出的那样："一方面，女性所受压迫主要发生在家庭之中；另一方面，父权制的发生与资本主义有着密切关系。"因而要独立地分析"父权制"概念所表明的女性受压迫的体系是不可能的。父权制能够在家庭领域发生持久的作用，除去文化方面的原因，在当前资本主义社会中的确还包括经济方面的原因。虽然在最初阶段，资本主义的产生和发展导致了父权制的内容和形式都发生很大变化，即作为生产单位的家庭的衰落，传统家庭的解体，劳动力成为商品，大批女性进入就业市场，这似乎已削弱了家庭中的父权制。但这实质上这只是问题的缘起。作为想要确立起对工人阶级的剥削的资本主义制度和继续确立对女性进行压迫的父权制度很快就找到了共同利益的结合点，它们开始了共谋：一方面，在资本家看来，当妇女进入劳动力市场的确在一定程度上提供了更多剩余劳动力，能够产生更多的剩余价值。但由于女性没有接受过正规的训练，特别是由于生理上的原因，创造的剩余价值在量上不如男性。同时，资本家更发现如果女性能够待在家中，就能够为作为雇用工人的她们的丈夫提供更为舒适的环境，这就可缩短劳动力价值恢复所需要的时间，不仅如此，她们在家中对下一代的子女的照顾可以使资本主义发展所需要的劳动力保持连续性和高质量，"妇女培养孩子使他具有资本主义工人和消费者必需的心理能力和心理品质，妇女在家庭中的母职角色和地位，以及由此产生的母爱品质与行为，是资本主义每日与每代再生产不可缺少的，母职过去是、现在仍然是社会组织、社会的性别再生产和性别不平等的核心特征，对当代资本主义生产方式的再生产以及支撑它的意识形态至关重要"①。因此，资本家想通了这一点，就在资本主义制度之内制定了更为灵活的政策，即在生产保持正常的情况之下，制定种种歧视妇女的政策，尽可能地将妇女排除在生产领域和公共领域之外，"资本家通过付给男性工人足以保证让他们的妻子和孩子留在家里的工资，使得资本家与男性工人在对待女性的交易上面获得成功"②而在生产面临危机的时刻，使得一部分妇女进入到生产领域，这样会使得男性工人由于女性工人的竞争，更好地为其创造剩余价值的生产服务，而当生产一旦稳定，女性又

---

① 秦美珠. 女性主义的马克思主义 [M]. 重庆：重庆出版社，2008：74.
② 秦美珠. 女性主义的马克思主义 [M]. 重庆：重庆出版社，2008：58.

会被排除与生产之外。另一方面,在父权制起作用的私人领域,男性工人由于在经济上的主导地位,在家庭生活中更加加深了父权制度起作用的程度。同时,这样家庭不但是父权制起作用的主要场所,也构成男女参与工资劳动和阶级结构的物质关系,妇女的阶级是由男性的阶级属性所决定的。妇女在为工人阶级的男性提供一个温暖的生活港湾的同时,妇女和孩子必须依赖男性的工资,"只有在资本主义社会中,把女性小视为依赖性才有意义……由于劳动分工保证了女性作为家庭中的妻子和母亲,在很大程度上与使用价值发生关联,对这些行为的诋毁遮蔽了资本在满足社会必需品方面的无能,同时,这也降低了男性眼中的女性,为男性统治提供了一个理由。关于这一点的一个例证可以由对电视商品的矛盾情感表现出来。一方面,他们忙于为提供社会必需品制造真正的障碍:毁坏衣物、刺激皮肤的清洁剂、各种产品的赝制品。另一方面,必须诋毁对这些问题的关系:这是通过嘲笑女性——那些必须处理这些问题的劳动来完成的",这样就能保证资本主义的再生产和扩大再生产。同时妇女在家庭中依赖男性,也同时意味着工人阶级中的男性必须减少从事抗议或从事反叛行为的几率,因为他一旦丧失工作机会,就会给一个家庭带来毁灭性的灾难,这样就更加有利于资本主义制度的巩固。不仅如此,资本主义与父权制的结合也体现在意识形态上。在公共领域内,男性的性格特征——竞争性的、理性主义的、统治性的——它与资本主义社会的主导价值相吻合。资本主义将男性的特征与主流的意识形态相结合,使得女性更加处于无权的地位。"一方面,意识形态在资本主义劳动分工的形成与劳动力的再生产的过程中发挥了重要的作用,而性别劳动分工及其随之产生的意识形态又根植于资本主义的劳动分工当中;一方面,意识形态在生产关系中具有重要作用,生产关系这一术语不仅指阶级关系,还包括性别与种族分工等,在生产关系中,性别意识形态具有重大的作用。""当理论家描述父权制、种族歧视、强制异性恋时,他们不仅仅是在描述他们希望看到的、被动摇的或被取代的一种形态,他们也是在描绘社会领域,并赋予这种描述以表现力。随着这种表达方式的影响逐渐产生,他或许会有助于形成一种'霸权形式'的霸权;而且毫无疑问会影响人们对分化和变迁路径的看法,包括对政治干预是否可能成功的看法。"①

在西方马克思主义女性主义者看来,现代性问题是女性主义问题所面临的实际状况,这种状况是由"二元"的压迫所造成的,即资本主义和父权制。前者是在制度层面上,后者是在文化层面上,两者的结合使得现代性问题加倍作用于女性主义问题。在我们看来,父权制如果是女性主义问题的历史文化根源,它使女性的受压迫成为一种传统;那么事实上,在资本主义的作用下,父权制获得了制度上的支持而上升为一种社会所普遍接受和认同的事实,更因为这种事实对巩固资本主义经济、政治、文化制度本身的重要意义,使女性主义问题根深蒂固地成为难以改变的现代性问题。而这样的观点正体现于《资本主义的终结》的资本主义批判当中。

---

① J.K. 吉布森-格雷汉姆. 资本主义的终结:关于政治经济学的女权主义批判 [M]. 陈冬生,译. 北京:社会科学文献出版社,2002:11.

三、《资本主义的终结》的资本主义批判与现代性批判

该书在西方马克思主义女性主义的研究中具有独特的典型性,其对资本主义的批判代表了西方马克思主义女性主义现代性批判的典型观点。在我们看来,该书两位作者的立足点和出发点是女性主义问题,认为自己所处时代的女性主义问题是女性作为人类社会性别中的一种性别为何会处于这样一种卑微的、低下的境域之中,对女性的剥削和压迫何以会获得时间上如此的持久性和空间上如此的广泛性,女性如何才能摆脱束缚与男性一同向通往真正自由的境地迈进,诸如此类的问题是包括她们在内的西方马克思主义女性主义者所共同面临的问题。在她们看来,女性主义问题是与现代性问题相互缠绕在一起的,即使她们没有提出这样的论断,但在她们的思想深处是明确地意识到这一点的。因为她们反复强调,女性主义问题的解决并非是女性作为一个独特的社会性别的事情,女性主义问题的根本解决有待于整个人类所实现的自由和解放。人类性视角是这两位西方马克思主义女性主义者不同于其他研究者的独特和高明之处。在这样的观点之下,女性主义问题的解决就只能在马克思主义的意义上,在改变了当前社会形态和社会结构中对人所造成了压迫和束缚的条件下,在彻底结束现代性问题对人造成的种种物化和异化状况下才能获得。在这个意义上,她们对问题的研究延续了马克思现代性批判的思想理论,即对资本主义展开现代性批判。以政治经济学批判揭示资本主义霸权的终结,方显对女性主义问题的资本主义批判,体现出鲜明的现代性批判的理论特征。

(一)《资本主义的终结》何以代表西方马克思主义女性主义的资本主义批判

如果我们能够将西方马克思主义女性主义的资本主义批判理解为一种经济批判、政治批判和文化批判的统一,这些批判又是基于思维方式变革的,

那么绝大多数西方马克思主义女性主义者对资本主义的批判都是基于"二元制"理论所形成的"二元"思维方式,即认为资本主义和父权制的结合是女性受压迫和束缚的根本原因。因此,她们对资本主义的批判总是和对父权制的批判纠缠在一起。在一定意义上,资本主义批判和父权制批判何者占据首要地位是划分西方马克思主义女性主义和社会主义女性主义的基本依据。而该书之所以能够代表西方马克思主义女性主义的资本主义批判,主要是基于对资本主义和父权制两重关系的理解,即突出强调二元制关系中的资本主义这一元,从而体现出西方马克思主义女性主义的鲜明特点。

在以往西方马克思主义女性主义研究的基础上,该书作者认为资本主义和父权制对于女性的作用并非是分别的,特别是在资本主义产生之后,资本主义与父权制对女性的压迫是相互缠绕和齐头并进的。因此,无法在其中分清楚哪些压迫是属于资本主义的,哪些压迫是属于父权制的。虽然在时间上看资本主义和父权制对于女性主义问题的影响并非同步,因为在资本主义出现之前,父权制就早已经存在,而且独立地对女性主义问题施加影响。如果仅仅将资本主义与父权制看做一种各自独立的制度,寻求他们之间的外在结合应该是远远不够的,因为外在的关系并不能解释父权制在资本主义条件下或者资本主义扎根于父权制的土壤中所产生的如此重大的影响。它们之间的结合并不应该仅仅是一种外在的关系,而更应该是一种内在的关系。因此,该书之所以能够代表西方马克思主义女性主义的资本主义批判,首先在于她们是在资本主义与父权制的结合之下批判资本主义问题。她们通过考察经济、阶级、全球化等资本主义相关领域,包括这些领域中的父权制与资本主义之间的相互结合关系,力图从政治经济学和文化观念层面上对两者之间的关系展开政治、经济和文化方面的现代性批判,将这二元关系囊括到一个统一的解释体系和框架当中。在她们看来,在资本主义条件下,社会性别分工本身就是等级制的(因为阶级的划分使女性作为劣势存在,经济一元论使得女性在剩余价值生产上的劣势扩大到整个社会其他领域),这种等级制的社会性别分工不但使得资本主义获得了更加充足的剩余劳动力,也使父权制在资本主义条件下获得更为广泛的发展,这也是资本主义全球化产生的根本原因。因此,如何对资本主义展开现代性批判,如何将在资本主义中寄生的父权制因素展现出来,如何在对资本主义批判的过程中,将这些因素在社会制度领域内的影响彻底根除,就不仅仅要对资本主义的诸多领域进行政治经济学批判,也要在此基础上进行文化观念、思想观念层面的批判,即对资本主义文化霸权观念的批判。这种文化观念类似于父权制中的男权观念,是庞大的甚至是根深蒂固的,而这种观念也是基于对其他类似于父权制中的女性的掠夺和奴役而形成的。因此在文化层面上对资本主义的霸权概念加以解构,以及解构之后的建构,是在更深层次上对西方马克思主义女性主义的资本主义批判的呈现。这种资本主义批判在某种程度上才能真正代表西方马克思主义女性主义的资本主义批判,即将马克思主义对生产领域、经济领域的制度批判和文化批判,与对父权制的制度批判和文化批判相互结合,并将这种结合既不是基于资本主义主要起作用的生产领域和社会政治领域,也不是基于父权制主要起作用的家庭领域和私人领域,而是将这种相互作用结合起来思考,特别是揭示了资本主义的各个领域的变迁如何对家庭领域和私人领域施加影响、私人领域和家庭领域又是如何对资本主义经济和政治领域发生作用的、这两个领域如何相互结合形成关于资本主义的霸权观念的。这种对资本主义和父权制的思考方式,既体现其对两者关系的更深层次的思考,又体现其在女性主义研究视阈下,用马克思主义的联系性和相互影响、相互制约的矛盾关系的观点对女性主义问题的把握。因此,该书对资本主义的思考是基于西方马克思主义女性主义的思考,并将这种思考向更为合理化的层面推进,体现为西方马克思主义女性主义的资本主义批判的典型形态。

我们认为该书能够代表西方马克思主义女性主义的资本主义批判,还有一个更为重要的原因,在于其对资本主义本身的理解具有典型性和代表性。之所以该书对资本主义的研究能够体现为一种典型的"资本主义"批判,就在于她们对问题的研究和把握没有仅仅停留在具体内容的层面,更是以具体的研究内容作为支撑,以核心观点作为基本思想,以不同的结构和层次所形成的思想理论体系作为逻辑构成,以呈现研究的价值旨趣使研究能够既体现现实性的目的又体现理想性的追求。我们发现,纵观西方马克思主义女性主义的研究,没有哪部著作如同该书一样能够通过完成的理论架构和理论体系对资本主义诸多方面达到如此全面的研究与批判。

该书在西方马克思主义女性主义的资本主义批判中体现出以下的鲜明特点：首先，问题提出的直接性。许多西方马克思主义女性主义的资本主义批判总是包含在其他问题之中，或者在与其他问题的相互关系中呈现出来。而该书直接以"资本主义的终结"为题，将研究问题直接定位为对资本主义的批判，并将研究所要达到的理论旨趣在题名中直接揭示出来。在具体内容中，通篇的论述都是围绕着资本主义各个具体领域和宏观领域展开的。特别是对女性主义的基本观点、马克思主义的相关问题以及对父权制的批判也完全融入到对资本主义批判的过程中。因此，可以这样说，该书是西方马克思主义女性主义对资本主义批判中观点最为鲜明、论述最为集中、批判的思想特征最为典型的理论著作，典型地代表了西方马克思主义女性主义的资本主义批判。其次，理论展开的逻辑性。正如前文所说的那样，对资本主义进行整体的批判就需要一个完整的、有内在逻辑的思想理论体系作为支撑。该书的资本主义批判就体现为这样一个思想体系。虽然该书是由两位作者所写作的系列论文集合而成，但在对这些论文的整体把握基础上，还是能够发现两位西方马克思主义女性主义者的资本主义批判的思想逻辑。即在对女性主义问题产生的根源与"马克思主义者为何在等待革命"这样两个问题进行把握的基础上，得出所有的原因都在于资本主义，体现在经济原因、政治原因和文化原因中。因此要逐一对这些领域内的资本主义霸权进行破解，在经济领域内对经济一元论和资本主义经济有机体理论的批判，从而建构新的经济理论来破解资本主义的经济霸权；在政治领域内通过对阶级概念和阶级理论的政治经济学分析，希望开创一种新的阶级理论来改变以往阶级理论的单一性；正是资本主义在经济领域内和政治领域内的全球扩展才产生了资本主义的全球化，而全球化在哲学层面上则涉及对空间概念的理解。如何通过女性"空灵"的空间概念，重构一种空间概念，将人们从对全球化的误解中拯救出来，也是在政治、经济、文化和哲学层面上对资本主义的批判。在此基础上，从整体上对资本主义霸权概念进行解构。即在文化形态的意义上对资本主义文化霸权进行整体性的理解，从而希望破除这种文化霸权，使得在这种霸权形态之下的其他因素获得新的生机和活力。这样该书对资本主义的批判呈现为合逻辑的思想体系，体现为逐层深入的思想呈递过程，也使该书的资本主义批判在一定程度上代表了西方马克思主义女性主义对资本主义研究的最高水平。再次，理论旨趣的多重性。在西方马克思主义女性主义研究中，一个比较典型的缺陷就是要么仅仅是基于现实运动或事件进行的现实性描述，要么是仅仅将女性一个阶级的自由和解放作为最终的理论旨趣，而这样的理论旨趣因其在某种程度上的虚假性而无法唤起人们的理论重视。该书对资本主义的批判没有停留在对现象或事件的描述和分析上，而是针对资本主义本身；在对其研究的过程中，也没有仅仅局限于女性一个社会性别，而是站在人类性视角上审视女性主义问题和女性状况，将女性主义问题的解决放在整个人类自由和解放的意义上，就使得本书对资本主义的批判避免了通常女性主义研究的狭隘性和局限性。不仅如此，该书在前言中鲜明地提出了另一个理论旨趣，即唤醒马克思主义者进行革命的勇气和信心，将其从对虚假的资本主义霸权的恐惧中解救出来，唤起革命阶级的理论勇气的价值旨趣，是站在马克思主义或西方马克思主义的视角进行资本主义批判的鲜明呈现，也是该书能够代表西方马克思主义女性主义的资本主义批判的一个重要因素。

基于以上思考，我们认为该书能够代表西方马克思主义女性主义的资本主义批判。这是问题的一个方面，问题更为重要的另一个方面是这种资本主义批判是如何体现现代性批判的。这是我们之所以要在现代性批判的视阈下看待其资本主义批判的核心问题，也是我们必须要解决的问题。

（二）《资本主义的终结》所体现的西方马克思主义女性主义的资本主义批判何以体现现代性批判

之所以将该书的资本主义批判视为现代性批判，首先是基于对现代性本身的理解。现代性被看做是欧洲社会母体中孕育出来的以理性和科学为代表的一种社会形式，因而在时间意义上，"现代性乃指大约从 17 世纪起源于欧洲的一种社会生活和组织的模样，而之后其影响多少成为全球的"，"它首先意指在后封建的欧洲所建立而在 20 世纪日益成为具有世界历史性影响的行为制度与模式。"① 也就是说，现代性通常被视为从启蒙思想的传播到资本主义制度在世界范围内的确立这一人类现时代的开始与展开。而在空间意义上，当马克思用"一切固定的古老的关系以及与之相适应的被尊崇的观念和见解都被消除了，一切新形成的关系等不到固定下来就陈旧了。一切固定的东西都烟消云散了，一切神圣的东西都被亵渎了。人们终于不得不用冷静的眼光来看他们的生活地位，他们的相互关系"② 来形象地描述现代性的特征，现代性就是指现代工业文明社会。如果这种对现代性的理解方式在某种程度上能够代表国内理论界比较认同的观点，那么现代性在时间上表征启蒙以来的社会历史时期；在空间上，则代表整个资本主义社会形态。因此，无论从时间维度还是空间维度，现代性都是与资本主义密切相关的。如果这种理解方式能够成立的话，现代性所涉及的就是在现代西方工业文明社会中人类对世界的一系列态度、复杂的经济秩序、包含国家和民主精神在内的政治制度以及人类所具有的思想开放性等等在内的现代社会的基本特征。因此，在这个意义上看，现代性概念基本上等同于作为经济、政治和文化层面总和的"资本主义"。至少可以这样说，对"资本主义"的批判，应该是典型的"现代性批判"。相应地，西方马克思主义女性主义对资本主义在经济、政治和文化层面上的批判也应被作为典型的现代性批判予以理解。

从现代性的概念来理解是如此，从现代性问题本身来理解也是如此。将资本主义问题理解为现代性问题还可以这样理解，正如费尔南·布罗代尔（Fernand Braudel，1902～1985）在《资本主义的动力》一书中将人类的经济分为三层结构：低层是人们衣食住行的、无意识的、习惯的日常生活结构，他称之为"物质生活"；在物质生活基础上，是联系生产和消费的交换网络，即"市场经济"；在市场经济之上寄生着资本主义的"上层建筑"，资本主义经济是处于最上层的经济，是小部分特权人物的经济，资本主义经济与国家机器勾结在一起，而大量的"物质生活"和"市场经济"并不必然具有资本主义的内在特征。即使是这样，第一层次的经济结构包含着人类最基

---

① 吉登斯. 现代性的后果 [M]. 南京：译林出版社，2006：1.
② 马克思，恩格斯. 马克思恩格斯选集：第1卷 [M]. 北京：人民出版社，1995：275.

三、《资本主义的终结》的资本主义批判与现代性批判

本的生活需求和物质需求,是人类进行生产和生活的先决条件,它不仅是人们生存的条件,也是人们生产的结果,因此,它的存在是必然的。正如马克思指出的那样:"物质生活的生产方式制约着整个社会生活、政治生活和精神生活的过程。"① 市场经济在一定程度上是商品交换发展到一定阶段的产物,它的产生也并不与资本主义有着必然的联系,但是它为资本主义提供了寄生于其上的天然的环境。资本集中和资本积聚使资本主义取得经济生活中一统天下的局面,经济多元化的格局被单一的资本主义经济所替代。这样一来,资本主义生产方式获得了单一的权力。这样在资本主义生产方式的作用之下,资本主义的一切特征,诸如在经济领域的效率至上、在政治领域的意识形态控制、在文化领域中大工业文化所造成的文化齐一性、在思维方式上的工具理性化、在日常生活领域中的消费至上等就成为所有领域所效仿的规则,并得到了最大限度的传播和扩展,这是现代性问题产生的根源。因此理论家们所普遍认同的现代性问题,包括工具理性问题、物化问题、日常生活异化问题、大众文化问题、意识形态控制问题、消费异化问题、科技至上问题、生态问题等问题,无不与作为政治、经济、文化层面的资本主义有着密切的关联,甚至在某种程度上来说资本主义正是导致现代性问题的根源。

基于该书的立场,这种资本主义批判中所体现出的现代性批判的特点更为突出。两位西方马克思主义女性主义者对资本主义在经济、政治上占据统治地位,进而控制人们的意识,使人们形成对资本主义意识形态的社会文化认同,使资本主义获得意识形态和文化层面上的霸权地位的这一逻辑展开批判。这一批判与马克思主义理论家与西方马克思主义理论家在现代性批判上具有共同的基本特征。这不但与马克思在《1844年经济学哲学手稿》中"异化"的四重属性对人的控制有所类似,更与早期西方马克思主义者卢卡奇的观念有着鲜明的一致,"在物化的意识看来,这种可计算性形式必然成为这种商品性质真正直接性的表现形式,这种商品性质——作为物化的意识——也根本不力求超出这种形式之外;相反,它力求通过'科学地加强'(这里可理解为规律性)来坚持这种表现形式,并使之永久化……在资本主义发展

---

① 马克思,恩格斯. 马克思恩格斯全集:第13卷[M]. 北京:人民出版社,1968:8.

过程中，物化结构越来越深入地、注定地、决定性地沉浸入人的意识里。"①卢卡奇正是认识到了资本主义带来的物化所导致的直接后果，因此，他希望能够通过对物化现象、物化意识的批判唤醒无产阶级的阶级意识。卢卡奇与马克思所采取的理论思路都是力图在经济层面上对物化或异化展开现代性批判，进而在意识形态和文化层面上对现代性问题展开现代性批判。该书也是沿着这一现代性批判的基本思路对资本主义展开现代性批判的。因此，该书的资本主义批判是可以放在现代性批判的视阈下进行的。

即便如此，该书对资本主义的现代性批判也呈现了与以往现代性批判理论不同的理论特质。她们虽然认为资本主义在经济和政治层面上的霸权地位是根本的，但也认为其在思想文化上的霸权地位的影响更为深远，破除资本主义在观念上的霸权地位则显得更为重要。因此，将文化和观念层面上的批判作为更高层面上的现代性批判是其中一个重要特征。她们的现代性批判不同于以往现代性批判的重要特质还体现在思维方式上。以卢卡奇为代表的早期西方马克思主义认为马克思主义的精髓在于马克思的辩证法，这种辩证法被他们理解为"历史性辩证法"或"总体性辩证法"，即强调历史的过程性和统一性，将社会和历史作为整体性的过程。而该书的两位思想家不但不同意这样的观念，反而认为正是这样的理解方式使得资本主义霸权形态得以建构出来。这种理解方式是对马克思辩证法的曲解，马克思是一位解构和批判的领袖，他的突出贡献在于现代性批判的思想方法。因此，她们反对整体性的认识方式，认为资本主义正是凭借这样一种整体化、统一化、单一化的认识方式使人们丧失了对现实世界的反抗。资本主义意识形态普遍存在着把资本主义经济普遍化、本质化的倾向，把资本主义作为唯一的话语分析范畴，比如"垄断资本主义"、"全球资本主义"、"晚期资本主义"等。资本主义生产关系是"同全国经济或全球经济有潜在的共同覆盖范围的、有结构有系统的统一体"②。在资本主义生产关系下，特别是在资本主义二元对立地将资本主义整体化、统一化预设为"强大的"类似男性霸权的认识方式之下，"资

---

① 卢卡奇. 历史与阶级意识 [M]. 北京：商务印书馆，1999：159.
② J.K. 吉布森-格雷汉姆. 资本主义的终结：关于政治经济学的女权主义批判 [M]. 陈冬生，译. 北京：社会科学文献出版社，2002：321.

本主义被隐喻等同于男权的霸权和扩张,而非资本主义被定义为是资本主义的对立物、附庸、复制品、另类的,就恰如女性之于男性,因而非资本主义经济形态被资本主义性质所伤害、征服和边缘化"①。对于资本主义进行现代性批判的思维方式是西方马克思主义女性主义站在自我立场上对马克思主义的自我理解。在我们看来,马克思的确以实践观点为思维方式变革先导,通过实践和人们的生产活动对社会历史从横向和纵向进行了总体性研究。与此同时,马克思确实对现代性问题展开了深入的现代性批判,但是这些批判并非如西方马克思主义女性主义理解的那样,仅仅是为了解构而解构,而更多的是为了建构,共产主义理论和唯物史观的形成就是最好的证明。

虽然该书对资本主义的现代性批判与马克思主义和西方马克思主义女性主义在现代性批判的具体理论上有所区别,但可以确定的是,她们的确是站在现代性批判的理路之下展开研究的,因此将该书的资本主义批判放在现代性批判的视阈下加以研究,既符合该书真实的思想特征,也符合现代性批判理论自身的思想进路,因而是正确而且可行的。她们对资本主义的现代性批判是多层面的。首先,该书以"政治经济学批判"为副标题显然是想要从马克思现代性批判的理路出发,对资本主义从经济形态和政治形态上展开批判;同时,通过对该书的整体性把握来看,其根本目的在于对资本主义在文化形态和文化霸权的批判,通过批判资本主义的霸权观念将其中所蕴含的多元化因素解救出来。因此,对资本主义的政治经济学批判和文化批判作为现代性批判的双重维度贯穿其批判理论的始终。

(三)《资本主义的终结》对资本主义的现代性批判何以体现女性主义的思想立场

该书对资本主义进行现代性批判始终基于女性主义的思维方式和思想立场,其研究的旨趣更在于女性主义问题的解决。在她们看来,资本主义一旦建立起来,就是一种"存在性别偏见的资本主义",也就是说在资本主义中

---

① J.K. 吉布森-格雷汉姆. 资本主义的终结:关于政治经济学的女权主义批判[M]. 陈冬生,译. 北京:社会科学文献出版社,2002:17.

始终存在对妇女的压迫，这是资本主义本质的必然，也决定了资本主义的过去、现在及将来始终都具有父权制的性质，压迫妇女是它的一种基本属性。即资本主义的主要、基本特征就在于女性的被边缘化，以及女性由于被边缘化而沦入次要劳动力的地位。按性别进行社会分工是资本主义的基本机制，它所维护的是男人对妇女的优势，这是"资本主义和父权制两种连锁制度长期影响的结果。父权制远没有被资本主义征服，它仍然是强有力的；它具备了现代资本主义采用的形式，正如资本主义的发展改变了父权制一样。资本主义和父权制互相适应给妇女造成恶性循环。"① 当然她们所谈论的资本主义首先是制度层面上的，因为制度层面上的资本主义，即经济形态和政治形态上的资本主义是文化形态资本主义霸权形成的基础。因此，她们虽然在政治和经济层面上指出资本主义是女性受压迫的根源，却并不想仅仅停留在对资本主义的制度层面进行政治经济学批判上，而是以政治经济学批判为基础，在思想文化层面上对资本主义展开文化批判。具体说来，这种现代性批判中所体现的女性主义立场主要表现在以下方面：

首先，在提出问题的过程中将女性主义问题的解决与理性经济联系起来思考。理性经济是理性撇开了其他政治的、文化的、生态的特征的理性，是主宰身份形式的最新象征，也是建立在全球"企业文化"的理性利己主义至上的理性形式的特征。在理性经济阶段，理性以经济的方式占有整个世界，物质的角落、精神的角落都被囊括入人们的经济生活当中，都是围绕着生产和产品的交换、分配和消费中心环节的附属存在，人们的所有生活都围绕着经济利益的巨大杠杆，经济成为衡量人存在价值的唯一标准。在这一状况下，整个世界在归属于理性经济的同时，也异化为理性经济的对立物，世界（包括人类世界在内的世界）替代了自然成为理性在更广泛意义上的对立，这一世界不但包括自然、女人也包括男人自身，这样的社会是理性经济渗透到社会生活心脏的社会，女性不但作为对立物，更加被视而不见了——女性问题就是经济理性为了惩罚对经济贡献不足的女性的必然结果而已，这一问题是自然而然的。因此，要彻底解决女性在现代性条件下的生存问题，就需

---

① 李银河. 妇女：最漫长的革命 [M]. 北京：中国妇女出版社，1997：49.

三、《资本主义的终结》的资本主义批判与现代性批判

要对经济理性——资本主义经济一元论进行现代性批判。

其次,在分析问题上将女性主义问题的解决与资本主义的阶级关系和阶级概念联系起来思考。在经济上,资本主义是以不断扩大贸易获得更多剩余价值为目的;在政治上,始终标榜民主、自由和平等为普世价值。但平等作为其所标榜的人权是无法达到的,女性并没有像资产阶级民主制度所标榜的那样获得与男子平等的经济地位和政治权力。资本主义社会在政治生活中歧视和排斥女性,女性获得平等的权力和机会受到极大的限制,女性参与政治生活的权力也基本处于被遮蔽的状态。资本主义在政治上不仅排斥女性获取权威地位,而且还积极宣传对女性的厌恶情绪,并通过反流产运动试图控制女性的身体。婚姻也使女性处于从属于男性的地位,这为男性对女性实施家庭暴力提供了条件。同时女性作为一种不平等的、分化人群的权力结构,是与其他的社会权力分配结构如阶级、民族、种族等相互联系、浑然一体的。在这里她们特别通过对阶级关系和阶级概念的分析来说明这种政治上不平等的根源。资本主义在政治层面上对于女性的歧视,在于从阶级关系上自然地将女性排除在外。在无产阶级和资产阶级作为两大对立阶级的情况下,女性因无法占有生产资料而无法成为资产阶级,女性又因为被排除在社会生产和再生产领域中而无法参与生产过程,就无法形成阶级,特别是成为无产阶级的一员。这样自然也无法获得政治地位,因此丧失了政治权利。女性因为受制于资本的逻辑使其在政治上也处于劣势。在资本主义条件下,做个好家庭主妇是世界上一切工作中最重要的。这被称为"女性的奥秘"的性别意识,经过大众舆论和现代媒体的传播,成为主宰女性的观念文化。陷于"家庭妇女"角色的女性,在享受了安逸的生活后却感受到深深的失落和自我实现的缺乏,内心充满无名的烦躁感和无意义感。因此,基于这样的思考,女性主义问题的解决必须对资本主义进行现代性批判。

再次,在论证问题中将女性主义问题的解决与资本主义的文化观念形态联系起来思考。伴随着资本主义在经济领域和政治领域上霸权地位的确立,资本主义的生产方式和政治模式引领经济全球化而不断走出国界,成为世界性的模式后,关于资本主义的各种观念和理解方式也随之走向世界。全球化

的攻击性犹如传统女性主义所研究的"强奸范本"一样,罔顾其他国家的意愿和要求,使得全球化过程中资本主义的推进过程体现为一种强势对弱势的征服过程。这样全球化的实质是将全球作为一个资本主义入侵的空间。在这样的理解下,入侵与被入侵就是一切过程的概括。不仅如此,伴随着全球化过程中资本主义力量的不断拓展,资本主义在文化和观念的意义上成为一种霸权。"资本主义是以下列面貌应运而生的:资本主义是当代工业发展史上的英雄,是历史的开创者,是未来、现代和当今的载体。资本主义是强有力的,卓有成效的,唯有它够资格完成社会转型任务,唯有它在与自然的斗争中解放了人性……资本主义被神圣的供奉在社会发展的顶峰……资本主义作为一个统一的体系或实体的存在……资本主义也是一种权力结构。这种权力结构产生与所有权和经营管理权或金融控制权……在社会分化体系中,资本主义是菲勒斯或主导概念……资本主义的外观是可塑的,其发展轨迹变化自如并且具有创造力……资本主义最后通过地方部门、劳工工会或者国家级法规而获得自由……从全球霸权到作为现实存在的资本主义只有一步之遥:一个不规则的、也就能作为范围遍及社会各个领域的吸引物。"① 这样的资本主义是一只怪兽,我们无力打倒,只能顺从。她们引证了阿尔都塞对资本主义的本质主义解读:"'资本主义'在它所涉及的对象中,指定了一个根本的共性。因此,在不同的时间和不同的地点我们遇到本质上相同的资本主义,我们并不奇怪……当资本主义仍作为一个同类而存在时,非资本主义只能是从属性的或被描述得隐约不见。"② 正因为资本主义变成了一种本质主义,才导致了妇女的从属地位成为一种理所应当的问题,使得资本主义被描述为"铁板一块"的单一性和同质性,也使我们在这个"庞然大物的笼罩"下而无力去变革它。

最后,在思维方式上,将女性主义问题的解决与思维方式的变革联系起来思考。该书作者同样将现代性的认知模式所形成的文化模式作为导致女性

---

① J. K. 吉布森-格雷汉姆. 资本主义的终结:关于政治经济学的女权主义批判 [M]. 陈冬生,译.北京:社会科学文献出版社,2002:10.

② J. K. 吉布森-格雷汉姆. 资本主义的终结:关于政治经济学的女权主义批判 [M]. 陈冬生,译.北京:社会科学文献出版社,2002:55—56.

三、《资本主义的终结》的资本主义批判与现代性批判

主义问题的重要缘由。这样一种两分法是基于对西方传统哲学的理解之上的。自人类以哲学的方式完成了思想的启蒙之后，主体和客体之间的认识与对象关系就根深蒂固地在西方传统哲学那里积淀开来。主体与客体的二元逻辑结构体现为关系性的定义，男性与女性只能作为一个充盈、一个缺乏；一个积极，一个消极；一个肯定，一个否定的意义上才能被定义，以自我定义"他者"是关系性定义的典型特征。二元制的逻辑结构是女性问题的根源，它的逻辑演进是某一殖民化的逻辑进程的延续。如果说以柏拉图为代表的早期理性主义者为这一殖民化逻辑划定界限——人与自然、动物、奴隶、野蛮人、女性的对立，使得人类自我和文化陷入其中的话，那么以笛卡尔就代表了殖民化发展的第二阶段——占有，以主体对客体、我思对我在、我在对他在的方式，这就使得殖民化从头脑中的变为"口袋中"的，从理性的规划到现实的实施。实施的过程是探索的过程，当人类小心翼翼地探索的结果证明了自身的理性认识和实践能力之时，小心的伪装就必然被颠覆，肆无忌惮的掠夺变成了二元逻辑结构发展第三阶段的重要特征。掠夺之所以为掠夺就在于掠夺仅仅为了满足疯狂占有的目的，而不再是满足自身的需求；作为"他者"的自然或女性没有丝毫的分量，不过被作为一种手段而已——人类生存的背景或人类繁衍的道具；理性将自身作为一种对于消费品和智力资源的排他的拥有者，虽然这些东西是否需要还是尚待探讨的。工具化和手段化是现代社会的典型特征，这一特征发展的逻辑进路必然是吞噬一切"他者"，也是二元逻辑结构发展的最终阶段。因此，该书对现代性中思维方式的批判更是基于女性主义的思想观点，希望通过反对在理性主义传统之下的各种形式的——理性对非理性的、文化对自然的、男性对女性的统治和压迫，改变现存的领导与服从的关系，改变基于权利关系的等级结构，重建社会的基础价值和文化观念，在现存关系的基础上建立一种平等、文明、民主、和谐的两性关系。

在该书的两位作者看来，女性主义问题的产生与现代性的资本逻辑、政治逻辑、文化逻辑和思维方式有关。因此，解决女性主义问题与现代性问题息息相关。于是她们在现代性的语境之下积极探索现代性视阈下女性主义问

题的解决途径,将女性主义问题作为一种现代性问题进行探讨。她们紧紧抓住女性主义问题是与资本主义紧密相连的这一关节点,将女性主义问题的根源归结为资本主义并将其作为自己理论研究的思想前提。在这一前提的指导下,确立了其对资本主义批判的思路,即对资本主义展开政治经济学意义上的批判,并进而达到在更深层次上的对资本主义文化逻辑的批判,典型地体现了她们的资本主义批判实质——对资本主义进行现代性批判。按照这样的逻辑,两位西方马克思主义女性主义者对经济一元论、阶级理论、全球化等资本主义核心概念和领域进行政治经济学批判,再进一步对资本主义文化霸权进行解构,构成了她们现代性批判的基本思路。

四、《资本主义的终结》现代性批判之一：经济一元论批判

该书作者之所以选择经济一元论作为对资本主义进行现代性批判的对象之一，是因为在资本主义的各种关系中，无论是阶级关系的形成还是全球化的理解，无不以经济一元论为理论基础和现实基础。在现代性境遇中，尚不存在与资本主义经济相互抗衡的经济形态，经济一元论实际上就是资本主义经济霸权。这种霸权形式通过政治作用于整个文化形式，最终形成了资本主义的文化霸权。凯瑟琳·吉布森和朱丽·格雷汉姆对这样的经济一元论有所质疑：为什么在现代性条件下资本主义经济被设想为一个必须无条件服从的"上帝"？我们能否在现代性视阈内设想一种新的经济学说？这种新的经济学说会导致何种新鲜事物的出现？她们对这些问题的研究表征了其对资本主义经济一元论的政治经济学分析，并将经济一元论定位为现代性视阈下的现代性问题，展开了现代性批判。

（一）质疑经济一元论的唯经济论，提出多元经济论

通过以上分析，我们知道该书的两位作者对资本主义进行的现代性批判是基于女性主义问题，对经济一元论的质疑也是如此。萦绕在她们思想深处的问题始终是女性在资本主义中地位为何如此低下，并认为这是由对资本主义的基本认识决定的。资本主义从最广泛的意义上被理解为在资本逻辑作用下的一整套经济、政治、文化和观念的体系。请注意这里始终强调"资本逻辑"的基础作用。也就是说资本主义在最一般的意义上反映了一种经济关系，即资本主义生产方式。这种生产方式强调了生产、分配、交换、消费的过程性和时间性，所达到的目标是通过这样的过程最大限度地获得剩余价值。因此，资本主义的核心领域是生产领域。伴随着现代生活的拓展，金融领域的相关行业也在某种程度上影响了剩余价值的使用和分配。这样经济领

域取代了生产领域成为资本主义的核心。在这种情形下，与经济相关的部门或者与剩余价值生产、使用、分配等相关联的部门成为资本主义中的关键，而这些部门是天然排斥女性的。女性劳动力由于在身体上和生理上的缺陷被排除在社会大生产之外，而金融等理性的行业也是将作为非理性体现的女性排除在外的。女性只能从事家庭生产和再生产，这样的生产只生产使用价值而不产生价值，因而是不被资本主义经济体系承认的。在资本主义经济一元论的理论前提之下，女性是被排除在社会核心领域之外的，处于边缘和劣势。经济一元论是女性在资本主义中处于低下地位的重要原因之一。基于对女性主义问题的思考，凯瑟琳·吉布森和朱丽·格雷汉姆认为必须对经济一元论展开现代性批判。她们选择对这一问题进行现代性批判的另一个原因在于经济一元论是资本主义的根本特征，而这一特征对资本主义的政治、文化和观念等其他层面都产生了至关重要的影响。经济一元论的批判作为她们现代性批判的对象首先呈现在我们面前。

经济一元论的根本特征就是唯经济论。由对经济一元论的迷恋引发的唯经济论场面可以从这样的场景中得以生动地说明："我在电视上看到男人们因为讨论经济学而显得歇斯底里——感情冲动，两眼放光，双肩耸动，嘴巴哆嗦：让市场决定、作出痛苦的抉择、规范竞争场所、改革管理制度、提高生产力……生活在一个竞争的世界和参与全球经济，实行浮动汇率制，取消银行管制，或逐步取消工业保护体系明智之举，在这令人陶醉的大潮中，那些对此表示怀疑的人不是被忽视了，而是被淘汰了。"① 之所以会出现这样的局面，之所以人们会对经济产生狂热的迷恋，是因为人们能够通过对经济的描述和谈论产生一种进入了主流领域、处于控制地位、和权威具有同一立场的感觉，这种感觉类似于获得一种绝对控制的霸权，对霸权的向往变成了对经济的迷恋。这就是人们对资本主义经济的态度。不仅在现实的生活世界中经济获得人们的崇拜和迷恋，在严肃的理论探讨中，无论是何种性质的学说——左派的学说或者是右派的学说，何种层面的学说——政治学说或其他与社会发展相关的学说，都不自觉地以对资本主义的经济分析为基本前提，人们认为似乎只有这样的理论分析才能显得深刻。这种对经济的分析是一种

---

① J.K. 吉布森-格雷汉姆. 资本主义的终结：关于政治经济学的女权主义批判 [M]. 陈冬生，译. 北京：社会科学文献出版社，2002：116.

经济一元论，即认为资本主义经济是资本主义社会中单一的经济形态，资本主义经济在资本主义范围内是制约所有其他社会场所的，甚至成为了无法抗拒、必须服从的上帝。

凯瑟琳·吉布森和朱丽·格雷汉姆认为经济一元论首先包含一定的理论预设。这是基于女性主义一直批判的二元等级结构的：人类将自身的特性区分为统治性的和被统治性的。虽然这种统治性和被统治性是相互依赖的，但事实上人们已经忘却了它们之间的依赖关系，而一味地强调支配性的独立性。这一系列二元对立包括心灵与肉体、理智与情感、社会与自然、主体与客体、主观与客观、保守与超越等等，它们构成了一个相互作用的殖民系统，一方是整体性、主动性、支配性、等级性和主体性，而另一方则是片面性、被动性、从属性、软弱性和客体性。二元对立的思想体系不仅构成了女性主义一直批判的男性对女性的控制，更是经济一元论产生的根源。因为人们普遍认为，二元对立的一端之所以具有优先性和统治性的重要特征，主要是根源在于人的理性，正是理性使得人区别与动物和其他生物，而处于主动性和支配性的境地，理性是表征人类本性的根本缘由。而经济正是理性得以表达的社会区域，它以经济行为表达理性的秩序性、规范性和决定性，非经济生活由于拥有种种非理性因素的弊端而必须服从完满的理性代表——经济。这样经济作为理性的最高代表就被置于社会等级秩序的顶端，而与其他非经济的社会结构和社会因素之间构成了统治与被统治、支配与被支配的关系。"经济具有创造自身因果关系的能力和形成自身整体性、丰富性效果的能力，从而使自己处于决定性地位，不仅对其自身而言，而且对于有缺陷的他物、被决定的外表形式而言也是如此。因此，有机体的概念有助于经济一元论的形成和盛行，有助于确立经济原因和社会结果的非相互依赖关系。"[①]这样理性以经济的表现形式取得了实际上的统治地位。

事实上，纵观人类理性与经济相互作用的资本主义发展历史，我们发现理性与经济的统一并非是完全的、绝对的，而是辩证的、相互联系的和摇摆不定的。即它们在资本主义社会历史发展的某一历史时期能够获得一定的统一关系，但这种统一关系又是通过二者之间的相互斗争得来的：当作为理性

---

① J.K. 吉布森-格雷汉姆. 资本主义的终结：关于政治经济学的女权主义批判[M]. 陈冬生，译. 北京：社会科学文献出版社，2002：130.

主体的人类在理性与经济之间的关系中被定位为主动地位和首要地位时,那么人类也作为经济活动和经济的主体而存在;但当经济膨胀到理性也无法钳制的地位时,当人类的理性也无法完全控制和左右经济状况时,那么经济也许就会取代西方社会曾经出现的宗教的上帝,而成为世俗世界中的上帝。而后一种现象在马克思的观点中,被称之为由"商品拜物教"所引发的"异化"——"商品形式的奥秘不过在于:商品形式在人们面前把人们本身劳动的社会性质反映成劳动产品本身的物的性质,反映成物的天然的社会属性,从而把生产者同总的劳动的社会关系反映成存在于生产者之外的物与物之间的社会关系。由于这种转换,劳动产品成了商品,成了可感觉而又超感觉的物或社会的物……这只是人们自己的一定的社会关系,但它在人们面前采取了物与物的关系的虚幻形式"①。这种通过物与物之间的关系所表达的人与人之间的关系实际上就是一种绝对的经济表现,其必然产生这样的后果:从劳动的对象上看,"劳动所生产的对象,即劳动的产品,作为异己的东西,作为不依赖于生产者的独立力量,是同劳动对立的"②;从劳动的过程看,"劳动者在自己的劳动中并不肯定自己,而是否定自己,并不感到幸福,而是感到不幸,并不自由地发挥自己的肉体力量和精神力量,而是使自己的肉体受到损伤、精神遭到摧残"③;从劳动的结果上看,"人同自己的劳动产品、自己的生命活动、自己的类本质相异化这一事实所造成的直接结果就是:人从人那里的异化。"④ 在资本主义经济中,人们总是试图改善理性与经济之间的二元等级制度关系,通过对二者关系的协调希望避免如马克思所说的那种"异化"状况,而力图达到一种新的统一和整合,来维持其统一体关系。然而事实上,这种努力是苍白的和徒劳的,资本主义种种异化现象已经成为资本主义社会中的普遍事实。这样人们开始反思这种经济一元论,力图改变唯经济论的特征。

她们认为在马克思主义政治经济学说的探讨中,已经开始发展出各种各样的经济重建学说,积累了多种多样的丰富的经验。在这种条件下,可以发

---

① 马克思. 1844年经济学哲学手稿 [M]. 北京:人民出版社,2000:52.
② 马克思. 1844年经济学哲学手稿 [M]. 北京:人民出版社,2000:44.
③ 马克思. 1844年经济学哲学手稿 [M]. 北京:人民出版社,2000:45.
④ 马克思. 1844年经济学哲学手稿 [M]. 北京:人民出版社,2000:52.

展出一种不再受到本质主义和资本主义再生产决定论的新方式。凯瑟琳·吉布森和朱丽·格雷汉姆引证斯蒂芬·杰·古尔德（Stephen Jay Gould，1941～2002）的话形象地描述了非决定论的新经济："究竟谁听说过蝙蝠或羚羊的进化趋势，然而这都是哺乳动物的历史中最成功的事实。我们最骄傲的事情不能成为我们的经典例证，是因为有成千上万幸存枝丫的灌木树形富有活力，凭此我们无法引出进化的阶梯。"① 她们提出了类似的问题："究竟谁听说过在当代西方世界中，像封建制或奴隶制这样的非资本主义经济活动发展成了普遍盛行的剥削形式，或者发展成了普遍盛行的作为自我占有场所的独立商品生产形式。然而这些都是阶级历史中最难得的幸存事实。"② 在原本我们对资本主义经济的了解当中，所有非资本主义的或者非经济的因素都被天然的当做是资本主义的或者经济的附庸，即不是附属于资本主义的就是适应于资本主义的，这就使得人们将资本主义不再作为一种社会形态，而是看做与某些地理范围相互重合的更为广泛的范围，而经济也不再作为社会生活中的某一因素或要素而是作为社会生活的整体。多元性将整个社会看做一个互动的社会整体，由经济活动和非经济活动多元决定，那么经济活动将会获得生机和活力。这些生机和活力来自于非经济活动对经济活动所起到的促进作用，更来自于非经济活动与经济活动之间的协调。因此，凯瑟琳·吉布森和朱丽·格雷汉姆才认为："非经济活动参与了多元决定，被授予特权的经济场所与活动因此会失去它们作为原因的地位，这些原因并非同时是结果。经济缺乏统一的理性或实际的生命力，就会丧失其完整性和对再生产的支撑作用。由于有机体干枯的外壳脱掉了，我们可以在看到一个无限多元化和变幻不停的空间，其中经济活动四下分散而大量产生，并不受发展阶梯或有组织增长目标的作用。"③ 不仅如此，她们认为在经济活动内部也并非是单一的资本主义经济活动，而是存在多种性质的经济活动，形成各种性质的剥削。认为正如以阿尔都塞为代表的某些马克思主义者所指出的那样，资本主义社会

---

① J.K. 吉布森-格雷汉姆. 资本主义的终结：关于政治经济学的女权主义批判 [M]. 陈冬生，译. 北京：社会科学文献出版社，2002：135.
② J.K. 吉布森-格雷汉姆. 资本主义的终结：关于政治经济学的女权主义批判 [M]. 陈冬生，译. 北京：社会科学文献出版社，2002：139.
③ J.K. 吉布森-格雷汉姆. 资本主义的终结：关于政治经济学的女权主义批判 [M]. 陈冬生，译. 北京：社会科学文献出版社，2002：147.

的经济活动是由多元决定的、非单一性的、无中心的经济活动,在这些经济活动中,各种封建的、家庭的、公有制的经济形态都在共同起作用。

这样唯经济论经过重新改造,使女性原有的劳动场所——家庭、非工业生产部门、服务部门重新进入了社会的核心,即"把社会描述为一个无中心的、不连贯的和复合性活动……就可以把生产描述为发生在家庭部门、在非正式部门、在工业部门、在服务部门、在政府部门里。人们不需要把其中任何一个部门当做经济中心或者当做促进经济的基本动力源。所有的这些部门都可以参与构造经济、参与更大的社会;都包含着不同的生产技术和生产组织;都是阶级活动的场所。并且都能根据某种连续不断的背景变化而发生变化。"① 女性劳动获得应有的社会认可,女性的地位获得普遍的提升。这便是对前面所提出的问题:女性为何在资本主义中处于低下地位的解答及其对这一现象积极改变的策略。

(二)质疑经济一元论的有机体理论,提出新有机体理论

资本主义经济一元论的理解方式,是在资本主义社会中处于主导或主流地位的理解方式。这种理解方式与经济有机体理论的出现相关联。经济有机体理论可以通过亚当·斯密(Adam Smith,1723~1790)的经济理论加以理解。在亚当·斯密看来,社会通过再生产达到最大生产力的根本途径是社会分工,通过社会分工人们各自在自己的位置上,通过劳动生产出新的生产资料和生活资料,从而构成了一个生产、交换、分配和消费有机构成的整体。当这一可以区分为各个部分的有机整体通过社会生产和再生产变为连续的、不断的、相互衔接的环节之时,部分不再是各自独立的部分,而变成了整体的部分。而且各个部分之间的连接并非是单一的、被动的和无生命的,相反每个部分都具有自我调节、自我改善和自我控制的功能——不但能够通过调节改变这一环节的作用程度,也能通过这种调节影响其他环节作用的发生。这就类似于生物有机体自身的循环过程,而成为了经济有机体。

---

① J. K. 吉布森-格雷汉姆. 资本主义的终结:关于政治经济学的女权主义批判 [M]. 陈冬生,译. 北京:社会科学文献出版社,2002:147.

亚当·斯密认为，这些处于社会再生产的各个环节的"经济人"出于对自身利益的考虑，而将自身放置于社会再生产的各个位置，在社会再生产中实现共同的利益，这就是资本主义经济的实质。也就是说，资本主义经济本身就是"经济人"在经济有机体中的各个环节内，通过对经济有机体的调节作用而实现自身的最大利益的过程。当然，在资本主义经济的最初状况中，人们也曾经如一盘散沙般进行劳动，而缺乏整体性、系统性和统一性，但随着社会再生产的发展，经济逐渐被囊括入整体的行为景观当中——越来越广泛的社会再生产要求将越来越多的生产行为和生产活动形成必要的社会整合，特别是社会再生产中科学技术对生产过程的作用使得劳动专业化、技术化、一体化变成发展的基本趋势。这样伴随着社会的发展和资本主义自身的完善，原来如一盘散沙的资本主义越来越以有机体和统一体的面貌出现，资本主义经济日益被作为一个具有自身机能并具有完善的自我循环和自我再生功能的有机体而存在。

那么我们应该如何理解资本主义有机体呢？一般的理解方式是将资本主义经济有机体理解为并非寻常的随意组合而成，而是有统一的界限和统一的结构，其依靠内部的生命力和无限的推动力量使其具有无上的活力，犹如人的身体一般。因此凯瑟琳·吉布森和朱丽·格雷汉姆将这种理解中的经济有机体称为"身体经济"。正是因为身体经济的序列性和等级性使经济存在各种问题。她们甚至认为经济有机体是正统马克思主义[①]对马克思主义的误解所造成的。马克思并非认为一切社会因素都是由经济决定的，经济是对社会起影响作用的重要因素，却不是唯一因素。马克思也强调上层建筑对经济基础的反作用，并认为这些因素在一定程度上对经济的发展产生至关重要的影响。因此将经济作为一种有机体进而用"经济有机体"取代"社会有机体"这一概念是对马克思理论的严重误解。如果将这种有机体与前文所提出的"身体经济"联系在一起理解的话，那么问题可能就在于循环系统的障碍或心脏机能的失调。对于这种"病症"所采取的解决方式就是恢复循环系统和心脏的功能。事实上，如果将经济看做一种类似于"身体"有机体的话，当这个有机体患上"厌食症"之后，仅仅采取强制性或粗暴性的措施，为强迫

---

① 西方马克思主义女性主义用"正统马克思主义"指代以恩格斯和列宁为代表的马克思主义，也有的学者将这一概念翻译为"经典马克思主义"。

其进食而一味地将养料输送进入其身体的关键部分，忽视其他部位之间的相互影响和相互协调，那么身体只能是被动地消化、变胖、死亡。经济也是如此，一旦经济丧失了活力，一味的对其采取强制措施通过牺牲其他经济部门而换取关键部门的畸形发展，所产生的后果必然是"有机体经济"的进一步失衡，这也许能导致短期的虚假繁荣，但长期看来最终将导致"有机体经济"的完全死亡。因此，必须依据马克思的理论重新寻找一种新的有机体。

也就是说，凯瑟琳·吉布森和朱丽·格雷汉姆认为要想挽救资本主义有机体，必须重建一种"有机体"理论。这种"新有机体"理论并非通过国家的强制性、或强迫性以牺牲非经济因素或经济的其他部分为代价，而换取短暂的经济繁荣假象，应该立足现实，放眼未来的全面发展。她们援引女性主义学者唐娜·哈拉维（Donna Haraway, 1944~ ）的观点："波伏娃恰如其分地强调，一个人并非生来就是女人。这使后现代主义的政治认识论领域有可能坚持主张与波伏娃同样的说法：一个物体并非生来就是有机体。有机体都是被捏造出来的，它们是变化着的世界的某些概念。"[1] 基于女性主义问题的思考，她们总是力图用女性主义的思想观点来诠释概念，使概念获得更多的形象性和生动性。认为有机体不是一个装载灵魂的固定场所，而是一个流动的、变化的和无中心的整体，体现为身体的、心灵的、生理的、心理的、社会的、精神的多个层面相互结合和相互作用的整体。这样身体的概念就是一个"由心灵（或一些其他控制场合）控制的、有局限的和有构造的整体，而不是表述为一个具有在社会相互作用中物质化边界的物质符号的生成点。"[2] 如果说"厌食症"可以表征目前资本主义经济的基本状况——传统生产机能的衰退，而不得不依靠外界灌输新的能量和活力来拯救这一现象，那么在新的身体经济的视阈下治愈"厌食症"，就不仅仅是一个通过内心控制、服食药物以及强行灌输而达到恢复机体活力的一个过程，而是将其看做一个多元决定的过程，是由大量的社会的、政治的、心理的、生理的、习俗的因素参与其中的。同样的道理，资本主义经济目前存在的困境和危机也非资本

---

[1] J.K. 吉布森-格雷汉姆. 资本主义的终结：关于政治经济学的女权主义批判[M]. 陈冬生, 译. 北京：社会科学文献出版社, 2002：139.

[2] J.K. 吉布森-格雷汉姆. 资本主义的终结：关于政治经济学的女权主义批判[M]. 陈冬生, 译. 北京：社会科学文献出版社, 2002：150.

主义经济本身能够改变和治愈的。治愈资本主义经济目前的状况，就不再是强行的向资本主义内部灌输养料，而是将资本主义经济中多元决定因素的能动作用重新激发出来，也许这才是真正治愈资本主义"厌食症"的根本方法。她们想象资本主义经济实际上就是不同的器官和不同的机能在统一的"劳动分工"周围运转，而实质达到协调和平衡的运动过程。生命自身就拥有生存、衰老、疾病、愈合的能力，只需按照自身所特有的规律进行运转自然会将内在与外在、有形与无形结合起来。这一点也可以用马克思主义理论进行解释。在马克思主义理论中，资本主义经济就是由资本积累和剩余价值生产而推动的一系列过程的统一体。这一统一体的每一个环节都以前一个环节为必然存在的条件，共同完成着剩余价值生产的目标。这样，在资本主义经济体系中无论是金融资本、产业资本还是商业资本，它们都是在根本利益一致性的基础上作为剩余价值生产和分配的必要环节而存在。作为资本主义有机体的各个环节，它们的存在既滋养了整个有机体，又使自身获得了充分的发展。在这一过程中，资本积累便成为了资本主义经济的动力、经济发展的中心逻辑、生产及扩大再生产的根本目的。资本主义经济有机体在历经疾病（经济危机的衰退）和治愈（危机后的自我调节而获得新的发展动力）而实现有机体自身的不断发展。当然，凯瑟琳·吉布森和朱丽·格雷汉姆也相信资本主义有机体终有死亡的一天——将被社会主义所取代，因为社会主义能够更好地造成资本主义死亡的条件。

这样新有机体理论就改变了以往经济一元论中的经济中心主义，使得社会的多元因素进入了新的资本主义有机体中。多元因素的激发不但使资本主义本身（当然包括经济领域）获得生机和活力，更加使非经济因素和非资本主义经济因素获得自身发展的契机。这对于打破资本主义霸权神话，发展出一种新的资本主义的理解方式具有重要意义。

（三）质疑经济一元论的干预方式，提出新干预方式

两位西方马克思主义女性主义者对经济一元论中的干预方式提出了质疑。我们在前文中说到的资本主义经济一元论对于经济与理性之间关系的理解——二者之间的相互联系在资本主义中是一种必然，理性为经济提供知识

和技巧，经济使得理性主义的理想发展到极致；理性为经济的发展提供逻辑思维能力以保证经济的有效运行，并通过适当地演绎推理可能将结果预先获得，从而减轻经济运行的风险。事实上，许多学者认为理性与经济的关系是自然形成的，无需外界的干预。但伴随资本主义经济的快速发展导致各种异化问题出现，更多的学者开始倡导通过理性对经济进行"干预"。认为经济理性之存在，恰好说明经济本身是需要理性进行干预的，它不仅证明了干预的存在，更说明了干预的需求程度和实施界限。因此，面对资本主义经济目前的"异化"状况而导致的缺乏发展活力，迫切需要以两种方式进行干预：要么通过政府的干预拉动启动装置或操纵杆；要么通过理性的运作使之融入其他因素和动力，重新塑造其形态。当然这两种干预存在的前提条件是服从经济本身的规律和要求。

传统的经济干预政策是采取政府干预的方式。例如：在资本主义经济中，现在流行一种普遍的观点——工资的增长对资本主义经济发展有负面作用。这种结论是基于一种假定的静态分析，即如果将资本主义经济所获得的成果作为一整块"蛋糕"，那么用于支付工资以保证劳动力再生产顺利进行的那部分资金与投入资本主义再生产的那部分资金之间是相对的，投入到工人工资的那部分资金多，自然投入再生产的那部分资金就会减少。从长远看来，是不利于剩余价值创造的。因此，在美国通过削减工人工资的工会谈判和吊销工会证件为策略已经开始削减工人工资的努力；在澳大利亚则通过国家出台削减工资计划而达到激活投资资本，减少进口份额，扩大出口利润而达到对经济调节的作用。事实上，在凯瑟琳·吉布森和朱丽·格雷汉姆看来，这样的政府干预方式也是基于一种假设——中心和边缘的假设，即在事物的内部总有一些因素是处于关键性和中心地位的，而另一些因素是处于边缘性和次要地位的。正如上文所提出的工人工资的获得相对于资本主义经济再生产处于次要地位一样，处于次要地位的因素应该通过作出牺牲而帮助主流经济的运转和发展，"制造业被视为驱动器，而所有其他经济部门（包括农业、服务业、政府和家庭）的发展归根到底是从制造业的发展中引致的。这些部门可能有助于资本主义社会再生产。但是他们并不是资本主义社会再生产生死攸关的关键——或许是因为人们认为它们不能产生剩余价值，或者是因为其他的一些原因。这些部门的发展被描述为松弛无力的，而不具有为紧张激烈的主体经济提供所需要的持久的动力。"① 这样多种多样的经济行为因为其无法创造剩余价值而始终处于次要地位。因此人们往往认为对于经济关键部分的发展是可以通过牺牲其他看似处于社会发展次要地位部门的利益为代价的。

这种理解是以理性主义的信念来保证的。正如理性主义在近代通过对科学的倡导和对机器的使用，促使人类文明进程大大加快，同样理性主义在现代通过对经济的倡导和对利润的推崇也必将推动社会文明的进程。因此这样的结论很容易得出：一切经济发展的干预方式都必须有利于经济的发展、社会再生产的扩大、剩余价值的创造和利润的获得。但事实上，再以上文所举的例子为例，如果仅仅通过降低工资来刺激经济发展所导致的结果必然是经济短暂繁荣之后的加速衰退。因而，提高工资能够在某种程度上加深非经济活动，如对家庭生活及对工人生活水平的提高，使得生产力中最为活跃的人的因素得以更大限度的发挥，从长远来看更有利于经济的发展。因此，这种片面发展经济的方式，表面上是促进经济社会发展，而最终必然导致经济的加速衰退。

这样就必须形成一种新的经济干预方式。这种新的经济干预方式首先要摒弃进化的阶梯，即将资本主义虚拟为进化的谱系，将其发展变化虚拟为一个没有间断的、连续发展的进化过程，也有人将这一进化过程概括为前福特制——福特制——后福特制。我们不应该将资本主义的发展仅仅放在一连串的类似于生物界中生存竞争和适者生存的原则之下的单一霸权结构之中，而是应该将资本主义经济的发展作为一个"互动的社会整体"。在这样的一个社会整体中，每一个经济活动都由经济因素和非经济因素多元决定。通过对凯瑟琳·吉布森和朱丽·格雷汉姆所描述的新经济干预方式的种种现象的理解，我们可以试着对其进行初步的概括：新经济干预方式与以往的通过国家干预的方式相反，通过打破理性主义神话而向单一的、想象中的资本主义经济注入新活力的方式来干预经济，这些新活力包括经济因素中的非资本主义经济和非经济因素，这些新活力能够使资本主义经济逐渐摆脱由目前理性的

---

① J.K.吉布森-格雷汉姆.资本主义的终结：关于政治经济学的女权主义批判[M].陈冬生,译.北京：社会科学文献出版社,2002：150.

狂妄和缺乏矛盾性的片面性所导致的危机。在新经济干预方式中，"要把经济预想为一个多元决定的社会场所，这不是一个动辄受逻辑支配或主动支配的人的场所，而是充满矛盾的世界；不是支离破碎的，而是形式多样的；虽然很不稳定，然而却不可能从经济干预的杠杆支点上移掉。这些预想要先于对理性主义的心醉神迷和对有限结果的信誓旦旦。然而，这也是要放弃有机体的整体观念及其进化的直线型路径，而且要明白不能根据人性的脸谱去复制资本主义。"①

她们在给我们描述了新经济干预方式的大体图景之后，又通过新经济干预方式与以往干预方式的比较，集中地向我们说明了新经济干预方式较之以往干预方式所具有的优势。即改变原有干预方式的封闭性和结构性，以开放性和非连续性作为自身的优势；打破原有干预方式的中心性特征和中心规则，以平等性和协商性作为自身的优势；超越原有干预方式的一致性与稳定性特征，以多样性和矛盾性作为自身的优势。这三方面的优势使得新经济干预方式能够克服以往干预方式的某些弊端，从而为社会发展创造出新的生机和活力。

优势之一：改变原有干预方式的封闭性和结构性，以开放性和非连续性作为自身的优势。以往的经济干预方式是在一个封闭的结构性系统中进行的，其发展模式作为一种存在或优先于现实状态之前的抽象结构被固定下来。这种对抽象结构的预先设定是一种理论假设，这种理论假设与我们前文所提到的对马克思主义整体化或总体化的理解方式具有一定的相关性，它们同样都是将一种先前的设定作为核心或根本（或可在哲学本体论意义上理解为本体），在这种设定基础上论证其合理性。但在凯瑟琳·吉布森和朱丽·格雷汉姆等西方马克思主义女性主义者看来，马克思主义并非是"对改良与革命的区分：包括对前者的诋毁和对后者的美化；也包括把革命时机与资本主义再生产中衰落阶段或危急关头联系起来；另外把动员起来的集体视为正统的政治形式……"② 这只是对马克思主义的一种整体性理解方式，并不能

---

① J. K. 吉布森-格雷汉姆. 资本主义的终结：关于政治经济学的女权主义批判[M]. 陈冬生，译. 北京：社会科学文献出版社，2002：150.
② J. K. 吉布森-格雷汉姆. 资本主义的终结：关于政治经济学的女权主义批判[M]. 陈冬生，译. 北京：社会科学文献出版社，2002：195.

真正反映马克思主义本身的特征。真正的马克思主义应是一种开放性的理论，不是将自身封闭在固有的结构和体系之中的僵死理论。或许在这里，我们可以引用早期西方马克思主义者卢卡奇的一段话："姑且假定新的研究完全驳倒了马克思的每一个个别的论点。即使这点得到证明，每个严肃的'正统'马克思主义者仍然可以毫无保留地接受所有这种新结论，放弃马克思的所有论点，而无须片刻放弃他的马克思主义……它不是对这个或那个论点的'信仰'，也不是对某本'圣'书的注解。恰恰相反，马克思主义问题中的正统仅仅是指方法。它是这样一种科学的信念，即辩证的马克思主义是正确的研究方法，这种方法只能按其创始人奠定的方向发展、扩大和深化。"[①] 马克思主义的方法是辩证的方法，绝非封闭的、僵化的、结构的方法，而是开放的、发展的、批判的、反思的、革命的方法。新经济干预方式正符合马克思主义理论的这些特征，也正是在与以往福特制和后福特制的封闭性和结构性的比较中体现自身的优势：新经济干预方式克服以往福特制和后福特制仅仅将经济领域中的管理领域分离开来作为经济活动的中心，而是将经济活动与非经济活动、资本主义经济活动与非资本主义经济活动都包含在这一开放的体系之中。在这一体系之中所有因素的能动作用能够得以积极发挥，通过各种因素之间的相互作用和相互协调，共同推动发展。这种新的发展并非模式化的发展，而是非模式化的，并非是在以往的结构基础上的连续性发展，而是体现为某种程度的非连续性和超越性，因为其自身所具有的包涵性，能够将多样性和丰富性体现于其中，这是对以往结构性的超越。

优势之二：打破原有干预方式的中心性特征和中心规则，以平等性和协商性作为自身的优势。原有经济干预方式具有明显的中心性特征：它将所有的目光都聚集在资本积累的过程上，资本积累的相关领域成为社会的中心，而其他领域无疑被边缘化和次要化。这种中心性特征所产生的后果是将资本积累过程作为榜样而发挥示范功能，其他社会部门只能使自身适应这种要求，以融入这种要求体现自身的价值。正是这种单一性和中心性使社会经济变得更加脆弱，因为部分的危机最终因为这种示范功能演变为总体的危机或整体的危机。不仅如此，资本积累所形成的中心性特征最终还会形成中心性

---

① 卢卡奇. 历史与阶级意识 [M]. 北京：商务印书馆，1999：47—48.

规则。马克思在《资本论》中曾经有这样的表述："假定资本的构成不变，也就是说，为了推动一定量的生产资料或不变资本始终需要同量劳动力，同时其他情况也不变，那么，对劳动的需要和工人的生存基金，显然按照资本增长的比例而增长，而且资本增长得越快，它们也增长得越快。"① 也就是说，资本积累对于资本主义的发展起重要作用。正是因为如此，在资本主义社会中，特别是在现当代的资本主义经济活动中，都将资本积累即用于保证扩大再生产的资金作为最重要的部分，甚至作为能否持续地参与资本主义生产活动的衡量标准。虽然这种活动在短时间内是由个别的生产部门或单位来实现，但从长远来看将资本积累作为资本主义再生产的核心和关键已经成为资本主义的重要特征。在某种程度上已经取得了"本体"地位，也就是说所有的其他经济活动都要从属于这样的规则或本体，它们只能去证明它，而丝毫不能违背它。事实上，马克思从来都没有将资本积累作为单一的或唯一的规则，他总是强调资本的积累要与用于工人消费的那部分资金和社会的发展速度保持一定的比率关系，这样资本的积累才能是良性的，"一切真正危机的最根本原因，总不外乎群众的贫困和他们的有限消费，资本主义生产却不顾这种情况而力图发展生产力，好像只有社会的绝对消费能力才是生产力发展的界限"②。因此将资本积累看做唯一的规则只能导致资本主义经济危机直至最终崩溃。而新经济干预方式克服了福特制和后福特制的中心性特征和中心性规则，由于将经济活动和非经济活动都同样作为社会活动的重要组成部分，能够很好地克服原有制度的中心性和片面性，能够在经济与非经济活动的良性运行中协调之间的相关关系，这就不但能够使得马克思所指出的资本积累与工人用于消费资金之间保证一种良性的关系，更能发挥非经济活动对经济活动的刺激和调节作用，使其重新获得活力；同时新经济干预方式在改变将经济活动简单地定义为资本主义经济活动，再将这种经济活动定义为资本积累的简单方式之后，将经济活动作以更加真实和宽泛的理解——资本主义经济活动和非资本主义经济活动都同样作为经济活动中的因素，也同样赋予经济发展以必要的活力，两者之间的相互作用也能够有效地弥补资本主义

---

① 马克思，恩格斯. 马克思恩格斯选集：第2卷 [M]. 北京：人民出版社，1995：246.
② 马克思，恩格斯. 马克思恩格斯全集：第25卷 [M]. 北京：人民出版社，1974：548.

经济内部的劣势，使两者协调发展。这就打破了原有干预方式的中心性，而变成了经济活动与非经济活动、资本主义经济活动与非资本主义经济活动之间的平等和协商。

优势之三：超越原有干预方式的一致性与稳定性特征，以多样性和矛盾性作为自身的优势。原有经济干预方式总是将资本积累作为经济活动的中心，进而将资本主义经济活动理解为自我驱动和自我调节的。既然一切活动依靠资本主义经济自身就能够完成，那么资本主义经济就以一致性与稳定性作为自身的特征。同时福特制和后福特制在处理经济与政治等其他上层建筑之间关系时，也着重强调两者之间的相互作用和相互强化，而对两者之间的矛盾和抵触视而不见。这样直接导致了一个结果，资本主义经济成为了非矛盾的经济。而我们知道马克思主义理论认为矛盾是事物发展的动力，无矛盾的事物自然就丧失了发展的动力。原有的干预方式除了强调资本主义经济的整体性和一致性之外，还将时间理解为一致性，整个历史也被理解为一个无矛盾的连续而稳定的时代，这样资本主义因其时间的一致性和空间的无矛盾性变成了一个永久的、永恒存在的时间和空间。这种理解方式具有政治内涵，即强调资本主义长期的繁荣和短期的衰弱，以永恒性和绝对性抹杀危机和变革的可能性，最终为形成无产阶级向资产阶级的妥协提供基础。凯瑟琳·吉布森和朱丽·格雷汉姆认为："就像把资本主义当做广泛的社会系统的整体论观念一样，稳定的表象已经长期削弱了左翼从事革命性政治活动的能力，因而主张了一种预谋政治或延期政治。鉴于系统整体论不可能把小规模的或局部的变革认同为革命性事件，稳定性观念就强化了这样一种思想，即在整体没有开始崩溃以前，左翼必须致力于改良。"① 这样这种经济干预方式逐渐演变为一种政治文化——将资本主义视为永恒性的政治文化，这种政治文化从长远看来是妨碍历史进步的。在新经济干预方式强调多样性和矛盾性，即在资本主义经济内部并非是完全自我调节和自我驱动的，而是同其他经济一样也需要外界的驱动和调节，这就需要在其自身之外存在其他多种经济成分，这些经济成分既不是作为资本主义经济的附庸，也不是作为资本主

---

① J.K.吉布森-格雷汉姆.资本主义的终结：关于政治经济学的女权主义批判[M].陈冬生,译.北京：社会科学文献出版社,2002：203.

义经济的补充，而是作为与资本主义经济平等存在的多种经济成分，能够为资本主义经济提供外在的刺激。不仅如此，还能充当资本主义经济矛盾的对立面。这样资本主义经济不再是无矛盾的经济，在矛盾的推动中经济才能向前发展，社会才能向前发展，历史也才能不断进步。

两位西方马克思主义女性主义者通过对经济一元论中唯经济论的特性的批判，提出应重视多元性，即非经济因素和经济领域中的非资本主义因素；通过对经济一元论的有机体经济的批判，提出应该发展一种新的多元性的有机体理论；通过对经济一元论的干预方式的批判，提出建立一种新的多样性的干预方式。在对经济一元论批判的过程中，她们始终坚持对一元论的批判和对多样性的倡扬，在更深层次上代表了一种思维方式的转换。其所要达到的结果，就是为一些边缘化因素争取新的生存空间，这是其女性主义思想的根本特征。

五、《资本主义的终结》现代性批判之二：阶级理论批判

在对资本主义经济一元论展开解构与建构的同时，两位西方马克思主义女性主义者也对资本主义社会政治领域的资本主义霸权展开现代性批判。认为阶级问题是理解资本主义政治体系的关键。之所以从阶级概念入手对资本主义进行政治经济学批判，首先是基于女性主义问题对目前阶级状况的现实分析所产生的对阶级概念的质疑。当然理论上的原因则是认为正统马克思主义在阶级概念上误解了马克思的阶级概念，一味地坚持整体性或总体性的思想方法，使资本主义在经济上和政治上获得了其他阶级（当然也包括无产阶级）无法比拟的优势地位。因此，对阶级展开政治经济学批判是破除资本主义霸权形象的重要任务。

（一）阶级状况的反思

正如前文所说，两位西方马克思主义女性主义者始终是基于女性主义问题展开思考的。在对资本主义政治领域展开现代性批判时，也是从对女性现实状况的反思开始的。在她们看来，目前资本主义社会中的阶级没有将女性囊括其中，女性不是作为一个阶级或某个阶级的组成部分存在，这就使得在资本主义这样的阶级社会中，女性丧失了基本的政治权力（在阶级社会中，即使是被统治阶级也有与统治阶级进行围绕着权力的政治斗争，但女性连这种斗争的权力都不具备）。女性阶级地位的丧失固然与前面所探讨的女性在资本主义经济中无法参与社会的生产与再生产，无法参与资本主义最主要的经济活动紧密相关，资本主义在政治体制上对阶级的划分也是造成女性当前状况的重要因素。

凯瑟琳·吉布森和朱丽·格雷汉姆反思了现实生活中女性的阶级属性。在这里她们以生动的例子说明问题。一位矿工的妻子苏，原本是菲律宾的一

名护士，出生于一个小商行的家庭。当她与丈夫比尔共同迁移到矿区生活之后（矿区对妇女劳动是排斥的），就失去了原有的工作，成为一名专职的家庭主妇。她是这个家庭服务的提供者，人际关系的维护者，教育福利负担经济责任的承担者，志愿工作的参与者。她与比尔共同拥有海滨的房屋，为了能够居住在矿场分给丈夫名下的房屋中，她必须依赖与丈夫之间的婚姻关系。她不是任何党派的成员，但听从丈夫的吩咐投票给民族党，她也作为矿工工人的妻子能够成为社会团体里的活跃者，还可以参与菲律宾妇女的种族组织等等。分析一下苏的阶级属性：首先她本身作为非社会劳动者不具有阶级属性；但作为一名矿工的妻子、作为为矿工的劳动能力得以保持与恢复而付出劳动的劳动者，是为资本主义再生产服务的，她的剩余劳动是遭受剥削的，因此，她的阶级属性可以随同她的丈夫被定义为无产阶级；在她来到矿山之前，她是作为一名受雇于管理岗位的护士，这一职业就将其与那些完全不能控制自己劳动过程的人区别开来；在未出嫁之前，苏的父母是经营商行的，那么她就是一名小资产阶级的女儿，如果她从属于她的丈夫被定义为无产阶级，那么她出嫁前也可以从属于她的父亲而被定义为小资产阶级（事实上，如何界定妇女的阶级属性，是将其作为从属性的附属物，还是将其作为独立的个体对待。这首先取决于对家务劳动的界定，而这一问题本身就是仍需要探讨的问题）；她也具有海滨房屋的所有权，那么她的身份也作为剥削者而存在；她的阶级活动还受民主党的潜在支持者、种族主义者等活动的影响，因而具有更为复杂的特性；作为依赖于丈夫生存的女性，她与丈夫之间的关系又具有封建制的人身隶属关系。通过上述对一名女性的阶级属性分析，我们发现在资本主义社会中，女性的阶级属性不但是从属的——从属于她的父亲、她的丈夫或者还有从属于她的子女的，而且女性的阶级属性更是复杂的，她可能同时从属于无产阶级、资产阶级、小资产阶级、封建阶级等。也就是说，女性的阶级归属是个复杂的问题。

如果对问题仅仅进行这个层面上的反思，那么我们只可以说两位西方马克思主义女性主义者对女性的阶级状况进行了反思，并没有对阶级本身进行反思。事实并非如此，她们不但对女性的阶级状况进行反思，更认为在资本主义社会中，男性的阶级属性也是复杂的，更是影响女性阶级属性的直接因素，还是资本主义社会中阶级本身的本性因素。所以，她们接着把这个故事继续讲述下去。"苏作为一名受过训练的护士移居澳大利亚,几年以后,当比尔因踢足球受伤在布里斯班一家大医院疗养时,他们相遇了,他们结婚了,不久以后迁往昆士兰乡下,在一家现代化露天开采的矿山获得(提供给男人的)采矿工作。比尔当时是一名采矿工人,但他没有这份工作的正式资格。他被公司确定为周薪工人(换句话来说,没有扮演管理人的角色)。他加班而且周末也工作,每年赚取约 65 000 美元,远远超过比尔自己在其他行业的收入,与大学高级教授的收入相仿。他所在的矿山采用了一种利润分享的机制,鼓励多产多得,防止行业混乱,所以比尔获得了一份额外收入以补充他的工资收入。比尔已经节余了一部分收入,投入其储蓄。他在海滨拥有一套租用套间,在澳大利亚的主要交易公司拥有一笔股票(有的是生产性的,有的是融资性的)……工作之余,比尔经营着自己的小生意,猎杀野猪把它们冰冻,并运往市场出售。"① 从这段关于比尔的基本生活状况的描述中分析比尔的阶级属性,我们发现男性的阶级属性也不是单一的,而是复杂的。作为一名露天开采没有参与企业管理的矿工,作为一名剩余价值被剥夺的劳动者,比尔无疑属于马克思曾经指出的以采矿工人为代表的无产阶级;但是这名劳动者也在商行中拥有生产性和融资性的股票,也就是说他作为这些企业的股东也参与到剩余价值的分配当中,具有资产阶级的阶级属性;比尔还经营自己的小生意,打猎并出售,这一活动具有小资产阶级的阶级属性;在海滨拥有一栋房子并用于出租似乎又带有封建主义和资本主义融合的阶级关系;作为家庭收入的主要创造者,他享受着妻子劳动所提供的各种服务,他与妻子之间又构成了具有封建剥削性质的家庭关系。这样一来,如何看待比尔的阶级属性,如果按照以往关于阶级的定义②来对其加以划分,则采取将其中一方面的阶级属性扩大,而忽略其他方面的阶级属性的办法。但事实上,其他方面的阶级属性也是真实存在的。我们再来看比尔的社会活动。他作为一名煤矿工人,隶属于澳大利亚的联合矿工联盟,同时他也是保

---

① J.K. 吉布森-格雷汉姆. 资本主义的终结:关于政治经济学的女权主义批判 [M]. 陈冬生,译. 北京:社会科学文献出版社,2002:75.

② 在《资本主义的终结》一书中,两位西方马克思主义女性主义更多地倾向于从概念界定的层面思考问题。因此,后文有些地方较多地使用"定义"或"界定"等词语表达对概念的理解方式。

守民主党的支持者。这两方面的社会活动是对立的，更无法通过单一方面的活动或角色来界定其阶级属性。

凯瑟琳·吉布森和朱丽·格雷汉姆利用苏和比尔的例子想要说明，在现实社会中的阶级关系是复杂的，远非我们所认为的资产阶级和无产阶级的划分方式。因此在这种复杂的阶级关系中，将女性排除在阶级关系之外是毫无道理的。在这些问题的基础上，还可以对其中一些具体的阶级关系进行更为深入地分析。比如对于如何界定煤矿工人妻子的阶级属性问题本身就具有复杂性。马克思主义者和社会理论家们往往都将煤矿工人设定为最为坚定的无产阶级战士。煤矿工人的妻子为煤矿工人进行再生产进行着社会劳动，也应作为工人阶级的一员来看待。这与工人阶级的区别仅仅在于，真正的工人阶级在同资产阶级斗争时获得了清晰的阶级定位，而作为工人阶级的阶级定位却不那么清晰。也是源于此，在以往的研究中，工人阶级往往被定义为坚定的无产阶级战士，而工人阶级的妻子却被定义为政治变色龙。因为一旦资产阶级通过提高工资等手段满足这些妻子的要求，她们就会支持资本主义的剥削活动，成为资本主义的帮凶；而当阶级斗争一旦面临着严重的冲突，无产阶级的妻子就被誉为斗争的真正支柱——支持她们的丈夫勇敢地面对残酷的斗争。

这种对工人妻子即对女性的理解方式，遵循了本质主义的立场——认为女性本身是次要的、矛盾的、缺乏觉悟的、目光短浅的群体，必须从政治生活中把她们排斥出来。但事实上，女性（特别是作为工人阶级妻子的女性）作为资本主义生产关系得以维系的关键一环，已经被卷入非资产阶级的阶级变化过程，从而导致一种家庭的阶级斗争。还是以煤矿工人和他的妻子为例，大多数从事采矿业的工人都是"蓝领工人"，他们依靠自己的劳动获得资产阶级所提供的工资。而在矿区生活的女性，由于采矿行业对女性的天然排斥，大多数女性只能作为家庭主妇生活。她们负责整个家庭的日常生活——饭菜食品、干净的衣服、孩子的照顾、舒适环境的营造等，女性对男性所提供的服务出于她们对男性劳动所获得的薪金依赖及其对他们所提供的生活资料的依赖关系，当然有的时候也是依靠暴力关系的。女性在家庭生产过程中，所付出的劳动远远大于她们作为个体所需要的总劳动量，她们的剩余劳动就由她们的丈夫和孩子享用（这一点两位西方马克思主义女性主义者以具体数据证明，单身女性与作为家庭主妇女性用于劳动的劳动时间的比例几乎前者是后者的一半）。因此，在家庭生活中女性由于只生产使用价值而不创造价值，使得她们的剩余劳动被无偿占有。由于这种占有关系是不经过交换的中介环节，也不产生必要的价值，因此是具有非资本主义性质的；由于这种剩余劳动也并非为社会全体或集体公有，因此也是非公有性质的。

在凯瑟琳·吉布森和朱丽·格雷汉姆看来，这种阶级关系带有封建性质："援引封建这个词，我们期望利用它的某些内涵，尤其是以使用价值形态存在的剩余劳动占有关系和以效忠与相互承诺连接在一起的关系。"① 马克思、恩格斯曾经对封建的生产关系进行过这样的描述："封建时代所有制的主要形式，一方面是土地所有制和束缚于土地所有制的农奴劳动，另一方面是拥有少量资本并支配着帮工劳动的自身劳动。这两种所有制的结构都是由狭隘的生产关系——小规模的粗陋的土地耕作和手工业式的工业——决定的。"② "在中世纪的社会里，特别是在最初几世纪，生产基本上是为了供自己消费。它主要只是满足生产者及其家属的需要。在那些有人身依附关系的地方，例如在农村中，生产还需要满足封建主的需要。因此，在这里没有交换，产品也不具有商品的性质。农民家庭差不多生产了自己所需要的一切：食物、用具和衣服。"③ 这样的生产关系套用在家庭生活中似乎也是合适的。家庭生活中妻子对丈夫提供的剩余劳动和依赖关系是基于夫妻关系，丈夫由于提供整个家庭的开支而支配着妻子的劳动，在家庭生活中劳动产品因为不用于交换也不具有商品的属性。但同时她们将家庭关系用封建关系加以表述并非将家庭置于一种与封建的历史时期相关的落后境遇中考察，而是为了唤醒人们对家庭阶级关系的注意。当然对于封建的家庭关系也要在具体情况中予以把握。还是以矿区的矿工和他们的妻子为例，在矿区中，矿工的妻子与她们的矿工丈夫之间是存在人身依附关系的。正如前文也曾提到的，矿工的妻子在矿区没有独立工作的机会，她所拥有的生活资料特别是房屋居住权等

---

① J.K.吉布森-格雷汉姆.资本主义的终结：关于政治经济学的女权主义批判[M].陈冬生，译.北京：社会科学文献出版社，2002：266.
② J.K.吉布森-格雷汉姆.资本主义的终结：关于政治经济学的女权主义批判[M].陈冬生，译.北京：社会科学文献出版社，2002：281.
③ 马克思，恩格斯.马克思恩格斯选集：第3卷[M].北京：人民出版社，1995：746.

方面，都是依赖于她与丈夫的婚姻关系，一旦婚姻关系解除，她就丧失享有这些生活资料的权力；另一方面，矿工的工作因条件的需要也必须拥有伴侣。当一个矿工的家庭破裂，公司就会收回提供给他们的居所，而将他们赶回单身宿舍。因此一段婚姻关系解体之后，很快新的婚姻关系就会形成，而盛行的"菲律宾邮购新娘"加速了重建婚姻关系的步伐，导致了一个敢于反抗的配偶很快就能被一个"更温顺的"剩余劳动提供者取代。矿工的妻子不仅在生活条件上依附于与丈夫之间的婚姻关系，在家庭的各种习惯和生活方式上也以丈夫的要求而调整。如矿工的工作是以上午、下午和晚班来区分的，那么整个家庭的作息习惯就必须按照丈夫上班的时间而改变，妻子也必须在丈夫离家的所有时间中为整个家庭提供服务。凯瑟琳·吉布森和朱丽·格雷汉姆认为这种家庭方式的存在，在一定程度上是用封建剥削的方式剥削着妇女，"对于被剥削者而言，剥削是可以接受的，甚至是乐意的，那么我们可以预料到的情况会随着环境的改变而改变"①。但一旦剥削超出了可以忍受的程度，问题就变得复杂了。还是以矿工和他们的妻子为例，煤矿公司提出一种"七天考勤工作制"的制度，这种制度将工人分为四个小组，分成早班、上午班、下午班和晚班，这样无论什么时间都有人在工作。由于一周七天工作日，与原有的五天工作日相比较，资本家获得更加丰厚的收入，而工人由于剩余劳动时间的增加，在工资上也体现获得报酬的增多。但这样一种制度却激化了家庭矛盾：由于矿工每个月必须分别以四种时间工作，所以妇女走出家门从事一份职业的可能就变得更加渺茫；同时家庭中的封建关系也有了明显的加强，这反映在对家庭生活的影响上。这种工作制将原本属于丈夫的一小部分家务劳动（如整理花园、带孩子郊游）等活动，由于工作时间的限制也全部归于妻子，妻子在承担妻子的职责的同时，还要承担丈夫应负有的社会责任；同时家庭的整个作息时间被打乱，所有的社会交往时间被打乱，丈夫和妻子都无法参加社会团体和社会活动，与其他社会关系的社会交往也被搁置。在这种情形下，男性对于家庭活动的重要性再次降低，仅仅具有提供经济收入的职能，直接导致了家庭危机。这些家庭危机也反映在缺勤率的上升上，资本家原以为这样的制度由于提高了工人的工资收入，必然会

---

① J.K. 吉布森-格雷汉姆. 资本主义的终结：关于政治经济学的女权主义批判［M］. 陈冬生，译. 北京：社会科学文献出版社，2002：63.

得到"见钱眼开"的工人妻子的大力支持,但事实上由于这一制度对家庭封建矛盾的激化,使妻子对这一工作制度深恶痛绝,而支持丈夫通过缺勤表达对这一制度的抗议。

这样,通过对女性和男性现实阶级状况的反思,她们将现实的阶级状况定位为复杂性的、多样化的阶级关系;接着又通过对女性生产和生活的主要领域——家庭生活中阶级属性的分析,认为在这一领域的阶级关系是以封建的阶级关系为主的。那么这就打破了关于阶级定义中的资产阶级与无产阶级两大阶级的天然对立(当然是特指资本主义社会的阶级关系),并认为在生产领域之外还存在着其他性质的阶级和阶级关系。

(二)阶级概念的质疑

马克思对"阶级"曾经有过这样的论述:"社会分裂为剥削阶级和被剥削阶级、统治阶级和被压迫阶级,是以前生产不大发展的必然结果。只要社会总劳动所提供的产品除了满足社会全体成员最起码的生活需要以外只有少量剩余,就是说,只要劳动还占去社会大多数成员的全部或几乎全部时间,这个社会就必然划分为阶级。"① 而在资本主义社会中,"我们的时代,资产阶级时代,却有一个特点:它使阶级对立简单化了。整个社会日益分裂为两大敌对的阵营,分裂为两大相互直接对立的阶级:资产阶级和无产阶级"②。在马克思将阶级既作为社会生产发展的必然结果,又作为社会生产没有发展到一定程度的必然结果看待时,一方面他看到"在过去的各个历史时代,我们几乎到处都可以看到社会完全划分为各个不同的等级,看到社会地位分成多种多样的层次……而且几乎在每一个阶级内部又有一些特殊的阶层"③。另一方面,他没有被这纷繁复杂的等级所迷惑,而是运用了科学的抽象法找出各个不同时期的基本对立阶级。无论形式如何,在各个阶级社会形态上,对立的基本阶级都是两个:统治阶级和被统治阶级。在资本主义社会也一样,

---

① 马克思,恩格斯. 马克思恩格斯选集:第3卷[M]. 北京:人民出版社,1995:2.
② 马克思,恩格斯. 马克思恩格斯选集:第1卷[M]. 北京:人民出版社,1995:273.
③ 马克思,恩格斯. 马克思恩格斯选集:第1卷[M]. 北京:人民出版社,1995:272—273.

只是它的统治阶级和被统治阶级在形式上表现为资产阶级和无产阶级罢了。正如马克思所言:"在英国,现代社会的经济结构无疑已经有了最高度的、最典型的发展……在这里,也还有若干中间的和过渡的阶段到处使界限规定模糊起来。不过,这种情况对我们的研究来说是无关紧要的。"① 所以,尽管对立的基本阶级结构随着这一"分离"和"转化"过程的深入而日益明晰,但毕竟"还有若干中间的和过渡的阶段到处使界限规定模糊","介于以工人为一方和资本家、土地所有者为另一方之间的中间阶级不断增加,中间阶级……直接依靠收入过活,成了作为社会基础的工人身上的沉重负担,同时也增加了上流社会的社会安全和力量"②。

凯瑟琳·吉布森和朱丽·格雷汉姆同意马克思的这一观点,认为马克思的确指出了在当前的社会条件下,社会分裂为两大阵营,在这两大阵营中分别以无产阶级和资产阶级的对立为主,但马克思并没有说在资本主义社会中仅仅存在资产阶级和无产阶级。事实上,在资本主义社会中,这种对阶级的认同导致了一个极为严重的直接后果——工人阶级的范围有所缩减、力量有所降低、觉悟有所下降,结果使工人阶级丧失了进行针对资本主义革命的力量。这一点,在西方马克思主义者那里就有过论述。如马尔库塞就曾经指出:对阶级的认同"增强了人们对资本主义合法性的认同感,放弃对现实社会批判和反抗,压制了人之为人的主体性、创造性、超越性和批判性,本质处于异化之中"③。那么如何才能对资本主义展开真实的反抗和批判,将资本主义霸权形象也同样视作现代性所带来的问题展开现代性批判呢?在两位西方马克思主义女性主义者看来,这首先要对正统马克思主义对马克思阶级概念的理解方式提出质疑。她们口中的正统马克思主义主要以弗拉基米尔·伊里奇·列宁(Влади́мир Ильи́ч Ле́нин,1870~1924)为代表。列宁曾经对阶级下了明确的定义:"所谓阶级,就是这样一些大的集团,这些集团在历史上一定社会生产体系中所处的地位不同,与生产资料的关系不同,在社会劳动组织中所起的作用不同,因而领得自己所支配的那份社会财富的方式

---

① 马克思,恩格斯. 马克思恩格斯选集:第3卷 [M]. 北京:人民出版社,1995:752.
② 马克思,恩格斯. 马克思恩格斯全集:第26卷 [M]. 北京:人民出版社,1973:653.
③ 陈玉霞. 马尔库塞对"发达工业社会"消费异化的批判及其当代价值 [J]. 理论探讨,2008 (3).

和多寡也不同。所谓阶级,就是这样一些集团,由于它们在一定社会经济结构中所处的地位不同,其中一个集团能够占有另一个集团的劳动。"① 她们认为这样的阶级界定总是倾向于将阶级界定为一个社会群体,这个社会群体具有如下特征:占有权力、财产并体现剥削。我们可以这样理解她们的观点,当正统马克思主义一提到阶级这个概念的时候总是指这样的群体:其一,这一群体总是与"权力"概念相结合,既体现为在生产过程中的控制能力和管理能力,更体现在非生产过程中的统治与被统治关系,这种统治与被统治关系在经济领域和政治领域通过支配的方式实现,在文化领域则以舆论渗透和导向控制的方式实现。总之,体现为一个群体相对于另一个群体的绝对权力。其二,在财产所有权上的优势。这种优势既体现在对生产资料和生产工具的占有上,也体现在对被统治者经济状况的控制上。由于对生产资料、劳动工具等的所有权,所以资本主义剥削才得以进行。其三,在事实上存在的剥削关系。对阶级的界定的最为重要的因素在于剥削关系上,也就是说是生产剩余价值还是无偿占有剩余价值,这是划分阶级的重要依据。在事实上,阶级概念的上述三个特征是紧密地联系在一起的,在财产所有权上的优势使得无偿占有剩余价值的活动得以合理合法的进行,也使得对被剥削阶级的绝对权力优势得以获得。对于这一点,一些西方马克思主义者也提出自己的见解,如约翰·沃克(John Wark)认为马克思主义的阶级概念包含三要素:剩余额的榨取、劳动过程的控制和生产资料的所有权。约瑟夫·马西(Joseph Massie)也认为这三个方面中的任何两个都离不开第三个方面,也就是说对财产权的拥有从而使得两个阶级一个主宰生产过程,另一个被排斥在剩余额占有和劳动控制之外。如果这样的阶级概念能够让人认同,我们会发现对于财产所有权的拥有者就可以区分为两类:一类是用这种对财产的所有权去进行剩余价值生产的;另一类是用财产所有权自己创造剩余价值的。后一种情况就不存在对剩余额的榨取和对劳动过程的控制,因而这就是不同于资产阶级和无产阶级的小资产阶级。马西认为,按照这样的中轴线还可以进行区分,"沿着资产阶级和工人阶级之间的那根轴线是许多中间区间单元,从总经理到生产监督者到劳动者,根据经济所有权和财产的不同等级加以区

---

① 列宁. 列宁全集:第37卷[M]. 北京:人民出版社,1986:13.

分。沿着工人阶级和小资产阶级之间的那根轴线是不同程度控制劳动过程的工人,从个体经营者到半自治工人到劳动者。而且沿着资产阶级和小资产阶级之间的那根轴线是那些或多或少地控制其他劳动者的人。中间阶级区分单元的剧增使阶级概念更加精确,更加复杂"①。

两位西方马克思主义女性主义者认为如正统马克思主义那样划分阶级,实质上是一种简单的经济主义,是一种仅仅按照生产关系区分阶级的推论。阶级的形成是需要某种统一的力量,不仅仅是在社会经济结构中获得一定的位置。即需要通过社会对政治、经济、文化等各方面因素的作用,对社会结构发生影响。阶级总是通过具有一定政治作用的活动,使得新兴阶级提高阶级自觉,形成阶级意识,从而从一个自在存在的阶级发展为一个自为存在的阶级。她们的这种观点与现代西方社会中的某些观点极为相似,都强调政治、意识形态或文化对阶级的影响作用,而在某种程度上忽视经济的决定作用。② 对于这一点,马克思曾有过经典表述:"阶级的存在仅仅同生产发展的一定历史阶段相联系。"③ 恩格斯也曾对阶级的本质和决定力量作出这样的论述:"新的事实迫使人们对以往的全部历史作一番新的研究,结果发现:以往的全部历史,除原始状态外,都是阶级斗争的历史;这些互相斗争的社会阶级在任何时候都是生产关系和交换关系的产物,一句话,都是自己时代的经济关系的产物。"④ 也就是说,在马克思那里,阶级作为上层建筑的组成部

---

① J.K. 吉布森-格雷汉姆. 资本主义的终结:关于政治经济学的女权主义批判 [M]. 陈冬生,译.北京:社会科学文献出版社,2002:63
② 西方马克思主义学者尼克斯·普兰查斯(Nicos Poulantzas,1936~1979)指出:"根据马克思主义的理论,什么是社会阶级呢?它们是由社会承担者所组成的集团,这些承担者的思维主要是由他们在经济领域内的地位决定的,但是政治和意识形态也有同样重要的作用。因为马克思、恩格斯、列宁和毛泽东无论什么时候在分析社会阶级时都远远不是把自己仅仅局限于经济标准,他们都明确谈到政治标准和意识形态标准。"英国著名学者米克·考克斯(Mick Cox)也强调阶级产生的文化意义,认为"阶级还不仅是一种政治现象,它现在更多的是一种文化现象和意义,是更为广泛的社会学范畴。而马克思认为的工人阶级是集体性的、政治性的,同统治阶级之间有着深刻的阶级矛盾,这种阶级定义过于简单化。实际上在今天,马克思所说的那种工人阶级集体意识,以及工人阶级同统治阶级之间的那种矛盾,是不存在的。"
③ 马克思,恩格斯. 马克思恩格斯选集:第4卷 [M]. 北京:人民出版社,1995:547.
④ 马克思,恩格斯. 马克思恩格斯选集:第3卷 [M]. 北京:人民出版社,1995:739.

分是由其经济基础对其起影响作用的。按照马克思主义的这种观点,阶级活动虽然发生在生产领域、政治领域或其他领域中,但根本上都是由于经济基础起作用的结果。与此同时,马克思也认为阶级的概念应该放在历史唯物主义的视野内进行审视,即将社会历史发展的经济、政治、文化等因素结合在一起探讨阶级问题的。

凯瑟琳·吉布森和朱丽·格雷汉姆认为,如果仅仅从经济观念和生产关系出发、从客观方面考虑个体的地位,这样定义阶级具有一定的局限性。而完整准确地定义阶级则需要考虑这个社会群体形成的方式和对某些事物形成认同的主观基础。如果仅仅从个体和群体认同来定义阶级就无法解释当财产、权力等问题发生变化时所造成的局面。对于这一论述,我们可以通过一个具体事例加以说明,假设资本主义工业获得国有化的形式后,那么企业的工人就成为了企业实际的所有者——既是生产资料的所有者,更是劳动产品的所有者,但同时工人又是自己剩余价值的创造者。在这一过程中资本主义工业的简单国有化并不能带来整个管理的民主和资本主义剥削的终结。此时,我们该如何定义国有化后资本主义工业中的阶级:是自己生产自己剩余价值的小资产阶级,或作为财产所有者和劳动产品所有者的资产阶级,还是仍然作为无产阶级存在。这是以往用单一经济方式理解阶级所解决不了的难题。这样在定义阶级的过程中就必须进行选择:要么要解决上述所指出的这种两难境况,要么就要在阶级的定义中划定出一定的优先条件。两种条件都能会产生这样的后果:前一种情况人们就会选择用消灭资本主义剥削的方式,将其转变为社会主义性质,这样社会主义只能是将来才能实现的事业,社会主义永远在将来;后一种情况则是容易让人们认为现行的体制具有资本主义或社会主义性质,而力图去捍卫和支持现行的体制。还有一种情况是,当我们界定阶级的定义时,可能存在这样一种情况,即一个工人如果仅仅满足一个或两个阶级的特征,那么他是否从属于这一阶级呢?当我们深入思考一些没有创造剩余价值的工人,但却进入了商品交换和分配领域、进入金融或流通领域、进入家庭领域、进入一些具有志愿性质部门的领域,那么问题就更为复杂了。随着社会化大生产和资本主义的发展这些问题却又真实地存在,并对传统的阶级概念提出挑战。凯瑟琳·吉布森和朱丽·格雷汉姆认为这就需要我们重新回归马克思关于阶级的理解，即把阶级理解为剩余劳动占有和剩余劳动分配的社会过程。马克思认为："阶级对立是建立在经济基础上的，是建立在迄今存在的物质生产方式和由这种方式所决定的交换关系上的。"① 恩格斯也认为："在现代历史中至少已经证明，一切政治斗争都是阶级斗争，而一切争取解放的阶级斗争，尽管它必然地具有政治的形式（因为一切阶级斗争都是政治斗争），归根到底都是围绕着经济解放进行的。"② 马克思在《资本论》中通过探讨资本主义经济活动，即资本主义剥削的存在条件和剩余价值分配的途径和目标，使得马克思对资本主义生产关系和阶级关系有清晰地把握。马克思对剩余价值作出这样的思考，即在生产过程中总是包含着剩余劳动的生产和占有，个人剩余劳动生产出来的劳动产品排除个人用于消费的那部分之外，总是被个体和群体占有，区别仅仅在于何人占有剩余劳动，正是这种剩余劳动的无偿占有，才产生了剥削关系，才构成了阶级社会中的阶级。正是基于此，马克思才在各种社会形态中区分出了非资本主义的剥削形式——古老的、原始共产主义的、封建制的、奴隶制的、公有制的活动和资本主义的剥削形式。因此，在资本主义社会条件下，无需把阶级仅仅界定为无产阶级和资产阶级，因为这并不符合资本主义社会中的真实状况。对资本主义的变革也无需仅仅将力量集中于无产阶级一个阶级之上，而是要真正面对资本主义生活世界本身的阶级状况，将各种阶级力量统一起来，这样一方面能有力地改变那种仅仅将希望寄托于无产阶级身上，却又面对着无产阶级已经随着自身地位和生活水平的提高，而逐渐丧失了自己的阶级意识，同时也丧失了与资本主义斗争的决心的现实状况；另一方面更有利于建立一种更加自觉和具有自我改造能力的新的阶级主体意识。虽然这种行动可能无法根除资本主义的剥削，却也能在剥削程度、剥削类型、剥削条件、剥削范围等方面减轻或降低其社会效果。而且这种对阶级的新的理解方式还能够摒弃原有的对阶级的不切实际的普遍的社会认同，而在多种多样的阶级和多种多样的阶级活动所构成的阶级主体之间形成短暂的或部分的认同，才有利于区别只有无产阶级与资产阶级的单一阶级模式的划分方法，有

---

① 马克思，恩格斯. 马克思恩格斯全集：第5卷［M］. 北京：人民出版社，1958：533.
② 马克思，恩格斯. 马克思恩格斯选集：第4卷［M］. 北京：人民出版社，1995：251.

利于形成多元阶级观。当然多元阶级观是针对经济一元论、针对阶级关系而提出的,以表明她们对阶级概念的质疑,但其是否称得上新观点尚需明确。不过敢于这样质疑问题,表明在阶级问题的探讨上引发了一个新思路。

(三) 一种新阶级理论

如果我们能够这样理解阶级,那么阶级活动并没有被其他任何活动所控制,因此它在社会生活中是多元决定的。"首先是假定多元决定,而不是把某种必然的或特殊的联系置于剥削与某些社会活动(诸如控制劳动过程、或觉悟、或斗争、或所有权,去为熟悉的少数重新命名)之间。在这个基础上我们考虑阶级的存在和特定阶级活动的存在。在最初的假定中,阶级构成于所有社会范畴或社会活动——经济的、政治的、文化的、自然的——交汇处,而且阶级活动本身参与构成社会存在的其他方面。"① 这样整个阶级活动和社会活动就变成一个过程,而不再仅仅是追求某种特定的结果,这一过程中的矛盾、冲突和变化就会作为过程本身最为重要的组成部分重新被人们所关注和认识。在变化过程中,阶级也不断地随着矛盾的过程不断发生着各种各样的变化。这种将阶级作为一个社会矛盾过程而非一个固定的社会群体产生了两方面的积极后果:一是虽然没有给予阶级活动以解释性的特权,但却将阶级作为分析问题的起始点,能够对阶级活动的组成成分、行为本身、活动过程和产生后果作以动态的、具有自身特色的认识;二是这种理解方式认为多元决定认识过程本身就是矛盾的,虽然这种多元决定过程可能会导致矛盾性的认识结果,如我们考察资本主义财产法的阶级属性时,我们往往可以从社会的多层面、动态发展的多个过程中寻找影响因素,更会发现这些因素是杂乱的、纷繁的,有的甚至是矛盾和完全对立的,导致陷入一种社会各种因素的矛盾和冲突当中,这样所产生的后果也许并不比本质主义一元论所推导出的结论更具有可靠性和合理性。但从多元假定开始,而非从本质主义的

---

① J.K.吉布森-格雷汉姆.资本主义的终结:关于政治经济学的女权主义批判 [M].陈冬生,译.北京:社会科学文献出版社,2002:70.

基础性假定开始却能够带来这样一种后果，即因果性的必然联系不是作为前提存在，而是作为一种分析的结果而存在。这就摆脱了西方传统哲学所固有的本质主义或者传统本体论倾向，既体现出前提性反思的思维方式，也说明因果必然性的可能性不是先天的、预测性的存在，而是具有可能性的反思空间，这是对反思性思维范式的一个成功的运用。

具体说来，新阶级理论就是用非本质主义和多元化的方法来解构原有的以阶级概念为中心的阶级理论，将阶级理论中的过程性、流动性、变化性和矛盾性揭示出来，使得同质性的资本主义社会形态的系统表达，让位于无中心的、复杂的、新的社会形态的系统表达。由于非资本主义经济与资本主义经济并存并对其发生作用，因而在新阶级理论中，阶级不再被看做是以工业活动或经济活动为中心的社会关系，而是一种多元决定的过程，不但阶级的构成，而且阶级之间的相互作用都是一个复杂的过程。她们认为，对阶级的重新理解能够有效地终结资本主义霸权。以往在资本主义条件下对阶级的理解，总是将其理解为源自工业中心的社会关系，这种社会关系将可以利用的空间全部囊括在资本主义范围之内。因此，不但是资本主义生产及由此产生的阶级关系都被作为"资本主义的"，这样一些非资本主义的阶级关系也被囊括到这一统一体当中（要么作为其附庸、要么作为其内部的栖生物），更有一些政治的、文化的非经济成分也被包含进来。为使对资本主义的理解摆脱泛化所导致的狭隘性和局限性，可以将社会理解为一个非决定论的非统一体，其中起关键作用的阶级并非是单一的、或者简单对立的，而是多种多样的、纷繁复杂的、处于变动关系当中的。原始共产主义、奴隶制、封建制、公有制的阶级关系可以作为事实同时存在并发生作用。这样，在新的阶级理论和新的社会关系中，可以表征"先进性"的阶级关系并非仅仅是指与资本主义工业生产相关的资本主义阶级关系统一体，而是无中心的、分裂的、结构复杂的统一体，阶级活动也不再是单一的，而是丰富的和多种多样的。

不仅如此，新阶级理论将以往阶级理论中忽视的因素揭示出来并包含进去。在以往阶级理论中，由于本质主义经济一元论的影响，经济生产领域的阶级属性决定了阶级属性。而关于剩余价值的分配问题，由于其中所包含的公平和正义等要求被作为一种理想性的理论问题，没有放在实践层面上加以思考，以至于它作为非经济因素已经被排除到次要地位。"孳生或强化剩余价值占有的非资本主义阶级活动的改革。现在我们真希望打开思路设想一种阶级分配政策，说明阶级改造的路径。"① 阶级既与财产所有关系相关（对于财产关系暂时无力改变），又与分配方式相关。虽然新阶级理论由于没有在根本的制度层面上改变资本主义的生产关系，因而没有对财产关系产生至关重要的影响，但在新阶级理论对于分配政策的改变却产生了重大的影响。在她们看来，分配政策的意义并不仅仅在于重振资本主义，促使更公平和正义的资本主义出现，而是更有利于多样化经济的形成。非资本主义经济的持续发展永远不会由资本主义的不断壮大所引发，只能依靠非持续性的经济发展，在经济发展中营造一种宽松和民主的氛围，这对非资本主义的发展壮大是一个积极的有利因素。

新阶级理论的提出对于资本主义经济活动的反作用，集中体现在对分配政策的影响上。因为在旧的阶级理论和阶级关系中，占统治地位的阶级决定了整个劳动过程和劳动产品的分配。而由于阶级理论的改变，基于阶级的分配政策也必将改变。我们知道，在马克思主义思想理论中，分配作为重要的生产要素，对阶级关系的形成具有重要作用，"一定的分配形式是以生产条件的一定的社会性质和生产当事人之间的一定的社会关系为前提的。因此，一定的分配关系只是历史规定的生产关系的表现"②。分配既作为生产关系的前提，也作为生产关系的表现，必然作为生产关系决定的阶级关系的重要内容而存在。特别是在资本主义社会条件下，阶级斗争越来越集中地体现在围绕着社会财富，特别是剩余价值的分配方式所进行的斗争，斗争的结果是——资产阶级取得胜利并更大限度地占有剩余价值，或者无产阶级通过斗争（主要是劳工组织形式的斗争）获得一部分剩余价值。随着资本主义生产条件和福利待遇的不断改善，工业化国家有组织的劳工组织的力量不断减弱，这些可以从其成员人数、组织力量和斗争形式等方面得到证明。同时，在现代化的条件下，生产过程自动化的施行，使对工人阶级的需求数量减

---

① J.K.吉布森-格雷汉姆. 资本主义的终结：关于政治经济学的女权主义批判 [M]. 陈冬生, 译. 北京：社会科学文献出版社, 2002：220—221

② 马克思, 恩格斯. 马克思恩格斯全集：第25卷 [M]. 北京：人民出版社, 1974：997.

少，工人更丧失与资产阶级斗争的资本——为了保住现有的工作，工会不得不同意减少工资，一些以工厂为中心的阶级斗争，原来被视为对社会主义改革做出了重大贡献的领域，如今也逐步地丧失了自身的战斗力。这一方面使得无产阶级面对资产阶级越来越无能为力；另一方面也使得有活力的分配政策难以形成。因此，目前的以利益和工资分享的分配政策已经出现了倒退，经济上达到公平的社会民主主义理想已经变得遥遥无期；不仅如此，在这种条件下社会民主主义关于公平和正义的理想本身也受到了关注经济发展者的攻击——认为这种公平不但不能达到，而且对这种公平的追求本身也蕴含着对个人奋斗的文化导向以阻碍作用。特别是对于分配问题的研究，已经被两极分化问题的研究所取代，人们往往更加致力于分析为什么在资本主义条件下富人日益富有而穷人却日益贫困，有人关注贫困问题，有人关注边缘化群体的剥削问题，也有人关注富裕群体滥用经济权力的问题，但很少有人关注对再分配领域的研究。这几个方面的因素使致力于对资本主义社会条件下的再分配政策的研究不再具有可研究的意义和价值，似乎成为一个不值得思考的问题。

凯瑟琳·吉布森和朱丽·格雷汉姆认为对目前的资本主义的分配形式进行研究是十分重要的，因为它可能形成一幅别具一格的令人欢欣的图景。她们没有对新型分配政策作以理论上的界定，而是力图从具体事例出发说明新型分配政策的特征。她们举了三个例子说明：一是在美国的一些老工业区，社区股东由于工厂的倒闭而面临大量失业。这一方面使得股东的权力更加狭窄，另一方面使得工人、经理、供应商、顾客和服务人员对于盘活尚能生存的生产性资本的能力加大。这样法院和官方就认可了后者可以处置工业产权，这可以被理解为所有权从作为股东的资本家手中转移到劳动力的社会财富的再分配。二是原始的土地权利运动。这源于在一些尚未被开发的地区，土著居民与外来开发者对源于土地的使用、开发以及土地上的矿产和其他资源的使用所引发的问题。这些运动以补偿金、租金或特许经营或开采权的方式，挖掘了潜在的财富分配。三是生态问题日益进入人们的视野，所引发的对可持续性发展和非可再生资源的有效利用的呼吁，使得生态环境的代代相传特性引发了一种面向未来的新型分配政策。这几种分配政策与传统的分配政策大相径庭,"这些新型的分配政策有着某些共同的特征:它们都借助于其他法律学说的权威来扩大某些群体合法的享有社会财富的权利,它们都着眼于资源和财产分配而不是收入分配"①。从这些对新型分配政策的例证中,我们或许可以将新分配政策作出以下概括。

首先,要确立不确定的分配定位。原有分配政策的基本趋向是扩大再生产获得更大的剩余价值,用马克思主义理论来看,就是货币不断转化为资本。这种分配政策将自身作为为未来经济繁荣储存力量的积极因素,那么自然地将用于扩大再生产之外的分配就视为不利于未来经济发展的分配。"为了吸引投资者,公司需要什么政策呢?为了满足这个新的公司需要策略,采取了紧缩措施,公共服务设施私有化了,社会消费削减了,各种分配机构也被合理合法的精简了。"② 这是本质主义认识论的反映,即将经济整体性、统一性和单一性需求作为社会发展的总体需求。这种想法丝毫没有考虑社会结构的多样性、差异性和特殊性。因此,要想重新激活对分配问题的政策,必须改变这种将社会再分配同经济未来发展对立起来的做法。"也就是说,在一个不依赖经济整体核心理念的截然不同的会计制度里,对一般正常的核算主体,既有必要考虑经济动力学的本质主义理解,也有必要考虑对所有具有单一性结构和单一性主体特征的企业按性质规并。"③ 新型分配政策也要放弃集中的企业和经济。集中的企业学说将现行会计制度的真实性和准确性作为问题的基础,从多重层面来指导公司的活动,形成具有高度统一性的理性主体,这样别的会计制度及其各种不同的、分散的主体就被定位在对公司的行为毫无影响力的因素上面。但事实上公司结构和会计制度是多样性的,这促使我们思考那些受压抑或被边缘化的主体。幸运的是,对经济主体及其动机的反思已经展开,并且人们已经承认这种动机的多样性,认为经济主体在从事生产的过程中,遵循着具有连贯性的多重经济逻辑——多样的、重复的甚至是相互矛盾的,这些多重经济逻辑展现了多样性本身的魅力。将经济实体

---

① J.K. 吉布森-格雷汉姆. 资本主义的终结:关于政治经济学的女权主义批判 [M]. 陈冬生,译.北京:社会科学文献出版社,2002:223.
② J.K. 吉布森-格雷汉姆. 资本主义的终结:关于政治经济学的女权主义批判 [M]. 陈冬生,译.北京:社会科学文献出版社,2002:231—232.
③ J.K. 吉布森-格雷汉姆. 资本主义的终结:关于政治经济学的女权主义批判 [M]. 陈冬生,译.北京:社会科学文献出版社,2002:232.

看做是分散性的、不统一的、有利于使分配摆脱原有的从属于剥削、投资和积累的传统地位，使经济主体不再局限于一般核算的主体范围之内。

其次，新型分配政策需要在不确定的分配定位的原则上重新确立一种分配定位。这种分配将资本主义企业看做是非统一的剩余价值的生产场地，这种场地与场地之间的关系是分散的、暂时性的和非连贯性的。由于这样的特性，使得其成为一个空虚和疏散的场地。公司就如同一个导管，它可以随意地传导财富，使财富之间不断转移、聚集或分散，所有的传导过程都是随意的，传导的动力更是由多元因素所决定的。这种对于分配问题的重新界定将我们从以往固定性的模式中解放出来，用多种多样的复杂性因素来分析实际上的确是复杂的世界。公司的存在是一个多元决定的场所——资本主义因素和非资本主义因素都在发挥着作用，其剩余价值的分配也是多元的——以工资的形式分配给工人、以税收的方式分配给国家、以红利的方式分配给资本家、以地租的方式分配给土地所有者、以房租的方式分配给房屋所有者、以投资的方式分配给广告制作商、以利息的方式分配给银行。这些多元性的因素都会对公司的经营起到重要影响作用。如果仅仅考虑剩余价值的短时间占有，势必导致企业内的资本主义与非资本主义因素的矛盾和冲突，这种冲突在某种程度上会降低企业对剩余价值的长期占有（对于这一点，上文所论述的家庭妇女对七天工作制的排斥对于资本主义企业的影响就是很好的证明）。因此，新的分配政策应该改变对于剩余价值的短暂的、片面的追求，将分配定位为多方面、多样性、多层次的分配。这样的分配在减少剩余价值占有率的同时，用非阶级的收益填充或弥补了这部分收益，一方面企业自身并没有因为剩余价值占有率的降低而丧失经济上的优势地位；另一方面资本主义企业更由于得到非资本主义因素的支持（文化的和家庭的）而获得发展的持久性和稳定性。与此同时，这种新分配政策虽然不能使社会资本被一群人所共同占有，但却使得资本变为社会再分配的一种动力。在这种崇尚多样性的新分配制度下，非资本主义因素能够获得更为广泛的发展空间，它们不再作为资本主义企业的次生性的或边缘化的存在，而是直接对资本主义核心起作用。非资本主义因素在资本主义中的发展和壮大，不但对资本主义霸权的解体起至关重要的作用，更有利于马克思主义者革命力量的不断壮大。

这样，凯瑟琳·吉布森和朱丽·格雷汉姆通过对阶级的反思，形成了新阶级理论，又着重对新阶级理论中的新分配政策展开了相关的论述。可以这样说，新阶级理论是多元阶级观，多元阶级观才能形成多元的分配政策，她们正想借此展开对资本主义的政治经济学批判。在她们的批判中，我们可以发现资本主义的阶级问题的确在现代性的时代条件下获得了许多新的内容，如何理解这些新内容，她们提出的解决方案也许是可选择的路径之一。对于阶级关系的多元性我们也可以如此看待，在资本主义条件下，马克思将社会的阶级对立表达为两大对立阶级，是对资本主义阶级关系的本质的表达，当然在资本主义社会中也存在有其他的阶级关系，但它们并不反映资本主义的本质矛盾，也并非由资本主义的本质衍生出来的。因此，才有马克思关于两大阶级的论述。但西方马克思主义女性主义者基于女性主义问题的思考，认为想要改变女性的状况，就需要对资产阶级和无产阶级这两大阶级的阶级状况进行改造，否则女性始终因为其不能代表两大阶级的主要力量而被排斥在社会生活之外。如果更进一步思考，西方马克思主义女性主义者对马克思阶级理论的改造并非是对马克思主义思想理论的背离，而只是对其延伸，是在现代性时代条件下，试图对马克思主义理论作出重新理解的有益尝试。毕竟她们始终希望能够借助于马克思主义理论的思想展开她们的现代性批判。因此，对资本主义社会中阶级问题的现代性批判就是这种矛盾思想的产物。无论如何，她们对现代性条件下生发出的新阶级问题作出了自我理解和自我解释，表达了她们对资本主义的独特理解——资本主义中的阶级是多元的而非单一的，说明了她们对资本主义的整体看法：资本主义已经陷入一种抽象的"神圣"化的形象当中，应该通过现代性批判破除资本主义的"神圣形象"，从而将其"非神圣形象"拯救出来。

六、《资本主义的终结》现代性批判之三：全球化批判

作为西方马克思主义女性主义者，凯瑟琳·吉布森和朱丽·格雷汉姆在关注如何对资本主义具体问题展开现代性批判的同时，无时不运用自己独特的女性主义视角展开思考，试图用女性主义独特的理论触觉对资本主义相关问题展开既是马克思主义的也是女性主义的现代性批判。在对资本主义具体领域进行政治经济学批判的征途中，她们发现全球化是资本主义在现代化过程中、在现代性视阈下的新变化，更是从政治经济学上批判资本主义的又一核心要素。资本主义全球化使资本主义不但获得了政治经济上的统帅地位，并进一步将这种地位扩展到全世界范围内；而且使资本主义在政治经济上的霸权地位获得文化认同，随着资本主义经济和政治因素的入侵而逐步获得了文化霸权，后者是更为深层次和危险的。在对全球化展开批判的过程中，两位西方马克思主义女性主义者体现出更为鲜明的马克思主义的现代性批判和女性主义的现代性批判相互结合的特点：对全球化的批判无疑是马克思在其所处的时代没有遇到过的理论问题，但用马克思主义思想理论能够对这一问题在现代性视阈下展开现代性批判；另一方面对全球化的现代性批判，在她们看来正是对空间占有概念的批判，女性主义的思想观点和解决方式能够更好地协助解决这一问题。因此，她们对资本主义全球化的现代性批判一方面遵循着前文所指出的多样性、异质性的思维方式，另一方面也运用女性主义空间理论试图对全球化所表征的现代空间进行重构。

（一）女性空间——强奸空间——现代空间

凯瑟琳·吉布森和朱丽·格雷汉姆认为对全球化的现代性批判要从对空间概念的理解开始，因为全球化本身首先代表了一种对空间的占据。在西方马克思主义者特别是西方马克思主义女性主义者看来，"空间并不是中立的，

具有性别特征,空间建构和再现的性别关系、地位是典型的隐性歧视,空间以男性的需要和要求为主要的考虑标准,女性则像在其他社会生活领域一样,始终处于空间的组织、规划和构造的边缘状态。"① 如果恰如这样,那么现代空间是具有社会性别的,或者说社会性别的区分是能够在空间的划分中找到至关重要的原因的,从现代空间的基本特性出发,或许更能体味现代空间之于女性的意义。

现代空间是社会性别结构的中心与边缘区分的重要因素。现代空间是具有层级性的空间,而层级性的划分则被艾萨克·牛顿、勒内·笛卡尔等哲学家试图掩盖,即将空间当做僵死的、刻板的、非辩证的和静止的东西,但事实上空间特别是现代空间总是与现代空间中的生活紧密相关,"考虑到空间问题,例如:把这样的问题从实际环境中抽象出来,硬搬到这样一个自以为是的'纯洁的'和想象自己是'丰富的'认识领域,就呈现出某种哲学思维和退化的特征"②。如果可以从日常生活的视角看待现代空间,那么在现代空间内部,空间被分为现代工业文明社会赖以存在的城市空间和作为次生性的城郊空间,前者作为经济空间存在,后者仅仅作为居住空间存在。这一空间上的划分一方面使得女性的空间被更多地理解为家庭空间、邻里空间、地方商业空间,而男性空间则被理解为经济空间、工业空间、商业空间。前者是与消费、情感、私生活等联系在一起的边缘化空间,女性的空间就像一个空虚的空间只能依靠消费来满足。所以,西方马克思主义女性主义者指出,只有当女性被定位在消费者的层面,在对现代社会商品和资本循环作出消费性的努力的时候,才能短暂地被纳入城市空间中来。否则她们仅仅具有在城郊空间生存的资格。因为,那样的空间对于脆弱的、空虚的女性空间来说是合适的,它可以像一个蚕茧一样保护脆弱的女性,她们必须被限制在家庭当中,一方面为积极工业文明的主力——男性提供后援;另一方面不断激发难以满足的消费欲望,从而对现代社会的再生产起促进作用。

现代空间使男性——作为"思"之理性主体成为"主宰空间"的代名词。笛卡尔的"我思故我在"无疑确定了现代空间从"思"到"我在"再到

---

① 吴宁. 日常生活批判:列菲伏尔哲学思想研究 [M]. 北京:人民出版社,2007:48.
② J.K. 吉布森-格雷汉姆. 资本主义的终结:关于政治经济学的女权主义批判 [M]. 陈冬生,译. 北京:社会科学文献出版社,2002:95.

"他在"的基本路径,那么无疑"我在"是理性——男性主体的存在,而"他在"——女性客体则是依靠"我在"得以确证的,笛卡尔从这个世界上驱散的灵魂是一个女性灵魂,女性灵魂被驱散了,而"思"本身作为宇宙间唯一的无形力量应该是"男性"化的。至此,自我/他者,客观/主观,理智/情感,抽象/具体,事实/价值,文化/自然的区分,就天然的划定了,这些特点与其说是为笛卡尔的主体建构了一个男性身份,倒不如说是为其建构了一个主宰身份,即自我、客观、理智、文化等因素是与男人相联系的,受到主流社会的肯定,而他者、主观、情感、自然则相应地与女人相联系,受到贬抑与排斥。这就造成了主体中心主义——理性中心主义——男性中心主义的逻辑思路。这样一来,现代空间使得男性被预设为绝对化的"强大的"、"主导性的"、"攻击性的"具有霸权地位,而女性自然处在"柔弱的"、"消极的"、"被动的"、"非存在的"边缘化、次生化和弱化地位,这就是深受西方马克思主义女性主义所诟病的"二元对立"的思维方式。

女性主义者波伏瓦曾经说过,女性之于女性不是先天造成的,而是后天生成的。与女性的生成性相互联系的就是女性如何在资本主义空间——现代空间生存的问题。"从一种生产到另一种生产方式,这种过渡具有至高无上的理论意义。既然认为每一种生产方式都具有自身的独特空间,那么,从一种生产方式转到另一种生产方式必然伴随着空间的生产。"① 在现代社会中,现代空间之于女性的意义是通过资本主义予以呈现的。在西方马克思主义女性主义者看来,在作为社会形态存在的资本主义中,女性被视为对资本主义起配合和辅助作用的经济角色——消费者,女性对资本主义的贡献在于将资本主义从商品到再生产资本之间的转化在现实中实现出来。

现代空间所导致的权力结构无疑将女性空间的恶化推至顶峰。"任何一个社会,任何一种生产方式,都会生产出自身的空间。社会空间包含着生产关系和再生产关系(包括生物的繁殖以及劳动力和社会关系的再生产),并赋予这些关系以合适的场所。创造过程所需要的具体场所与生产、禁止和压制相关,结果,主导性空间有可能支配其他周遭的附属空间。"② 也就是说,社会生产和再生产的生产方式必然导致权力关系——"权力以网络的形式运

---

① 包亚明. 现代性与空间生产 [M]. 上海:上海教育出版社,2003:97.
② 包亚明. 现代性与空间生产 [M]. 上海:上海教育出版社,2003:87.

作，在这个网络中，个人不仅在流动，而且他们总是既处于服从的地位又同时运用权力。"① 如果现代空间的权力性特点正如福柯所说，是建立在规约和惩罚的基础之上的话，女性无疑是规约与惩罚中最为典型的牺牲品。现代空间中的女性时刻处于被窥视和监视的境遇当中，她必须使得自身的行为富有"女人气"，否则就会得到"形形色色"的残酷和野蛮对待。西方马克思主义女性主义者曾用"被涂抹的鸟"这一形象的例子说明女性的被监视状态——"被涂抹的鸟"是指在父权制度下的妇女被"好爸爸"打扮的漂漂亮亮后再出门，一旦她想要破除对她涂抹的颜料，就会受到攻击——既来自男人和社会，也来自"与她同类的畸形怪物、男人制造的女人"。这样，"在被囚禁者身上造成一种有意识的和持续的可见状态，从而确保权力自动地发挥作用。这样安排的目的是，监视具有持续的效果，即使监视在实际上是断断续续的；这种权力的完善应趋向于使其实际运用不再必要；这种建筑应该成为一个创造和维系一种独立于权力行使者的权力关系的机制"②。现代女性之于女性也同样如此，如此的权力关系使得监视和控制深入到女性的意识当中，使得即使监视是断断续续的，而女性在潜意识中也总是沉浸在这种被监视的境遇中，从而丧失了对权力的反抗。

空间之所以能够对女性问题造成如此深远的影响，最核心的根源在于其本身所具有的现代性特点。如果正如吉登斯所说，"现代性乃指大约从17世纪起起源于欧洲的一种社会生活和组织的模样，而之后其影响多少成为全球的"，"它首先意指在后封建的欧洲所建立而在20世纪日益成为具有世界历史性影响的行为制度与模式"③。那么现代性在时间上就代表断裂性与传承性的统一；在空间上则代表一种边缘与中心、在场与出场的统一。女性正是在现代性如此的特点当中才不断陷入被动、消极的境遇。

空间的现代性特点体现为层级性。无论我们如何在西方哲学的发展历程中确证没有无空间的纯粹时间，也无论我们将德谟克里特的"虚空"在何种程度上还原为空间概念，无法否认的是空间本身在西方的经验中是作为一段历史而存在的。福柯曾说："历史毫无疑问是作为记载和解释人类活动的一

---

① 米歇尔·福柯. 必须保卫社会 [M]. 上海：上海人民出版社，1999：27.
② 米歇尔·福柯：《规训与惩罚》电子版，第三章全景敞视主义.
③ 安东尼奥·吉登斯. 现代性的后果 [M]. 南京：译林出版社，2006：1.

系列历史事件及其进程,其具有时间性的表征。而空间作为一段历史而存在,就是说即使无可否认空间与时间性的内在关联,但空间仍然只能占据历史进程中的"某一段",而这一段起源于中世界。"福柯是这样解释中世纪的"空间"的:"我们可以说在中世纪,空间是一个被分成等级的场所的集合:圣地和非宗教的场所,被保护的场所和与其相反公开的、无防守的场所,城市的场所和农村的场所(这些是赋予人类真实生命的)。对于宇宙论来说,当时有与天堂的地点相对的超天堂的场所以及与人间的场所相对的天堂的场所。也有这样的场所,即在该场所中,事物被安排在某个位置,因为这些事物先前被剧烈地移动过,相反,就是事物处于本来的位置和静止状态的场所。正是场所的全部的等级,全部的位置相对和全部的交错组成了我们可以粗略地称之为中世纪的空间的东西:定位的空间。"① 福柯的"定位"的空间,即某种具有层级性的空间,天堂的场所保证了人间的场所的存在,圣地的场所又赋予了非宗教场所以某种特定的空间性。但较之前者后者的真实性是"存疑"的,只有前者才是确定无疑的存在或空间,空间就被这样按照层级和对立被部署。打破空间对立神圣化的伽利略所做的工作就是实现空间的"同质化",即没有层级和对立的区分,所有的空间都包括在这一无限广阔的空间之内——广延性代替了定位性,空间实现了世俗化。这种世俗化的空间仍然保持神圣性的特点,应该看到在现代空间概念中,除了在康德等有限的形而上学的哲学家那里将其看做"先天"的纯范畴或将空间作为纯物理学的广延研究之外,特别是在社会领域研究空间的概念的时候,空间仍然是具有层级性的,如理性主体之于非理性主体、边缘之于中心、城市之于乡村、国家之于社群、生产领域之于家庭领域、资本家之于工人,前者对于后者来说是绝对的中心和神圣的中心,而后者只能在参照于或比照于前者之时才能获得自身存在的价值和意义,"我们可能尚未达到一个空间的实践上的非神圣化。或许我们的生活仍为一些我们无法涉及的、制度和实践尚不敢损害的相对所支配:作为全部资料为我们所接受的一些对立。例如,私人空间和公共空间之间的对立,家庭空间和社会空间之间的对立,文化空间和有用空间之

---

① 米歇尔·福柯. 另类空间 [J]. 王喆, 译. 世界哲学, 2006 (6).

间的对立，消遣空间和工作空间之间的对立中文，所有这些对立因隐蔽的神圣化而活跃着。"①

空间的现代性特点体现为主体性。后现代思想家詹姆逊在对现代性所应遵循的四个准则中的"第三个准则"中提出"不能根据主体性分类对现代性叙事进行安排"的现代性准则，似乎在现代性中不存在有主体性之间的分类而导致的不同的现代性，仅仅存在的是现代性的不同场景。现代空间似乎作为一个现代性概念也应该与主体相互区别并保持距离。但事实上，早在笛卡尔哲学那里就已经奠定了现代空间不可与主体性相互分离的命运：主体与客体、我思与我在之间体现的就是一种现代性——我思就是现代性的主体，我在无疑作为一种客体是由现代性的主体建构出来的。这一思想的现代成分在于一种扩展性，寻求最终确定无疑的绝对开端"我思"的路径如果按照休谟的"因果关系"的论述最终导致的"果"无疑是客体的诞生。以因果性看待"我思故我在"这一哲学命题所表征的无疑是客体作为主体的生产物而存在，"表征客体在建构中呈现为可以辨认，这在形式上开辟了一个地点，使感知从中产生：这种结构的或者称之为形式的地点，而不是其他任何一种物质或实质，构成了主体"②。不仅如此，"我思"确证"我在"，"我在"也确证了"他在"——感性事物的存在，上帝成为感性事物存在的根本保证，"当我认识到有一个上帝之后，同时我也认识到一切事物都取决于他，而他并不是骗子，从而我断定凡是我领会得清清楚楚、分明的事物都不能不是真的……我既然认识了上帝，我就有办法取得关于无穷无尽的事物的完满知识，不仅取得上帝之内的那些东西的知识，同时也取得属于物体性质的那些东西的知识，因为物体性质可以用做几何学家们推证的对象"③。上帝先在的承诺了"他在"的普遍性和必然性。如此从"我思"到"我在"再到"他在"，笛卡尔不仅承诺了感性事物的存在，更将"他在"作为一种空间的存在。"'我思故我在'通常被看做描述一个点，没有维度，或平面的延伸，的确，我们也

---

① 米歇尔·福柯. 另类空间 [J]. 王喆，译. 世界哲学，2006 (6).
② 王逢迎. 詹姆逊文集：现代性、后现代和全球化 [M]. 北京：中国人民大学出版社，2004：36.
③ Rene Descartes. Western Classics—Meditations On First Philosophy, Translated By John Cottingham With An Introduction By Bernard Williams, China Social Sciences Publishing House Chengcheng Books LTD, 1999：48—49.

许应该将地点考虑在内,因为,在空间里与那个点发生脱离的地点似乎同样抓到了意识在这个世界上的位置。"① 所以,现代空间在其现代性的起点那里就是与主体相互联系在一起的,而"思"为"在"和"他在"确立标准和合法性基础也使得"思"——理性成为主体性分类的划分标准,自然也成为现代空间的划分标准。

空间的现代性特点体现为结构性。现代空间在确保有神圣化特点的同时,确实渗入了世俗化的特点,即空间并非完全是一个自然的或神圣的物体,而是一个灵活的、易变的、多样化的空间,"我们所生活的空间,在我们之外吸引我们的空间,恰好在其中对我们的生命、时间和历史进行腐蚀的空间,腐蚀我们和使我们生出皱纹的这个空间,其本身也是一个异质的空间。换句话说,我们不是生活在一种在其内部人们有可能确定一些个人和一些事物的位置的真空中。我们不是生活在流光溢彩的真空内部,我们生活在一个关系集合的内部,这些关系确定了一些相互间不能缩减并且绝对不可叠合的位置"②。如此的空间是在人们的社会关系中、在历史的跌宕中成为自身的。虽然空间就其本身来说或许如同自然科学家所说的那样是一个自然或原始赐予我们的存在,但空间的结构及空间自身的意义却总是随同社会历史和人类经验不断发生变化和转型的,"自然空间已经无可挽回地消逝了。虽然它当然仍是社会过程的起源,自然先在已经被降贬为社会的生产力在其上操弄的物质了。每个社会都处于既定的生产模式架构里,内含于这个架构的特殊性质则形塑了空间。空间性的实践界定了空间,它在辩证性的互动里指定了空间,又以空间为其前提条件"③。正如福柯所说的那样,如果说空间是一段历史的话,那么这段历史并非是作为时间之附庸的自然空间的历史,而是作为不同社会、不同群体、不同个人在构建整个群体、社会、国家的过程中形成的社会性历史;空间总是根据时代、社会、生产模式和人与人之间的相互关系而构成其自身在不同时间性中的特殊性,而这种特殊性对于现代空间来说,无疑就是由资本主义的生产方式、生活方式、思维方式和行为方式所

---

① 王逢迎. 詹姆逊文集:现代性、后现代和全球化 [M]. 北京:中国人民大学出版社,2004:33.
② 米歇尔·福柯. 另类空间 [J]. 王喆,译. 世界哲学,2006 (6).
③ 包亚明. 现代性与空间生产 [M]. 上海:上海教育出版社,2003:48.

构成的"资本主义空间"——"资本主义与新资本主义生产了一个抽象的空间,在国家与国际的层面上反映了商业世界,以及货币的权力和国家的政治。这个抽象空间有赖于银行、商业和主要生产中心所构成的巨大网络。我们也可以在家中见到公路、机场和资讯的网络散布在空间中。在这个空间里。积累的摇篮、富裕的地方、历史的主体、历史性的空间的中心——换句话说,就是城市——急速地扩张了"①。

空间的现代性特点体现为权力性。如果说"国家利用空间以确保对地方的控制、严格的层级、总体的一致性以及各部分的区隔"作为控制的工具的话,那么现代空间无疑是具有权力性的,甚至可以说作为权力工具——既是统治的工具,也是抵抗的工具,它总是在各种各样的权力斗争的较量之下,在各种斗争中获得自身的现实存在。"今天,阶级斗争比以往更加被铭刻在了空间之中。真的,单单是着重斗争,就防止了抽象的空间盛行于整个星球所掩饰所有的差异。"② 对于社会整体来说,权力性是确证无疑的,在这样的现代空间中,个人生活也被权力所包围。福柯认为空间具有强大的统治和管理功能,可以凭借自身构造起一种积极的、无法抗拒的、隐秘的权力机制,而这种权力机制的功效即是能够最大限度的对个体及其生活进行监视和约束。监视和约束最终导致一个在权力监控之下的、区别于以往的新个体的诞生。正是现代空间的封闭性使得监督和约束成为可能,"在这一空间中,每个人都被镶嵌在一个固定的位置,任何微小的活动都受到监视,任何情况都被记录下来,权力根据一种连续的等级体制统一地运作着,每个人都被不断地探找、检查和分类"③。而且监视和约束又是以空间的区别为其先决条件的,权力总是借助于城市中的空间和建筑的范围划定而发挥作用的,特别是空间之间的划定能够很好的达到限制人们活动,并对人们活动予以控制的目标,不仅如此规训的有效实行也对空间具有要求,"规训监视其实是需要中继站的。金字塔形能够比环形更有效地满足两个要求。一是能够完整地形成一个不间断的网络,从而能够增加层次,并把各层次散布在需要监视的整个平面上。二是结构合理,不会将一种惰性力量压在需要规训的活动上,不会

---

① 包亚明. 现代性与空间生产[M]. 上海:上海教育出版社,2003:49.
② 大卫·哈维. 后现代的状况[M]. 阎嘉,译. 北京:商务印书馆,2003:297.
③ 米歇尔·福柯:《规训与惩罚》电子版,第三章,全景敞视主义。

成为这种活动的制动器或障碍。总之，它应能被纳入规训机制，并能增加其可能的效力。"① 不仅如此，现代空间与权力之间的伴生关系使得空间的权力要求由个体的、部门化的、局部的现象成为一种具有最大普遍性的作用，"这是一个从封闭的规训、某种社会'隔离区'扩展到一种无限普遍化的'全景敞视主义'机制的运动。其原因不在于权力的规训方式取代其他方式，而在于它渗透到其他方式中，有时是破坏了后者，但它成为后者之间的中介，把它们联系起来，扩展了它们，尤其是使权力的效应能够抵达最细小、最偏僻的因素。它确保了权力关系细致入微的散布"②。

空间正是通过四方面的特点对女性施加潜移默化的影响，而着重影响的同时又强化了现代空间，使得现代空间不再仅仅作为一种"在场"，而成为在人们思想中根深蒂固的意识形态，成为一种看似"出场"但却永远"在场"的永恒存在；它不再仅仅作为一种"容器"，而更多的影响人们的思维方式、行为方式。凯瑟琳·吉布森和朱丽·格雷汉姆对女性问题的探索也应该从对空间的现代性批判入手，通过批判将空间所具有的现代性之积极意义真正揭示开来。

（二）女性空间的占有与资本主义全球化的侵略

凯瑟琳·吉布森和朱丽·格雷汉姆沿袭了西方马克思主义女性主义者对空间的理解方式，认为空间形态具有浓重的本体化形态。正统马克思主义者和结构主义者在本体的意义上理解空间。所不同的是前者将空间理解为一种社会形态（以生产方式为主）；后者关注固定的本体，但对于空间本身的理解都具有本体性质的——这源自于西方哲学传统的本体论因素。总之，空间被描述为"一个无限的、历史的和不带感情色彩的容器或网格，其中存在抽象的物质地理活动，互不依赖，也不依赖于空间本身"③。虽然一些理论家试图将空间概念从抽象的概念层面中拯救出来，将其回归"生活世界"，创造

---

① 米歇尔·福柯：《规训与惩罚》电子版，第二章，规训的手段。
② 米歇尔·福柯：《规训与惩罚》电子版，第三章，全景敞视主义。
③ J.K. 吉布森-格雷汉姆. 资本主义的终结：关于政治经济学的女权主义批判［M］. 陈冬生，译.北京：社会科学文献出版社，2002：92.

一种生活空间理论，但也顾虑这种无根的生活空间因为丧失物质性存在基础而无法真正立足，使得计划被无限期搁置。这种对空间的本体化理解使空间概念一直作为一种"前在"的因素摆在各种各样的空间理论面前。

凯瑟琳·吉布森和朱丽·格雷汉姆从女性主义研究所使用的"内在与外在"、"表面与深层"、"空虚与充实"等概念中，推论出作为一种典型特征的女性空间。女性作为一种社会性别，其所特有的女性空间是指一种空白的、空虚的、等待被填补的空间。这种女性空间又集中体现在"强奸空间"中。在女性主义者看来，强奸行为的产生在理论上基于对能力的肯定——总是将男性能力视为具有施加性、征服性，对男性能力肯定造成的直接后果就是"诱使女性把自己定位为受难者、受侵犯者、胆小者，诱使男性把他们自己定位为合法的施暴者、有权享受女性的性服务者。这种语言与言辞一样构成了身体的动作和反应，而且构成了诸如所谓的强奸者身强力壮的感觉，及我们受到强奸威胁时司空见惯的麻木瘫痪的感觉"[1]。这种强奸语言更为严重的影响就是形成一种"强奸范本"，即以空间的语言将女性空间描述为一种被动的、受侵占、被占领、被塑造的空间领地——女性性特征被概括为内部空间，将强奸的行为作为对这一内部空间的占据。这样女性本身被女性的空间性所代替，女性不再作为一个社会性别，而仅仅作为一个内部空间而存在。"女性的确是一个绝对空间的象征，绝对空间是一种同质性没有生气的虚无，是一个容器，是一种根据存在于其中的客观事物才能谈论的事物。不可避免的是，这个客观事物存在于那没有生气的空间，或者侵犯那没有生气的空间，或者插入那没有生气的空间。在关于性的男权主义中，女性必然是强奸空间。"[2] 这种对女性空间的推论并非依据理论推导形成的，而是基于具体事实层面的，基于男性与女性的身体结构和男性与女性在面对这种境遇下不同心理状况的事实依据，这种事实性就更加赋予这种理解方式以合理性和有力性，使这一"范本"真正成为思考问题的基点。

---

[1] J.K.吉布森-格雷汉姆.资本主义的终结：关于政治经济学的女权主义批判[M].陈冬生，译.北京：社会科学文献出版社，2002：96.

[2] J.K.吉布森-格雷汉姆.资本主义的终结：关于政治经济学的女权主义批判[M].陈冬生，译.北京：社会科学文献出版社，2002：99.

这种女性空间或强奸空间在现代性的境遇下与现代性的空间概念相结合，形成了现代性空间。在现代性空间内部，空间被分为现代工业文明社会赖以存在的城市空间和作为次生性的城郊空间，前者作为经济空间存在，后者仅仅作为居住空间存在。在现代性的空间概念下，女性的空间被更多地理解为家庭空间、邻里空间、地方商业空间，而男性空间则被理解为经济空间、工业空间、商业空间。前者是与消费、情感、私生活等联系在一起的边缘化空间，女性的空间就像一个空虚的空间只能依靠消费来满足。只有当她们被定位在消费者的层面，在对资本主义商品和资本循环作出消费性的努力的时候，才能短暂地被纳入城市空间中来，此外，她们仅仅具有在城郊空间生存的资格。因为，那样的空间对于脆弱的、空虚的女性空间来说是合适的，它可以像一个蚕茧一样保护脆弱的女性，她们必须被限制在家庭当中，一方面为积极工业文明的主力——男性提供后援；另一方面不断激发难以满足的消费欲望，从而对资本主义再生产起促进作用。

当女性享有现代性空间——宽敞明亮的购物场所、健身中心或儿童护理中心的时候，她们已经进入了资本主义为其划定的界限之内。虽然有些女性试图通过索取男性的经济和城市空间，并努力使其也作为女性的合法性空间而获得中心性权利，或在资本主义雇佣劳动大军中获得真正的席位。这些方面的斗争或许是有效的，但是这种斗争也预设了一个理论前提——即使女性在城市空间中，在资本主义雇佣劳动中获得一个类似男性的合法性空间，但也必须以提供"再生产"和"消费性"的劳动为前提，这在事实上不但未能起到扩大女性空间的作用，反而使这种情况更加恶化。因为，在现代性空间之中，更为严重的影响还在于女性在强奸空间和现代空间中形成一种政治上的恐惧心理。当女性要求重新生活在城市中心，提出也应平等地享受城市的照明设施、公共交通设置及城市街道的权利，而兴起了类似于"收回夜晚"同盟的运动时，更加速了这种恐惧的蔓延。在提倡更多的公共监督的同时，提醒女性不要进入公共场所，否则在夜间的街道上或公共交通设施中，她们就会理所当然的扮演强奸范本的受害者的角色。在这种条件下，她们对现代空间的争夺或渴望，往往导致她们更深的恐惧和绝望。

这样在现代空间内，通过对空间理论的本体论预设为女性创造了一个永远无法摆脱的空间——要么作为边缘,要么作为附庸。将这种空间理论放在资本主义全球化过程看待,如果将男性替换为全球化的主体,女性替换为全球化中资本主义的另类,那么我们完全可以发现,全球化的过程实际上就是"强奸范本"的一种复写,非资本主义因素在全球化中的境遇就是女性在"强奸范本"和现代空间中的境遇。

凯瑟琳·吉布森和朱丽·格雷汉姆对女性空间的论述及对强奸空间和现代空间的探讨,实际上都是为了对资本主义全球化进行现代性批判寻找理论方法。也就是说,女性空间的占有和全球化侵略的相似之处,使她们深刻思考如何通过女性主义对女性空间的改造,为改变资本主义全球化的境遇提供思想启示。带着这样理论构想,她们对资本主义全球化展开了现代性批判。

凯瑟琳·吉布森和朱丽·格雷汉姆将全球化理解为一个过程,"我所理解的全球化是一系列的过程。世界沿着这个过程,经由增长的国际贸易、生产与金融市场的国际化以及逐渐网络化的全球通讯系统所促成的商业文化的国际化,迅速地整合成一个经济空间"①。因此,她们将全球化定义为形成统一经济空间的过程。在她们看来,资本主义的经济全球化是我们无法不面对的事实,无论我们将其视为资本主义在全球范围内的扩张所导致的生产的全球化增长,还是对这样一个经济事实报以遗憾和恐慌的态度,无可争辩的是,这是我们面对的生活世界的真实状况。更为严重的是全球化不但涉及到资本、商品、资本主义生产关系的全球化,其更为深刻地影响在于资本主义观念,特别是资本主义霸权观念的全球化——世界将要变成一个全球化的资本主义的世界,变成一个资本主义理所当然拥有的世界。面对全球化的事实,凯瑟琳·吉布森和朱丽·格雷汉姆认为全球化作为一个过程与前文所提到的女性的"强奸语言"和"强奸范本"的形成具有异曲同工之妙。标准化的强奸范本是这样定义男性和女性的:"男性天生比女性强壮,他们在生物学上被赋予了犯强奸罪的实力。在有性别的强奸语法里,男性是强奸和进攻的主语,他们身体结实、完整,而且有攻击器官。女性天生比男性柔软。她

---

① J.K.吉布森-格雷汉姆.资本主义的终结:关于政治经济学的女权主义批判[M].陈冬生,译.北京:社会科学文献出版社,2002:151.

们可以用移情、认命或说服去避免强奸（或者将强奸的暴力减到最小程度），但是她们无法从肉体上阻止强奸。在有性别的强奸语法里，女性是恐惧的主语。她们的身体软弱无力、有空可袭、开放无措、易受伤害。"① 而全球化在世界范围的拓展也被定义为对处女地的"侵犯"、"渗透"和"入侵"。资本主义被描绘为内在固有的空间，天生就比非资本主义经济强大，因此它有能力侵犯非资本主义地域和领地，达到全球化的效果。因此全球化也意味着对其他非资本主义经济形式的破坏和瓦解；如同资本主义经济全球化被宣称为一个事实一样，强奸也被认为是在女性的生活中存在却又无可避免的事实，这种对强奸的强化导致了一种强奸语言，在这一语言体系中女性要么是"已被强奸的"，要么则是"可被强奸的"。用同样的思路来看待全球化，全球化同样被视为一种语言范本的今天，无论是否从属于资本主义世界，它只能被看做要么是"从属于资本主义全球化的"，要么是"可从属于资本主义全球化的"。如果联系上文提出"强奸范本"所导致的女性主义的政治屈从心理——一旦她们对目前的生活状况不满进行反抗，比如要求平等的享受夜晚的权利，她们则需要考虑再三，是否这样的行为会被认为是想要被"侵犯"。同样在资本主义全球化的语言体系之内，工人被灌输关于资本生产、商品流通和跨国公司的相关知识，这就使他们想要改善工作条件和提高工资的要求受到压抑，以免被认为他们想要被资本"抛弃"。在这样一种霸权性的话语体系之下，全球化已经变得正常化，如同强奸的正常化真实地妨碍了女性主义的积极反抗，全球化的正常化也使抵制全球化的入侵成为一种不合时宜的不明智之举，害怕资本外流而屈从于更加严重的剥削已成为一种正常状态。因此，全球化作为一种强势的"强奸语言"，成为资本主义的特权，通过商品化、市场合并、无产阶级化和跨国公司的入侵，使非资本主义被破坏、被侵犯、被瓦解。

在探讨全球化与"强奸范本"之间的联系之后，凯瑟琳·吉布森和朱丽·格雷汉姆接着要探讨的问题，就是在对全球化的恐惧中如何才能使其丧

---

① J.K. 吉布森-格雷汉姆. 资本主义的终结：关于政治经济学的女权主义批判 [M]. 陈冬生，译.北京：社会科学文献出版社，2002：157.

失不断扩张的能力,对全球化提出质疑和解决办法是否具有可行性和可能性呢。对于这一问题,两位西方马克思主义女性主义者从作为全球化主力的跨国公司的分析入手来说明。跨国公司作为全球化最有利的实施者,其优势在于为全球资本流通提供一个固有的制度框架,"跨国公司不为国家主义包袱所累。它们的利润动机是赤裸裸的。它们在全球范围流动、交流和转移人员与工厂设备、知识与技术、金钱与资源。跨国公司用更有效率、更有理性的行为来实现殖民主义的目标,并使之合理化"①。这样一个强大的、具有攻击性的实体,我们应该如何对待呢?在这里,她们所倡导的反本质主义和解构主义的理论方法又发挥了作用——从跨国公司在经济生活中的矛盾表现分析出发。首先,她们认为全球化中资本外流的全球性范本是值得商榷的。从事实层面来说,全球化在很大限度上来说并非是"全球的",而是资本主义的。作为全球化主体的跨国公司主要以美、英、德、日四国为主,这些跨国公司的全球化行动也以这些发达国家的相互入侵为主,这些跨国公司的运营规模是两国至多是四国的。因为在全球化过程中,他们所首先考虑的情况不是廉价的劳动力资本,而更多的是出于对商品销售的考虑,也就是消费市场的考虑——这方面的考虑有助于降低运输成本;最大限度、最短时间将商品销售出去从而促进扩大再生产,而主要的消费市场实际上集中在欧洲。其次,跨国公司的权力也并非是绝对霸权的,也存在一定程度的自由竞争因素。当一些跨国公司超出了北美和欧洲所约定俗成的贸易互助体系之后,由于它必须受到当地的领导政策、政治策略或贸易政策的影响,可能存在很大的不确定性。在全球化的其他地区,对跨国公司的保护主义不再实行,特别是在一些国家、地区、地域形成地方联盟——一些较小的公司通过松散的合作方式结成网络式联盟,问题就更为复杂了。因此,跨国公司并非绝对不可战胜,对全球化进行反抗也是可能的。

如何对全球化进行反抗?她们提出的第一个办法是从女性主义重新刻画性别认同的理论中获得启示——重新刻画经济认同。女性主义者认为强奸之

---

① J.K.吉布森-格雷汉姆.资本主义的终结:关于政治经济学的女权主义批判[M].陈冬生,译.北京:社会科学文献出版社,2002:160.

所以能够成为一种语言和范本、之所以女性在强奸中被定义为受害者，这不是因为强奸者拥有绝对的力量和能力，而是这种强奸范本利用了女性认同学说，"强奸导致了给一个被定义为受伤者的具有性特征的女性身体，一个从主体对主体的强奸、从进行公平的能力对抗中排斥出来的女性身体。强奸者不是在强奸的游戏中打败女性，而是想把我们女性从共同的游戏中排斥出去"①。在这样的情形下，必须重新刻画女性的身体及性特征——不再将女性定义为空旷的、虚弱的、黑暗的空间，同时也将男性身体所具有的渗透性特点揭示出来。对资本主义全球化的反抗也是如此。全球化的关键特征在于金融系统的重建，这一方面是因为人们认为金融市场的活力促进了资本主义生产的国际化发展；另一方面金融市场的发展将货币从单一的流通手段职能中解放出来，而变为信贷资本。金融市场的发展使资本主义进入了新的发展阶段。但对于资本主义自身来说，金融资本所具有的无限性和流动性的实质意义却仍然没有显现出来，"全球经济理论家们已使符号标志摆脱了其所指的对象，无视渗透性、孔道性、不可控制性的影响，就是说，极不情愿使经济本体女性化。全球经济本来可以通过国际金融市场而打开通道，但只是没有另类出入这个通道。似乎，影响经济理论化的同性恋恐惧给这种思维设置了一道禁忌"②。我们怎么才能将非资本主义因素的渗透性包容在资本主义全球化进程当中呢？我们可以将资本主义金融市场目前对流动性的缺乏，看做是发展非资本主义因素的一个良好的契机，例如金融市场的繁荣依赖于银行资本投入到生产领域，为了增加其流动性就要使信贷变得更加灵活，这就有利于个体经营和集体经营生产方式的不断发展。同样道理，全球化的形象没有必要被认定为资本主义的全球化，因为在全球化本身就是流动的、可渗透的，这种流动性注定其必须具有发展的多样化，全球化更应该被刻画为资本主义与非资本主义共同流动的全球化。

既然要改变全球化就是要将全球化重新设想为一个空间，也就是说将全

---

① J.K. 吉布森-格雷汉姆. 资本主义的终结：关于政治经济学的女权主义批判［M］. 陈冬生，译. 北京：社会科学文献出版社，2002：170.
② J.K. 吉布森-格雷汉姆. 资本主义的终结：关于政治经济学的女权主义批判［M］. 陈冬生，译. 北京：社会科学文献出版社，2002：174.

球化所设定的现代空间重新加以理解和阐释。在凯瑟琳·吉布森和朱丽·格雷汉姆看来，这种重新定义的空间，也需要从女性主义对于空间的解读中获得启示，在此基础上形成一种富有丰富内涵的现代空间，才能够克服资本主义的全球化。

（三）追寻一种有丰富内涵的现代空间

正如前文所说，后现代主义和传统西方哲学在空间问题上也作过一些尝试，如福柯结合传统的"乌托邦"概念提出"异托邦"概念来描述空间："'乌托邦'究其本源是指世界上并不存在的地方，而'异托邦'则是现实中实际存在的空间，与现实对立的地方，它们在特定文化中共时性地表现、对比、颠倒了现实。这种类型的空间是外在于所有空间的，即使也许可能指出它们在现实中的位置。因为这些空间绝对有别于他们反思和言说的场所，为了与乌托邦（utopias）相区别，我把它们称为异托邦（heterotopias）。"[①] 福柯将这种现实性与理想性统一的空间形态理解为现代空间。在一些西方马克思主义者看来，"地理空间总是属于'具体和特殊'的领域。现在需要解决的根本问题是，能否在判断马克思关于资本积累的普遍的和抽象的语境中构筑一种关于具体和特殊的理论"[②]。凯瑟琳·吉布森和朱丽·格雷汉姆正试图在创立新的空间理论和使这种空间理论与马克思关于普遍的和抽象的话语体系之间相互融合而努力。她们看来，全球化与"强奸范本"之间有着某种必然的关联，强奸范本实际上就是一种将女性空间强行定义为"强奸空间"所构成的语言范式，那么问题的关键就在于如何重新理解女性空间，在此基础上重新构造一种新形式的现代空间，这种现代空间必定会为全球化的现实提供某些重要的启示。

凯瑟琳·吉布森和朱丽·格雷汉姆仍然从女性主义问题出发，认为传统的男性主义始终认为本体赋予所有事物以意义——女性只能因为作为男性的

---

① Michel Foucault. Of Other Space. Diacritics，1986.
② 大卫·哈维. 希望的空间 [M]. 胡大平，译. 南京：南京大学出版社，2006：158.

对立物而存在，空间也只能因为作为物质的容器而有存在的价值。她们认为应该抛弃这些观念，重新思考空间概念，进而思考经济与空间之间的联系——资本作为社会结构和社会知识源泉的理解方式。她们援引了绝对空间和相对空间的概念。在她们看来，虽然这两种空间形态依赖于空间本体论的特性或通过形式逻辑赋予空间以意义，但这两种空间形态之间还是存在着本质上的区别：前者将空间定义为与"充满物质"相对应的虚空，它是一种期待容纳客观事物的场所、场地或位置；后者是通过客观事物之间的相互作用而产生，通过事物之间的相互作用而处于不断地形成当中。在她们认为马克思虽然没有系统地谈论空间，但事实上马克思唯物史观体现为这样一种空间：通过能动地、历史地构建资本主义和父权制的帝国主义，因为所有的事物和观念都是建构当中，因此所有的事物都被保存在相对的状态之中。因此马克思的空间观念实际上就是后一种。这两种空间形态之间的区别就在于前者强调虚空性和一经形成则固定不变性，而后者则强调相互作用和过程性。两位西方马克思主义女性主义者是批判现代空间、重建现代空间、重塑现代性精神的主力军和生力军。她们在对空间展开现代性批判并认为其是女性问题的重要原因的基础上，对现代性精神展开研究，更借用福柯的"一种精神气质"的说法来描述现代性，认为对现代性本身的误解造成了一系列困境，现代性不应仅仅被看做一个时间上特定的历史时期、一个空间上的"在场"，更应该被看做一种置身于时间洪流之中永不停息地追求现代之义的永恒"冲动"，一种在空间中有"在场"与"出场"所共同架构的关系、意义、境界的网络。

她们认为，空间不仅应是上层与下层对立的、主体与客体二分的确定性，更应是一种关系性空间。现代空间对空间的理解仍然沿袭着"场"的概念，空间意味着"实体"的在场："从早期起，在场和在场者就似乎是各自为的某物。不知不觉地，在场本身成了一个在场者。从在场者方面来表象，在场就成了超出一切的在场者，从而成为至高的在场者了。只要在场得到命名，在场者就已经被表象出来了。根本上，在场本身就没有与在场者区分开来。它仅仅被看做在场者的最普遍的和至高的东西，从而被看做这样一个在场者。在场之本质，以及与之相随的在场与在场者的差异，始终被遗忘了。

存在之被遗忘乃是存在与存在者之差异的被遗忘状态。"① 正是基于"在场"的概念，使得空间成为一种与"充满物质"相对应的虚空，它是一种期待容纳客观事物的场所、场地或位置，而场所和位置就意味着上层与下层、中心与边缘。事实上，真正值得构建的现代空间应该是通过客观事物之间的相互作用而产生，通过事物之间的相互作用而处于不断地形成当中的关系空间。这一点可以在马克思理论中得到佐证：马克思虽然没有系统地谈论空间，但事实上马克思唯物史观体现为这样一种空间：通过能动地、历史地构建创建资本主义和父权制的帝国主义，使得所有的事物和观念都是建构当中、所有的事物都被保存在相对的状态之中。从本质上来说空间绝不仅仅是事物存在的场所，也不仅仅是组合起来接纳事物的一种环境。空间应该是由旧的空间结构与新的空间结构之间的相互关联而形成的一种境界，境界才是空间的真正内涵：空间不是恒定在地面上的固定位置或者坐标系，而是呈现为天空、匀和和开放。她们认为，"动态的思想空间本质上不同于领土空间。天与地相对，领土空间是有条条框框的或有坐标位置的。其中的空间就像地心引力对水平面的影响那样被限制在一定的范围内，还要受那个平面层次的限制，在固定的和可辨认的两点之间预先设定路径。动态的空间是匀和的，或不固定性的。一个物体可以出现在任意点，而且可以移向其他的任意点。它的分布方法遵循这样的规则和理念：把自己安顿在开放的空间里，而不是作茧自缚的在封闭空间里。"② 这种对空间的假定，使人联想到马克思在其博士论文中对伊壁鸠鲁原子论的研究，原子运动的无序性和开放性就表征了这样一种开放和自由的空间形态。现代空间应该是开放的，所有部分都可以重新组合和相互衔接的，可以被任何人、任何群体和任何社会形态重新加工。在新的空间概念中，重要的不在于定位和发现，而在于重新的探索和发明上——对现有空间的潜在客观事物进行想象的对话。

同时，现代空间的关系性对空间的结构性和权力性无疑是一种克服。现代空间被两位西方马克思主义女性主义者用"空灵"这一概念加以表述：

---

① 孙周兴选编.海德格尔选集［M］.上海：上海三联出版社，1996：578.
② J.K.吉布森-格雷汉姆.资本主义的终结：关于政治经济学的女权主义批判［M］.陈冬生，译.北京：社会科学文献出版社，2002：104.

"空灵从根本上讲是一个空间。但是它既不是现象学的直觉空间，也不是欧几里得几何学的几何空间，而更接近于变形的拓扑空间。事实上，空灵比这样的空间观念所暗示的次序和规则更早。它是一个无序的空间。虽然朱丽娅·克里斯蒂瓦（Julia Kristeva, 1941~ ）本人说空灵先于年代学的时间排序。因此空灵不是一个本源，不管从哪种意义上来说它也不是一个会导致可预知结果的原因。正好相反：作为不确定物，空灵是一个拥有纯粹机会的天使。"[1] 如果对"空灵"概念用一个词加以概括莫过于"道"，而且空灵只是取"道"这一万物之母的特性，却没有本体论的意义，它只是一种使位置成为可能的空间，是介于无空间形式和空间化的实体之间的过渡部分，是使自己向着空间化开放，使自己成为一种面向未来的可能性通道。这种新的空间不再像以往的空间概念总是建立在结构、权力、本体的基础上，表现为权力自我确证或作为本体存在的空间。空灵的空间是一种不确定性、诱发性的空间，更是一种孕育生机的、具有潜力和多元决定的空间。在"空灵"之内，现代空间就不再是单一的城市空间、不再是单一的以消费为基础的空间、不再是单一体现生物繁殖功能的空间、不再是在以往的空间下只能体味到的"个人好像不是去占有资本而是被资本占有"、也不再是存在有资本主义生产领域对生活领域的绝对的权力、不再是以经济领域对生活领域的绝对权力、不再以往能够体味到的个人被整个社会所"监视"的状态，每个人都在这一空间中处于"相对"的中心和边缘，"空灵"的不确定性正是对结构和权力的破坏。

这样现代空间概念才能破除原有空间概念的层级性、主体性、结构性和权力性特点，将属于女性的灵动空间还给女性。这样做的更为积极的意义在于，空间本身不再是实体的"容器"，而成为开放性的领域，其所孕育的生机和潜力无论是对现代性本身、还是对现代生活中的人们来说无疑都是具有极其重要意义的。凯瑟琳·吉布森和朱丽·格雷汉姆赞成后现代主义思想家吉尔·德勒兹（Gilles Louis René Deleuze, 1925~1995）和弗里克斯·瓜塔

---

[1] J.K. 吉布森-格雷汉姆. 资本主义的终结：关于政治经济学的女权主义批判 [M]. 陈冬生，译. 北京：社会科学文献出版社，2002：105.

里（Felix Guattari，1929～1995）所提出的后现代主义的空间观念：空间不是恒定在地面上的固定位置或者坐标系，而是呈现为天空、匀和和开放。这种对空间的假定，使人联想到马克思在其博士论文中对伊壁鸠鲁原子论的研究，原子运动的无序性和开放性就表征了这样一种开放和自由的空间形态。只不过在后现代主义思想家这里原本的自由性与开放性逐渐被无序性取代，德勒兹和瓜塔里企图将本体撕裂，使之呈现杂乱无章、混沌不清、支离破碎、参差不齐的局面。在后现代主义的图景中，空间是开放的，所有部分都可以重新组合和相互衔接的，可以被任何人、任何群体和任何社会形态重新加工。在新的空间概念中，重要的不在于定位和发现，而在于重新的探索和发明上——对现有空间的潜在客观事物进行想象的对话。

这种新的空间——"空灵"具有典型的女性主义思想特质，它不像以往的空间概念总是建立在父权、本体和男性的基础上，表现为男性自我确证或作为本体存在的空间。空灵的空间是一种不确定性、诱发性、母性的空间，更是一种孕育生机的、具有潜力和多元决定的空间。在这里她们以绘画为例来说明空灵究竟是一种怎样的空间。在印象派和立体派画家绘画的过程中，他们不同程度地表达了空灵的空间概念。在印象派画家的绘画中，空间成为一种充满了阴霾、迷霭、烟雾的背景，它们很好地起到烘托主题的作用，并要求欣赏者们以平等的态度对这些背景予以关注。立体派绘画中用几何形态来表达空间，使得空间与景物之间处于相互交融的状态之中。在这两种绘画形式的对比中，我们发现后者无论以何种形式呈现，实质上都是由某种阳性物体表现来诠释，它展现的是一种现代主义的空间概念，给人一种男性的空间主义观念；相反前者塑造的空间是一种对现代主义的反叛，它打破了形式和秩序，由随意的、紊乱的、随机的组合构成，"我们看待空间被表现成一个非均衡的和模糊不定的开放系统，一个零落散漫而又富有创造性的过程。在这个空灵似的完完全全无所不在和具有潜能的形象中，或许有可能留意到那并不缺乏政治内涵的后现代适应过程。"[①] 这种空间性可以被认为与以

---

① J.K. 吉布森-格雷汉姆. 资本主义的终结：关于政治经济学的女权主义批判[M]. 陈冬生，译. 北京：社会科学文献出版社，2002：109.

往的阳性空间性相对立的、表面肤浅的、丰富多变的、随意不定的、有广度、有深度的过程。

这种女性化空间形态不但能够重塑女性在现代性际遇下的生存状况，女性不再仅仅扮演消费者和资本主义劳动力再生产者的角色，而是积极地扮演各种社会角色——在办公空间、金融空间、零售空间、产业空间中发挥着自身的作用，甚至在一些超越资本主义的非资本主义生产空间中，也发挥重要的作用。这种女性化的空间中新形态能够塑造一种新的现代空间，现代性的空间就不再是单一的城市空间、不再是单一的以消费为基础的空间、不再是单一体现生物繁殖功能的空间、不再是在以往的空间下只能体味到的，"个人好像不是去占有资本而是被资本占有。人们陷入在资本的圈子里，在其具有流动性的轨迹上来回运动，寻找机会主义的时机（幸运、命运、名望或罪恶），这些将有可能使他们不是去重新分配财富，而是去重新找到自己在资本分配网络里的位置。"① 实际上，在现代性空间内，在经济构成世界性定律、构成现代性权力中心的情形中，还存在一个空间，"难以确定的是革命性决策的一般优点发生的可能和位点。有些人求助于高科技具有奴役性的世界系统。但是，这一机器奴役绝非为那些最忠实的专家所保留的认识领域，为每人、每物的适应、无线电的适应、电子产品的适应、分子的适应……提供了如此多的武器。每一次奋斗都是所有这些难以确定的事业的一个组成部分，而且形成了与资本主义定律的变化相对立的革命性联系。"② 在这段声明的脚注中，她们提到了诸如无照设立的无线广播站、城市通讯网络之类的"可以选择行为"范围，也提到了对父权制的替代办法，它们处于资本主义体系之外。也就是说，虽然资本主义用经济定律限定了其社会空间，但就它本身来说仍然在运动——具有一定的适应性和变动性，"它是一个充满迷蒙幻想的、运动和可能性的空间、在任何时候都可能前景变背景的空间——一个在充实而封闭的现代空间范围内模糊的和超越的空间。"③ 这样，在这种空

---

① J.K.吉布森-格雷汉姆. 资本主义的终结：关于政治经济学的女权主义批判[M]. 陈冬生，译. 北京：社会科学文献出版社，2002：112.
② J.K.吉布森-格雷汉姆. 资本主义的终结：关于政治经济学的女权主义批判[M]. 陈冬生，译. 北京：社会科学文献出版社，2002：113.
③ J.K.吉布森-格雷汉姆. 资本主义的终结：关于政治经济学的女权主义批判[M]. 陈冬生，译. 北京：社会科学文献出版社，2002：114.

间概念下，现代空间可以作以全新的理解：在当前资本主义存在和未来资本主义适应过程中的"空灵"就是新的现代空间，也是非资本主义潜在的领域。在这一新空间内，资本主义再生产领域也是非资本主义阶级活动的空间（它既不通过分配获得剩余价值，也不通过流通转移剩余价值）；资本主义的消费领域也可以看做是与合作的、个体的、奴隶制的、公有制的等等多种因素结合存在的新消费空间。

如果用这种现代的空间观念来看待全球化，我们更可以将全球化定位为一个交往的空间：全球化的过程总是与商品化和市场化相互联系。马克思曾经指出："一方面资本必须竭力打破每个空间障碍去交往，也就是说去交换，为开拓市场而征服全球；同时另一方面，资本又必须努力消除这个带时间性的空间，也就是说要把从一个地方到另一个地方所耗费的运动时间最小化……这就出现了资本的世界性倾向，使之与以前任何时期的生产区别开来。"① 全球化的这种开放性，使其以市场为场所和动因与新的主体之间通过交往建立起外部的中介和通道。正如女性主义对艾滋病的探讨一样，全球化通过世界交往也在不断传播着资本主义的病症。与此同时，全球化也在传播着非资本主义的病症：全球化对于市场的要求是宽大的，因此资本主义与非资本主义的另类经济和另类文化都能够在全球化的交往世界中进行交锋。市场并非是资本主义的或者仅仅是资本主义的，商品也并非全是资本主义的商品或资本主义的产品。这样的全球化就"打破资本主义的整体性意义，解放不同的经济人和经济行为。一种空间可能被弄得有助于人们认为全球化是多数的全球化，是另类的全球化，是刻画不同发展道路和不同经济认同的全球化。人们不必仅仅通过求助于地方来抵制全球化，而可以在为许多可供选择的范本提供机会的过程中、能够刻画经济差异扩大的过程中，自由的重新定义全球化。"② 这样，在交往的世界中，能够将资本主义和非资本主义的若干范本结合起来，将全球化的空间作为一个开放的空间，通过邀请更多的主体参与这个交往世界的建构过程，而寻求驯服全球化或改变全球化的更好路

---

① J.K.吉布森-格雷汉姆.资本主义的终结：关于政治经济学的女权主义批判［M］.陈冬生，译.北京：社会科学文献出版社，2002：186.
② J.K.吉布森-格雷汉姆.资本主义的终结：关于政治经济学的女权主义批判［M］.陈冬生，译.北京：社会科学文献出版社，2002：186.

径。如果我们改变对空间的定义方式和对空间的固定化理解方式，那么所产生的结果是：不但女性主义所面对的"强奸范本"的压抑会毫不费力的土崩瓦解，而且以这种空间定义为范本构造出的新的现代空间能够赋予在资本主义下的非资本主义因素以相对广泛的发展空间。不仅如此，这种新的空间理解方式还能将我们从对全球化的恐惧中解放出来，将全球化作为一种开放的空间，对其潜在的风险和获得的收益都有正确的估计。

这样，两位西方马克思主义女性主义者在对全球化问题上，在马克思主义政治经济学批判和女性主义批判的基础上重新理解了现代空间。在这种新的空间形态下，多元化和丰富的空间拥有更多的灵动和自由。这一方面承继了西方马克思主义对全球化、空间等问题的理解，体现了女性主义的思想立场，另一方面也符合马克思主义基本理论的要求——马克思虽然没有对全球化问题进行探讨，但根据马克思基本理论中关于人的自由和解放的理想来看，这种对于全球化的解决方式虽然不符合马克思在实践层面以及通过生产力与生产关系、经济基础与上层建筑之间的矛盾关系达到对对立面的克服的基本观点，却与马克思要达到的理想社会的自由和平等追求有着异曲同工之妙。如果我们能够在这种思想理路的启发下，致力于通过现实的实践活动，全球化问题不仅仅在概念层面上被加以探讨，而是在现实性上、在实践的层面上获得解决，会更符合马克思主义思想理论本身。

七、《资本主义的终结》现代性批判的新观点

凯瑟琳·吉布森和朱丽·格雷汉姆从资本主义经济领域中的一元论出发，对资本主义阶级关系、阶级概念展开政治经济学批判，在批判的基础上对基于政治和经济关系的全球化及其空间观念展开了文化和观念意义上的现代性批判，构成了她们对资本主义现代性批判的基本内容与逻辑思路。在这样的思想内容中体现了怎样的现代性批判意识与观念，提出了哪些现代性批判的新思想，是需要进一步加以揭示的。

（一）终结资本主义霸权形象，揭示资本主义新形象

该书在对资本主义现代性批判上所体现的新观点，首先体现在对资本主义霸权形象的终结上，这是该书的核心观点。我们都知道马克思在《1844年经济学哲学手稿》中对"异化"进行了批判。这一批判在政治经济学批判的基础上呈现出典型的哲学批判——马克思不但重视对现实社会的真实批判，始终强调"哲学家们只是用不同的思维方式解释世界，而问题在于改造世界"；同时也承认基于真实存在基础的概念推演对于澄明理论具有重要的作用。并在这一意义上批判格奥尔格·威廉·弗里德里希·黑格尔（Georg Wilhelm Friedrich Hegel，1770~1831）那样的脱离社会现实，抽象地谈论观念本身的问题，马克思才能在对"异化"进行现代性批判时，从劳动产品的异化、劳动本身的异化、人类本质的异化以及人与人的异化等方面，逐层深入对劳动异化进行剖析，将资本主义的异化鲜明地呈现出来，乃至为唯物史观的创立奠定了坚实的思想理论基础。如果我们将该书对资本主义霸权的现代性批判与马克思在《1844年经济学哲学手稿》中的批判思路作以比较研究，就会发现两位西方马克思主义女性主义者确实在某种程度上，在对马克思"手稿"的研究中获得了一些启示。

如同马克思的现代性批判一样，她们对资本主义霸权的批判，也是从现象层面开始入手。首先，在她们看来，资本主义的霸权形象在本体论层面作为一种体系的或实体的存在，这是资本主义给人们的初步印象。在目前的资本主义发展状况中，资本主义已经不是单一的、存在于某一具体层面的存在，而成为最广泛的体系性的存在，存在于社会发展的每一个领域、每一个层面，在这些领域和层面中对人们的日常生活进行着总体的控制。因为它对人们的影响是总体的，从经济形态到文化结构再到思维方式，资本主义的影响是无孔不入的，已经成为人们日常生活的现实。如果西方马克思主义者特别是法兰克福学派的现代性批判是基于对启蒙同一性原则的批判，那么如今这种资本主义的同一性已经深入人们的意识领域形成了社会认同，资本主义已经作为一种实体的存在，在某种程度上甚至取得了本体的地位。其次，在认识论上，将自身定位为主导性的概念，这一概念在认识领域的重要意义在于资本主义将自身看做是可塑的和具有创造力的，能够催生一切观念上层建筑。在这一系列观念当中，资本主义观念本身最具主导地位，凭借它就能够对其他概念产生初步的认识。如我们通过资本主义才能认识到——科技理性、现代文明、现代工业社会、科层制、权力结构、全球化等等，所以资本主义观念本身在其概念体系之中是处于核心位置的。更为重要的是这一主导性观念也催生了一种新的思维方式，即资本主义的思维方式（在某种程度上也可以概括为现代性的思维方式），这对人们的认识领域产生了更为重要的影响：决定了人们思考什么和怎样思考。再次，在价值论层面，资本主义通过工业发展史上的英雄和社会发展顶峰的形象加深了这种认识。马克思、恩格斯也承认资本主义的确在人类的发展史上发挥了重要的作用："在一定阶段上，资产阶级推动新的生产力——首先是分工和许多局部工人在一个综合性手工工场里的联合——以及通过生产力发展起来的交换条件和交换需要，同现存的、历史上继承下来的、被法律神圣化的生产秩序不相容了，也就是说，同封建社会制度的行会特权以及许多其他的个人特权和地方特权（这些特权对于非特权等级来说都是桎梏）不相容了。资产阶级所代表的生产力起来反抗封建土地占有者和行会师傅所代表的生产秩序了；结局是大家都知道的：封建桎梏被打碎了。"① 而且资本主义将这种重要作用夸大了，特别是现代工业文明社会的确使人们的物质文化生活发生了重大变化。在这样的历史前提下，资本主义更将自身看做新的历史阶段的开创者，是现代、未来的永恒载体，是整个人类历史的英雄；更将自身看做整个人类历史的顶峰，如果人们一旦想要改变资本主义本身，那么只能走下坡路，因为没有任何社会形态能够带给人们超越资本主义的文明。最后，在微观的制度论层面。当资本主义以经济决定论、单一权力结构论和全球化的新趋势，呈现出新的霸权时，就已经在政治领域将资产阶级对无产阶级的作用无限扩大，又通过全球化将这种影响遍及整个世界，使资本主义在某种程度上具有了经济、政治霸权，特别是经过资本主义经济、政治全球化，这种霸权通过文化的冲突与征服控制了人们的观念。这正如萨缪尔·亨廷顿（Samuel Huntington，1927～2008）在《文明的冲突与世界秩序的重建》中，将人类的历史看做是文化的历史，文化的认同才是最广泛的认同，经济、政治的认同在一定意义上都是短暂的、临时的、人们能够认识到它并对其加以改变。文化认同一旦进入人们的意识领域，就会根深蒂固，坚如磐石，难以改变。但同时，又使人们丧失了反抗意识。这同卢卡奇在《历史与阶级意识》中认为的那样，由于资本主义用"物化"形成了人们的"商品拜物教"，使人们丧失了阶级意识，特别是使无产阶级丧失阶级意识的道理是一样的。所以凯瑟琳·吉布森和朱丽·格雷汉姆能够找出八个不同层面来揭示资本主义的霸权形象：工业发展史的英雄、社会发展的顶峰、体系或实体的存在、权力结构、主导概念、可塑和具有创造力的、经济决定论的、全球性的新趋势，这些不同层面使资本主义定义在社会历史、经济生产、世界性范围等方面，构成了一个无坚不摧的资本主义霸权的形象。像托马斯·霍布斯（Thomas Hobbes，1588～1679）用"利维坦"这一巨大怪物来形容霍布斯从未见过的资本主义国家一样，她们用"稻草人"来指称她们面前的这个资本主义怪物。

  从哲学的角度看资本主义，资本主义本身以启蒙逻辑的同一性原则为思想原则，最终成就了自身的同一性形象。一是统一性。资本主义代表的是自由经济，自由经济常常被描述为一个相互关联的统一体。"有时作为有机主

---

① 马克思，恩格斯. 马克思恩格斯选集：第4卷［M］. 北京：人民出版社，1995：250—251.

义观念的代名词,常常用建筑学术语来描述。把资本主义(或资本主义社会)当做一栋建筑大厦,在这栋建筑大厦里,各个部分相互联系、相互作用。并且按照建筑学原理,这个建筑大厦的内部结构与外部结构一样重要,看不见的隐蔽工程不亚于看得见的主体工程。"① 马克思提出了经济危机理论,认为资本主义本身所具有的劳资关系和资本积累过程会爆发周期性的经济危机,这种危机一旦爆发就会影响整个资本主义,从而引起社会的动荡。但是事实上,她们认为资本主义经济危机也是资本主义统一性的一个环节,通过经济危机的爆发,资本主义总是能够通过不断改变社会内部与社会发展不适应的因素,克服落后于时代发展的发展模式和经济制度,使庞大的经济、政治、文化相结合或联盟,萌发出更加庞大的力量。因此资本主义并非是零散的集合,而是具有潜在的共同覆盖范围的、有结构、有系统的统一体。这样如果只通过局部的、零散的、片面的改革或革命,想要瓦解资本主义是不可能的。只有对其进行彻底的、颠覆性的革命,改变这一统一体的全部因素才能真正实现革命的目标,但这确实是极其困难的。"资本主义作为一种庞大的、耐用的社会形态,一般的政治干预和经济干预是很难动摇的。如果不经过协调一致的艰苦斗争。那么,只能排斥资本主义,改革资本主义,而不能取代资本主义。"② 二是单一性。资本主义不但是统一的,更是单一的,即没有对立物存在。说资本主义是单一的,首先是因为作为资本主义对立物存在的封建主义或社会主义,在资本主义条件下都无法进行自我扩张,从而无法构成资本主义的对立面。封建主义作为前资本主义的最后一个社会形态,已经由资本主义生产关系的先进性对其进行了克服,将其排除出主流社会关系的领域;而社会主义生产关系在世界范围内也尚无与资本主义抗衡的实力,特别是社会主义生产关系总是要依靠外部的努力或培育(这里主要是指计划经济),这较之于资本主义发展的动力始终来自于自身之内,体现为一个自然的发展过程而且又存在劣势。因为资本主义周期性爆发的经济危机虽然在一定程度上对资本主义起破坏作用,但却也能够通过变革生产

---

① J.K. 吉布森-格雷汉姆. 资本主义的终结:关于政治经济学的女权主义批判[M]. 陈冬生,译.北京:社会科学文献出版社,2002:320.

② J.K. 吉布森-格雷汉姆. 资本主义的终结:关于政治经济学的女权主义批判[M]. 陈冬生,译.北京:社会科学文献出版社,2002:321.

关系为资本主义的发展提供持续的力量。但社会主义不能像资本主义一样，通过危机孕育出自身发展的神秘力量，它只能依靠外部的动力，而非内部的压力。因此它的生产总是被动的，而非主动的。资本主义在全世界范围内以独立的形式存在是自然而然的事情，"如果存在封建的或古代的阶级，那也只不过是一些残余形式而已；如果说存在奴隶制度的话，那也是以边缘的形式而存在；如果说有社会主义或共产主义的话，那它还只是处在萌芽状态。没有哪一种形式真正的与资本主义共存"①。因而资本主义的对立物仅仅作为资本主义的陪衬物存在而已。在这样的单一性下，资本主义下的阶级也是单一的。由于封建、奴隶因素和社会主义因素的边缘化发展，它们只能作为残余的或者萌芽的形态出现，谈不上与资本主义之间的共存。因此，资本主义社会肯定以资本主义制度为标准划分阶级，阶级必定是单一的了。如果资本主义的统一性使社会革命或改革的任务难以完成，那么资本主义的单一性使这种革命几乎没有希望。三是整体性。虽然"有些人本身没有参与资本主义剥削，但很显然，他们或者是生活在资本主义的毛孔里，或者是生活在资本主义的社会之中，或者是生活在资本主义的统治之下。资本主义被当做一个包罗万象的大容器，那么非资本主义的生产方式，如个体经营的商品生产、家庭商品生产、服务商品生产作为资本主义的再生产仍然隶属于资本主义，甚至社会中对立的各个全然不同的行业所遭受的压迫都是在资本主义整体布局之内设置的。"② 这种整体性的布局在资本主义社会中并非如封建制和奴隶制那样是强迫性的，而似乎用渗透性来形容更加贴切，即通过资本主义生产关系和商品拜物教，使得资本主义社会中的所有人都囊括到资本主义关系之中。一百多年前马克思和卢卡奇曾经描述的那种商品拜物教所导致的物化和异化状况，已经通过资本主义生产、分配和消费深入人心。金融生产、国家政府、社会生产、劳动产品、大众传媒无一不是资本主义的，资本主义通过这种渗透形式几乎消灭了一切可能与其相对立的存在，成为一种只有此岸，没有彼岸的存在，也就是说一种丧失了矛盾性的存在。甚至连社会主义都不

---

① J.K. 吉布森-格雷汉姆. 资本主义的终结：关于政治经济学的女权主义批判 [M]. 陈冬生，译. 北京：社会科学文献出版社，2002：322.
② J.K. 吉布森-格雷汉姆. 资本主义的终结：关于政治经济学的女权主义批判 [M]. 陈冬生，译. 北京：社会科学文献出版社，2002：324.

再代表资本主义的对立物，而是一种与资本主义具有对偶和衬托物的存在，它的存在只能代表了一种空白的空间。特别是当苏联解体和社会主义革命失败以后，资本主义更加快了整体化的步伐，一时间，整个世界似乎都变成资本主义的。所以整体性就是资本主义的霸权形象。

那么，如何破除资本主义的霸权形象？事实上，社会从总体上来看，资本主义的确居于主流或主导地位，即使我们想方设法地限制它，它仍能通过渗透、控制等方式侵入非资本主义的领域，使非资本主义领域变成资本主义的或者成为其附庸，处于无法改变的失败境地，它自身所具有的生命力和持久性仍然能够形成统一的系统，并将其固有的特性发扬光大。作为西方马克思主义女性主义者，凯瑟琳·吉布森和朱丽·格雷汉姆认为任何事情都是矛盾的，而资本主义霸权的产生仍然来自于"同一性"原则的作用。在资本主义条件下，"同一性"原则变成了资本主义的"同一性"原则，使资本主义变成了同一的、统一的、整体的、霸权的。因此想要彻底改变资本主义的霸权形象就要破除同一性原则。这涉及到如何看待资本主义，是将其看做一个单一的平面，还是将其作为一个多面体的存在。为此，凯瑟琳·吉布森和朱丽·格雷汉姆提出了将资本主义作为一个多面体，即将资本主义作为一个方面，作为众多社会构成的因素之一，而不是唯一的因素，进而从作为资本主义条件存在的非资本主义观念（如财产法）看待资本主义；从作为一种剥削方式而不是作为一种根本的经济制度、生产方式或者阶级结构来看待资本主义；从作为一种多元的、异质的、条块分割的，而不是单一的、同质的、铁板一块的看待资本主义；从作为一种偶然点缀的，而不是依据一种根深蒂固的惯例看待资本主义；甚至从个人与社会的一致性来思考资本主义。这样一来，作为一种多面体存在的资本主义必然会终结资本主义的霸权，马克思主义者也就不需要再等待革命。而是如女性主义者一样去进行革命。因为，"如果资本主义占据全部有用的社会空间，那么别的任何形式也就没有了存在的空间；如果资本主义不能够共存，那么别的形式就没有存在的可能性；如果资本主义经济做大，其他经济就显得小了、微不足道了；如果资本主义充当统一体，它就不可能被部分地或局部地取代。我的意思是，要有助于创造各种过渡条件，使社会主义或别的非资本主义建设成为现实可行的现实行动，而不是荒谬的或乌托邦式的未来理想。为了达到这一目的，必须把资本主义碎尸万段,彻底剖析,必须揭露资本主义统一性(作为否认多样性和变迁性的工具)的虚幻性。"①

这样,两位西方马克思主义女性主义者通过对资本主义霸权形象的分析,认为资本主义霸权形象的根本原因在于资本主义的"同一性原则",对资本主义"同一性"形象的破除,在于将其作为一个多面体的存在才能恢复资本主义的本来面目,也才能将人们从资本主义霸权形象的认同和恐惧中拯救出来。正视资本主义,才能解决资本主义存在的问题。这是该书核心观点的一个重要方面,对这一问题的研究随之衍生了另一个问题:批判资本主义神圣形象拯救资本主义非神圣形象。

(二) 批判资本主义神圣形象,拯救资本主义非神圣形象

马克思曾经指出:"彼岸世界的真理消逝以后,历史的任务就是确立此岸世界的真理。人的自我异化的神圣形象被揭穿以后,揭露非神圣形象中的自我异化,就成了为历史服务的哲学的迫切任务。于是对天国的批判就变成了对尘世的批判,对宗教的批判就变成了对法的批判,对神学的批判就变成对政治的批判。"在马克思看来,无论是对尘世的法的批判或政治的批判都建立在对天国的"神圣形象"的批判基础上。也就是说只有揭露了"神圣形象"的虚假性才能将对"非神圣形象"的批判提上日程。资本主义霸权形象实际上就是一种"神圣形象",正如马克斯·霍克海默(Max Horkheimer,1895~1973)和西奥多·阿多诺(Theodor Adorno,1903~1969)指出的那样:"神话变成了启蒙,而启蒙倒退为神话"②,当资本主义以无上的霸权形象展现在我们面前时,它向人们承诺的自由、民主、平等、人权等启蒙理想全部化为乌有,所余下的只有启蒙的"同一性"原则所造就的资本主义问题。资本主义的霸权形象重新将推出人类历史舞台许久的"神"的形象重新树立起来——资本主义倒退为一种"神话"。在这种情势下,如何将对神圣

---

① J.K.吉布森-格雷汉姆.资本主义的终结:关于政治经济学的女权主义批判[M].陈冬生,译.北京:社会科学文献出版社,2002:331—332.
② 马克斯·霍克海默,西奥多·阿多诺.启蒙辩证法:哲学断片[M].渠敬东,曹卫东,译.上海:上海人民出版社,2006:5.

形象的批判重新转入对"非神圣"的尘世生活的研究就成为本身要探讨的核心问题之一。

首先，需要对已经"神化"的资本主义进行反思。资本主义霸权形象的产生，主要是基于对整个资本主义领域的认同达到了一定的极致并被给予拔高后，成为了一种"神圣"的霸权。因此破除神圣霸权的第一个任务就是要对"认同"本身进行反思。当我们对一问题的前提性问题不加批判地一味接受时，从此问题延伸出的结论看似具有可靠性，而实际上却是缺乏合理性的。在两位西方马克思主义女性主义者看来，现代社会已经改变了以往将社会看做单一的自然存在的统一体或一种社会结构之间的对立（诸如资本主义与父权制之间的对立），而将社会理解为由各个要素构成的统一体，并通过政治斗争和经济斗争来改变社会各要素之间的关系。由于政治斗争和经济斗争的普遍性和易于发生性，导致社会各因素的变化也是不完善的和暂时的，同时其内涵也因为外延的不同而具有不同的内容。她们以女性为例，认为女性这一词在不同的外延中表达不同的含义：如在性别、婚姻和家庭关系中，女性代表了一种寄居于父权制关系之下的社会性别；在女性主义、女同性恋者这一语境中，女性一词代表了对父权制关系进行反抗与超越的力量。显然，前一语境中的女性与后一语境中的女性所包含的内涵是不同的甚至相反的。因此，得出的结论是社会认同并不能被看做是社会主体的本质属性，相反社会认同是临时的、动态的、开放的，具有不确定性和偶然性。

既然社会认同本身是变化的、开放的、动态的，那么对资本主义的"神圣"形象的认同也就是对其霸权观念的认同，也是值得置疑的。为了说明这一问题，她们又对经济认同进行了思考。与社会认同一样，经济认同不是简单的单一性和封闭性，不是简单地表现为服从。经济认同应该是由作为霸权存在的资本主义和作为附庸存在的非资本主义所构成的经济统一关系的空间，它是流动的、临时的、可变的，是资本主义与非资本主义因素之间的相互关系构成的多元性空间。这样，对于经济认同的理解与女性主义的思想立场又有不谋而合之处。女性主义的研究策略往往是将资本主义与非资本主义因素统一起来思考，即将资本主义所代表的生产关系置于非资本主义的"家庭生产"中进行思考，那些被简单地囊括入资本主义劳动力再生产和为劳动力再生产创造条件的资本主义性质的劳动，就获得了大于资本主义内涵所囊括的内容，即将女性在家庭中的劳动从资本主义生产关系中分离出来，真正确立其应有的地位。这是一种对资本主义霸权的现代性批判，它能有效地将原本不属于资本主义霸权中的部分分离出来，将这样的关系置于资本主义和非资本主义之间的关系进行思考。我们就会发现，一味地将非资本主义的关系置于资本主义霸权之下进行思考，不但造成非资本主义因素在资本主义霸权体系下的弱化和边缘化，更为严重的后果是非资本主义因素的积极作用往往被抹刹。这相似于女性主义在界定社会性别时所遇到的对两性概念的理解：要想理解两性概念，就需要在性别比较的角度下进行，男性之于女性、理性之于感性、充足之于缺乏、完美之于缺憾，自然就会形成诸如此类的等级关系，对女性的理解总是在对男性的理解之中。同样对非资本主义因素的理解也总是在资本主义整体范围内的理解。也就是说在"神圣"形象内部来理解与此具有矛盾性的、作为其对立面的其他因素是不切实际的，也是不现实的。这样理解出来的其他因素要么作为"神圣"形象的附庸而面对"神圣"形象匍匐在地、虔诚信赖；要么就被作为尘世的、污秽的、肮脏的事物与"神圣"形象相对立。因此，我们只能通过破除资本主义的神圣形象将资本主义也作为诸多"非神圣形象"（同其他非资本主义因素一样）之一，才能将其他非资本主义因素从边缘化的境遇中拯救出来。

凯瑟琳·吉布森和朱丽·格雷汉姆从女性主义研究中寻找破除"神圣形象"进而拯救包括资本主义在内的"非神圣形象"的方案。在女性主义理解社会性别的过程，已经逐渐克服了女性与男性的双重等级制，并非仅仅将女性作为男性社会性别的对立物或补充物看待，女性也具有自身独特的一系列特征。她们举了一个生动的例子来努力地说明问题。如果男性是独一无二的，这种独一无二性足够支撑起并构建起一张自我认同的清晰图像，那么非男性就作为这幅图像的背景，作为一种模糊的背景，对男性建构出来的图像起到反衬作用。但事实上，并不存在这种独一无二的男性，男性本身也是作为差别性存在的不同个体的集合。男性本身无法建构出这种图像，因而也不存在作为男性图像背景存在的女性背景。男性本身的多重性、丰富性、独特性决定了女性也是这样的存在。以此观点看待资本主义与非资本主义的关系，那就是资本主义本身不是单一的资本主义，在不同时间、不同区域不存在绝对相同的资本主义，资本主义是异质的、多样的和具有个性化存在的资本主义。如果认为资本主义与非资本主义是对立的，那么作为资本主义对立面存在的非资本主义也应该是多样性的、异质性的、有差异性的存在，"可以认为，奴隶制的、封建制的、个体商品生产形式的、非市场的家庭经济关系以及其他经济类型，是共存于一个多重的经济空间——这个空间被形形色色的资本主义维系起来，并由多元决定形形色色的资本主义，而不是一定要服从于或者归属于某一种占统治地位、自我认同的经济形态。"① 实现这一目标的条件就是要说明资本主义本身的异质性和丰富性，但在事实上是资本主义因其固有的霸权形象不可能达到完全的具体化。即一旦提到作为抽象同一性的资本主义的时候，这个资本主义就是无矛盾的，而且每一次提到这样的资本主义时，又加深了对霸权资本主义的强化。当以具体化指资本主义的时候，所表述的只能是具体某一部分的、或个别的、特殊的资本主义，这一特殊性和个别性如何表征整体的资本主义，资本主义生产具有不变的内容，但也有多变的形式，多变的形式如何表达同一的内容，诸如此类的问题将对资本主义霸权的政治经济学分析进入到哲学分析层面。在这里，她们选择了似乎具有本质构造的解决方式，原有的条件就是其存在的条件。即从条件的多样性出发来说明资本主义的生产活动都是多元决定的，都是由其活动、过程和事件构成的。它的活动既没有本体论的基础，也没有认识论的构成，而是一种多元性的本质构造的结果。

这样，对资本主义的理解能将资本主义从"神圣"的光环中解救出来，将其作为世俗的、非神圣的形象来看待。在这样的视野中，资本主义就是一种特异性的存在，而不是普遍性的存在；就是一种多元性的存在，而不是单一性的存在；就是一种非霸权的非神圣形象，而不是霸权的神圣形象，虽然可以将资本主义的公司假设为反对利润最大化感兴趣，但实际上，这一假设是建立在不安全和不可靠的基础之上的。因为仅仅是对于利润最大化的追求，无法将生产过程与所有权或权力分配过程作以必然的联系。"当资本主义被一系列资本主义的反常现象所取代后，其非资本主义的对立物就摆脱了

---

① J. K. 吉布森-格雷汉姆. 资本主义的终结：关于政治经济学的女权主义批判 [M]. 陈冬生, 译. 北京：社会科学文献出版社, 2002：17.

单一性和依附性，显然可以看做一个具有差异性的复合体。"① 由此，作为包括资本主义在内的"非神圣形象"就能够在破除资本主义的神圣形象后，承担起"神"所遗留下的空位。凯瑟琳·吉布森和朱丽·格雷汉姆认为以往人们在观念领域存在一定的误区，认为当谈论到剥削和剩余劳动的时候，似乎是在特指资本主义。但并非如此，因为这种现象在家庭、个体工商业、公司或集体企业、教堂、资本主义公司或其他活动场所都有可能存在。虽然它们乍一看来似乎都处于资本主义之内，但完全可以通过阶级分析的办法，明晰其中的非资本主义因素。一方面剥削、压迫是人类社会进入阶级社会以后就存在的普遍现象，而不是资本主义特有的现象；另一方面即便是特指资本主义，那么资本主义社会中的家庭、工厂、社区等等也在从事着剩余价值的生产、占有和分配。这一点，在马克思主义的思想理论中已经有了说明。恩格斯曾经指出："生产以及随生产而来的产品交换是一切社会制度的基础；在每个历史地出现的社会中，产品分配以及和它相伴随的社会之划分为阶级或等级，是由生产什么、怎样生产以及怎样交换产品来决定的。"② 也就是说，伴随着怎样生产商品和怎样交换商品就会存在剥削和价值的占有。但这一点因为无产阶级与资产阶级之间阶级斗争的紧迫性和激烈性，而被模糊或者忽略掉了，随之现代社会中的多种多样的剥削形式和分配形式，以及对剥削形式、分配形式和阶级形成所起到重要作用的活动过程也一并被忽略掉了。"如果可以把我们的阶级观念同系统的社会观念相分离，同时也把我们的阶级改造和系统改革的目标相区别，那么局部的和最近的社会主义就指日可待了。如果把社会主义理解为共同生产、共同占有和共同分配剩余劳动的话，那么，我们无论在家里，还是在上班，到处都能遇到社会主义，随意都能建设社会主义。这些轻描淡写的社会主义自然不可能在一夜之间，以某种整体剧变的形式重塑我们的社会。但是，它们却可以一天一天地重塑我们的社会。诚然，它们不可能是堆积在资本主义门槛上的、我们想要包治百病的万

---

① J.K. 吉布森-格雷汉姆. 资本主义的终结：关于政治经济学的女权主义批判［M］. 陈冬生，译. 北京：社会科学文献出版社，2002：20.
② 马克思，恩格斯. 马克思恩格斯选集：第2卷［M］. 北京：人民出版社，1995：740—741.

灵药，但它们却是现在就可以看得见的，并能够重复再生的社会主义。"①

在这种理论观念的支撑下，资本主义就可以完全脱除原有的"光环"——原先全部属于资本主义场所在经济差别理论之下成为一个具有多样性经济差异的领域，非神圣形象的资本主义以及其他非资本主义因素在资本主义霸权的重压下得到拯救。这样，社会的良性运行就并非是资本主义对其他非资本主义经济的控制，而是所有因素之间的相互协调的良性运行。在此基础上，我们才能如马克思一样致力于破除非神圣形象的法律的、政治的分析，从而将现代性批判深入到底；也才能如女性主义希望的那样，将马克思主义从与整体主义或总体性的"不幸婚姻"中解救出来，在马克思主义的系统中注入一种健康的血液，从而引起广泛的政治运动，直至取得成功。这种成功也是女性的真正解放。

（三）资本主义霸权形象的解构与新图景建构的统一

凯瑟琳·吉布森和朱丽·格雷汉姆对资本主义进行的现代性批判，继承了西方哲学家对现代性理解的基本思路。现代性是一种新的态度、感觉和精神气质，更是一种置身于时间洪流之中永不停息地追求现代主义的永恒冲动。这种时间性的求新意志所主宰的时代，都可以相对于以往被称为"现代"。"现代性"不应该是一种僵化的断代意义上的概念，而是表征着某种具有自觉寻求与传统断裂却也无时不在面向过去和未来的时间意识的自觉性。用这样的现代性观念看待资本主义，也就是对资本主义的现代性批判应该站在过去、现在、未来三个维度来看待——仅仅面对过去和现在的资本主义，现代性批判因缺乏理想性而不具有指导性的意义，但没有对过去、现在的资本主义的反思更缺乏面向未来的力量；仅仅面对未来的资本主义的现代性批判，又因其缺乏现实性而丧失深厚的根基，因为缺乏对未来资本主义的憧憬和建构就没有追求的无限动力。因此她们不但积极寻找从过去到现在的资本主义建构路径，努力将资本主义怪物从现在的经济空间中驱逐出去，希望通

---

① J.K.吉布森-格雷汉姆.资本主义的终结：关于政治经济学的女权主义批判[M].陈冬生,译.北京：社会科学文献出版社,2002：332.

过思想自由寻求制度上的自由。而且她们也发现，这样的后果不是非资本主义因素的空前发展或全面繁荣，却是一幅贫瘠的景象——抛弃了资本主义怪物后所呈现的空间里，只有黑格尔式差异性的抽象概念或范畴。"摆脱资本主义也许已变得可以想象了（至少是一种散漫的自由）。但是我们把一个大于生活原型和倍加令人激动的怪物抛之脑后，就会陷入穷愁潦倒之中。"① 这种穷困潦倒不是人类想要的结果，甚至这种结果并不比资本主义霸权所给予我们的结果好多少。那么应该怎么办呢？凯瑟琳·吉布森和朱丽·格雷汉姆启动了一个计划——资本主义现代性批判和新图景建构的路线图：从资本主义表达方式入手（这种表达方式是经济差别理论难以实行的重要障碍），通过描绘资本主义生活世界的真实状况，破坏其表述中所具有的一致性、天然性和连贯性。这种路线既包括我们前文所有提出的从宏观上对资本主义霸权形象的批判和解构，更为我们描绘了一幅从零星、细小的事件中解构资本主义、与资本主义进行较量的方式；既有对时间意义上的资本主义的现代性批判，更有对空间意义上的现代性解构；既有对资本主义与非资本主义因素之间差异性关系的可能性说明，又有对资本主义与非资本主义因素重叠关系的理解；既有对资本主义整体性霸权的强调与解构，更有对资本主义社会各部分结构的具体分析。

凯瑟琳·吉布森和朱丽·格雷汉姆指出，这个计划是这样的，"它有着明显的态势和势头。这一计划将在（以及通过发展）一种经济差别（学说），尤其是有关阶级的学说里展现经济意识。"② 也就是说，这个计划力图从分析经济一元论出发，把作为一个似乎是世俗的、普遍的范畴拯救出来，将其在资本主义空间中作为最基本的对抗形式和斗争形式的中枢性作用表达出来，进而对阶级展开研究。认为阶级并不是特指剥削，除了在剥削过程中所体现的阶级之外，在生产、交换、分配、再生产、消费、积累、革新、竞争等活动中也处处体现着阶级的重要作用。特别是这些活动对于资本主义的重要作用毫不亚于剥削，对这些因素中的阶级进行分析、定位和详细说明，才能把

---

① J.K.吉布森-格雷汉姆.资本主义的终结：关于政治经济学的女权主义批判[M].陈冬生,译.北京：社会科学文献出版社,2002：25.
② J.K.吉布森-格雷汉姆.资本主义的终结：关于政治经济学的女权主义批判[M].陈冬生,译.北京：社会科学文献出版社,2002：25.

阶级中包含的许多非资本主义因素揭示出来，把阶级与阶级、阶级与构成资本主义核心要素的各部分的联系揭示出来，才不是一般意义上的时间、空间，而是在某种程度上具有超时间性和超空间性存在，才代表着一种现代性批判：时间维度现代性批判与空间维度现代性批判的统一。阶级被嵌入具体的历史情境，在其时间的意义上给予充分的揭示；更将这种时间性的阶级放在资本主义的空间维度上，使其获得丰满的形象，变得有血有肉，在时间性上体现为分量和变化，在空间性上体现为深度和透明度——不是简单具有经济性，还具有历史性，更具有丰富的文化性。对资本主义现在和未来的现代性批判或许可能产生重要的效果——产生回应、产生作用、寻根究底、激发希望。也许这种对资本主义的探讨会像现在的资本主义霸权一样能够产生让人信服的力量，最终获得人们的认同；也许这个时候就是马克思主义者可以开始进行革命的时机。因此，该书所采取的策略就是"采取一些最初步的和基本的措施。我们必须使资本主义臃肿的身材减肥，使它的基本外观健壮——这些既是设想有差异的资本主义的条件，又是建构一种肯定非资本主义经济差异空间的条件。通过这个破坏和建设并举的课题，我们可以开始孕育新的政治观念、新的政治计划和新的政治热情的过程。"①

这样，两位西方马克思主义女性主义者完成了这样的工作，即通过对资本主义微观领域的现代性批判，通过各部分之间的整合批判了资本主义的霸权形象，又通过对霸权形象的破除向人类描绘了这样的新图景——破除资本主义霸权后的资本主义与非资本主义相互作用；进而又在具体的微观领域内为新图景的产生创造了各种条件——新经济干预政策、新阶级理论和阶级分配政策、新全球化理论和全球化空间，从整体上为新图景的形成奠定理论和现实基础；在这张资本主义现代性批判的路线图中，她们做了解构和建构相统一的工作，即解构资本主义的霸权存在，建构非资本主义因素在资本主义中的发展空间，"在每一次的冲突中，我们把我们念念不忘的对象虽然描写的强壮有力和发育健全，但是我们还是想封住它的嘴，使它保持沉默。我们没有给它一个宣告其统治地位的讲台——就像包括我们自己在内的左派分子经常做的那样，而是把它掩盖在有创意的沉默之中，目的在于让人们可以看

---

① J.K. 吉布森-格雷汉姆. 资本主义的终结：关于政治经济学的女权主义批判 [M]. 陈冬生，译.北京：社会科学文献出版社，2002：26.

到非资本主义的闪闪微光、听到非资本主义的喃喃低语。也许这些微光低语撩人心怀（要不就令人困扰），足以激励其他一些人去追寻它们。"①

通过以上分析，我们认为该书的新观点是：以资本主义形象的理解为核心，通过资本主义与非资本主义之间的关系的理解，努力建构一种新的社会图景。认为其是新观点的原因，一方面体现为对资本主义各个领域展开的女性主义的政治经济学批判，另一方面更体现为两位作者站在马克思主义、西方马克思主义女性主义的立场上对资本主义的现代性批判。

---

① J.K.吉布森-格雷汉姆.资本主义的终结：关于政治经济学的女权主义批判[M].陈冬生,译.北京：社会科学文献出版社,2002：29.

八、《资本主义的终结》现代性批判的新思维

通过以上分析，可以看出该书所要解决的问题是如何站在女性主义的立场上对资本主义进行现代性批判。两位西方马克思主义女性主义者在这样一个主题面前并没有随波逐流，而是独辟蹊径地探讨资本主义的本质究竟是什么，如何摧毁资本主义的神圣霸权，如何才能真正证明资本主义并非铁板一块、无坚不摧，而是个别的、多样的、具体的，其中蕴含着大量的非资本主义因素，这些非资本主义因素则是资本主义的有力挑战。该书作者如此鲜明的问题意识，如此明确的现代性批判立场，决定了她们也有如此独特的思维方式。对于她们的思维方式，可以从西方哲学的转向中获得一些启示。西方哲学至今为止比较公认的说法是经历两次转向，"如果说认识论转向是从古代哲学离开人类认识活动的反省而追求世界统一性的本体论独断，转向对人类认识活动何以可能的认识论反思，那么现代哲学的语言转向则是从近代哲学离开对语言意义的审查而探究思想的客观性的知识论追求，转变为对语言意义的分析和理解。"① 那么似乎可以这样说，哲学转向中的一个确定的理论预设就是在它之前存在着某种系统完整、影响深远、形式确定的学说路线，这种学说又确立了一种与之不同的另一种新型的哲学体系或路线，其中起关键性作用的就是思维方式。思维方式的变革才能产生新的研究思路、新的思想观点、新的解释模式和新的研究对象。因此，思维方式的变革在新观点和新思路创立过程中起至关重要的作用。如果这种说法可能成立的话，那么该书在思维方式上的变革主要体现为：从女性主义思维方式到人类性思维方式、从抽象的整体性的现代性批判到具体的多样的现代性批判、从现实的批判到批判理论与批判精神相结合的批判。

---

① 韩秋红，庞立生，王艳华. 西方哲学的现代转向 [M]. 长春：吉林人民出版社，2007：1.

(一) 反思女性主义研究的问题式

研究起源于问题,两位西方马克思主义女性主义始终以女性主义问题为根本问题,以阿尔都塞的多元决定论为基本方法展开女性主义研究。如果应用阿尔都塞的问题式对这一问题展开探讨或许会发现女性问题所潜在的问题。为此,在探讨两位西方马克思主义女性主义的思维方式之前,试着用阿尔都塞的问题式理论对女性问题展开探讨。

阿尔都塞的问题式或症候阅读简单的说是指这样的阅读,即把看得见的东西当做看得见的东西以及把看不见的东西当做看不见的东西,同时也把看不见的东西同看得见的东西联系起来的问题方式或阅读方式。何为把看得见的东西当做看得见的东西,这首先涉及西方哲学的认识方式问题,我们知道西方哲学一经产生可以说就奠定一种经验性和感性传统,无论是在早期哲学家泰勒斯、赫拉克里特等人通过感性认识把握存在本身的方式上,还是在近代经验论对感觉经验的重视上,即使在提倡理性认识坚决反对感觉经验的德谟克里特那里,他最终也无奈于感性对理性影响的现实,至于看似与经验论相对的唯理论哲学实际上只是对感觉经验的认识与经验论不同,前者只是强调内在经验而已。乃至在马克思那里也存在着从感性认识到理性认识不断上升的传统,"既然全部解释自然的工作是从感官开端,是从感官的认识经由一条径直的、有规则的和防护好的途径以达于理解力的认识,也即达到真确的概念和原理,那么,势必是感官的表象愈丰富和精确,一切事情就能够愈容易地和愈顺利地来进行。"① 而一切感官对事物的把握起源于"看",所以对事物的把握就是看到的,所谓"眼见为实"说的正是这个道理。既然如此,缘何会产生种种问题呢?以马克思和亚当·斯密等古代经济学家的理论为例,他们以同样的"看"的能力看待同样的事物为何会产生不同的理论成果呢?以此"看"为原则看待的话,问题产生于"疏忽"。如果说马克思与亚当·斯密、大卫·李嘉图的区别仅在于后两者存在一种认识论上的"短

---

① 弗兰西斯·培根. 新工具 [M]. 许宝骙,译. 北京:商务印书馆,1984:216-217.

视"，在一些已经清晰呈现出来的东西上犯了"小的疏忽"最终导致理论上的"大的失误"的话，那么前者的理论贡献无疑仅仅在于克服了"看"之心理学上的缺陷，具有独到的克服所有疏忽所形成的对事物完整而全面的认识而已。理论家的理论贡献无非就是以敏锐的理论眼光在别人"看不到"的地方看到了一些事情而已。那么马克思所独有的特点无非就是有较好的"视力"，仅此而已。事实并非如此，我们也无法接受这样的回答，这必然使得马克思在亚当·斯密基础上的历史努力和理论努力化为乌有或彻底消逝。

　　在阿尔都塞看来，把看不见的东西同看得见的东西联系起来才是问题产生更为关键的，并不是看与忽视之间的矛盾对立使得理论本身存在问题，而是看得见与看不见、面对和没有面对、疏忽和没有疏忽的统一，即看与疏忽的统一关系才最终使得古典政治经济学家的理论存在问题，"古典政治经济学没有看到的东西不是它没有看到的东西，而是它看到的东西；不是没有出现在它面前的东西，而恰恰是出现在它面前的东西；不是它疏忽的东西，而恰恰是它没有疏忽的东西。因此，疏忽是没有看到人们看到的东西。疏忽与对象无关，与看本身有关。"① 这就要求我们必须摒除关于认识是对事物直接在感观上的反映并把认识过程作为理论的生产过程看待，那么这种既没有看到又看到，既疏忽又没有疏忽的矛盾性何以能够同时存在呢？阿尔都塞回答到："这就是对唯一的缺点在于从来没有被提出来的问题的正确回答。"② 在他看来，古典政治经济学存在的问题就在于忽视了在他们回答一个问题时隐藏在他们回答中的一个新的问题，这个新问题以"隐性的方式"存在于他们的理论当中，产生了新的问题域，而这一新的问题域或问题场的转换却被他们忽视，"在这种不知不觉地包含在新的回答中的新问题的产生中，实际上出现的东西并不是某种特殊的新的对象，这种新的对象并不是像家庭聚会中突然出现的不速之客那样出现在其他已经确定的对象之中；相反，这里所发生的事情是把作为新问题产生的基础的全部领域和视野的变化当做一个有争议的问题提出来。这个新的重要问题的出现无非就是可能出现的重要变化，即可能的潜在变化的特殊标志。这种变化涉及全部领域的现实，直至它的'视野'的极限。"③

---

① 阿尔都塞，巴里巴尔. 读资本论 [M]. 北京：中央编译出版社，2001：12.
② 阿尔都塞，巴里巴尔. 读资本论 [M]. 北京：中央编译出版社，2001：13.
③ 阿尔都塞，巴里巴尔. 读资本论 [M]. 北京：中央编译出版社，2001：16—17.

如此一来，看得见的东西的看不见化也与总问题相关。在《保卫马克思》中，阿尔都塞提出，"为了从一种思想的内部去理解它的答复的含义，必须首先向思想提出包括各种问题的总问题。这个总问题本身是一个答复，但它回答的不再是自己的问题，即总问题内部包括的问题，而是时代向思想家提出的客观问题。"① 所以总问题即是思想家在思想上把握的时代特点，也决定了思想家本身的思想阈和问题阈。如此看来，由于总问题的变化，一些看得见的问题就会伴随着时代的变化和视者立场、观点的变化变得"看不见"，"这些新的对象和问题在现存理论领域内必然是看不见的，因为它们不是这一理论的对象，因为它们是被理论拒绝的东西，因此必然是与这个总问题所规定的看得见的领域没有必然联系的对象和问题。"② 所以这种看得见就必然伴随着新的结论中的新问题的出现而不知不觉地消失，成为真正意义上的"空白"。在空间上看，看不见并非不占有空间，也并非在看不见的东西之外；其所占有的空间也并非是一种外在的黑暗空间，而是一种内在的黑暗空间。这里就出现了结构与被结构、主动与被动、中心与边缘的区分：看得见的总是结构性的，看不见的总是由看得见的东西的结构所决定；看得见的永远处于主动，后者永远处于被动；看得到的永远处于光明和空间的中心，看不见的只能作为空间的黑暗背景和排斥物所存在。如果将看得见的事物与看不见的事物作为两个空间，"另一个空间包含在第一个空间中，第一个空间把另一个空间作为自身的否定包含在自身之中。这另一个空间就是第一个空间本身。第一个空间只有通过它在自身界限内排斥的那个东西的否定才能够确定自己。"③ 或者可以说第一个空间将自身作为一种无限的存在，后一空间只能作为一种有限的空间，但正是因为这种无限空间中的有限性才真正使得无限成其为无限。

如果能够用阿尔都塞的问题式看待女性主义问题，女性主义应具有的问题式应该如何呢？借用阿尔都塞在《读资本论》中对马克思主义进行的问题式阅读，我们发现他始终强调马克思只是将看不见的东西与看得见的东西结合起来而已。以对"劳动的价值"的界定为例，阿尔都塞承认古典经济学家

---

① 阿尔都塞. 保卫马克思 [M]. 北京：商务印书馆，2006：47.
② 阿尔都塞，巴里巴尔. 读资本论 [M]. 北京：中央编译出版社，2001：18.
③ 阿尔都塞，巴里巴尔. 读资本论 [M]. 北京：中央编译出版社，2001：19.

的界定"劳动的价值等于维持和再生产劳动所必需的生活资料价值"的合理性，但同时认为这个界定中包含一些看不见的东西，即两个空缺，完整说来应该是"劳动（……）的价值等于维持和再生产劳动（……）所必需的生活资料价值"，马克思并没有在外部以自己的语言给予古典经济学以"马克思式"的说明，而是将古典经济学本身所沉默的东西解释出来，没有对于"劳动"和"再生产"的理解，关于劳动价值的定义事实上没有传递给我们任何东西。想要明白劳动的价值如何，必须澄清什么是劳动的再生产。如果说劳动的再生产就是劳动力的恢复，那么再生产劳动就是劳动力的恢复所需要的生活资料。但劳动与劳动力毕竟是有差别的，前者指代某种实践活动，后者特指从事这种实践活动所具有的能力。故在阿尔都塞看来劳动之后的空缺（……）代表了对另一问题的某种回答，"如果把我们的删节号——我们的空白——去掉，我们就重新建立起一个句子，这个句子本身如果从字面上来看，在自身中表现了这些空白的地方，从而把删节号删掉的东西作为由'完整的'表述本身所产生的空缺表述出来。"① 正是在马克思对于古典经济学家的"空缺"也就是"看不见"的问题作以回答之时，才使得马克思主义具有自身的独特价值和独特魅力。

女性主义研究也应如此，如果说对女性作以性别界定研究开始于西蒙娜·德·波伏瓦所提出的："女人并非天生就是女人，而是被建构的"女性主义箴言的话，那么以阿尔都塞的问题式阅读我们就会发现，这一断言也蕴含某种空缺，即"女人（……）并非天生就是女人（……），而是被（……）建构的"。虽然前后两个名词都是"女人"，但显然这其中有某种明确的差别，否则就无法用"并非"加以联结——前者特指女人的现存状态，后者指女性的性别自然状态；同时女人是被"建构"的，前一个"女人"与"被建构"就存在某种程度上的一致性，但如同阿尔都塞对马克思劳动力价值的界定那样，前一个"女人"与"被建构"也存在某种空缺，前者代表一种既定或存在的构型，后者代表构型所形成的过程。女性缘何成为被建构的？女性是被什么所建构？被建构的女性还作为女性存在吗？这种作为社会性别存在的女性与仅仅作为人类的某一性别存在的女性差异何在？女性能够摆脱被建

---

① 阿尔都塞，巴里巴尔. 读资本论 [M]. 北京：中央编译出版社，2001：14.

构的命运吗？如果说女性主义对女性问题的探讨总是给予对女性的独特理解的话，澄清这样一系列问题似乎才能真正达到马克思对古典经济学家式的彻底的批判和超越。

再来看看对女性主义的理解，比较公认的说法是贾格尔在《女权主义政治与人的本质》中提出的女性主义"一般用于指代所有致力于终结女性从属地位的组织和团体"[①]。如果用阿尔都塞的问题式看待对女性主义的公认理解的话，其中也存在若干空缺亟待我们去填补，也就可以将其转换为"一般用于指代所有致力于终结（……）女性（……）从属地位的（……）组织和团体"。在这其中，首先涉及到"女性"概念，就需要在上文的追问中加以理解；同时何为"从属地位"也需要思考，女性的从属地位不仅局限于家庭领域，还包括整个社会领域；不仅体现在物质生产方面，还体现在精神生活方面；不仅遍布于经济活动中，还体现在一切政治、经济、文化、思想当中，所以对女性从属地位的理解就要既采取具体的、历史的眼光，又要将其放在整个社会实践活动中加以理解，这就不但涉及制度原因、文化原因，还涉及整个人类生活中某些深层次的原因；再有女性主义是一种"组织和团体"，如果仅仅将女性主义等同于以组织的形式开展社会改革运动或实践活动，就会将女性主义仅局限在社会活动当中，所以如何理解作为"组织和群体"的女性主义也存在一定的空缺。

女性问题也是如此，如果说女性主义是站在女性的立场力图解决女性问题的话，那么女性问题就构成了女性主义研究的关键。在一般的意义上女性被压迫的现实状态被惯常的理解为"女性问题"。这种对女性问题的理解中也存在若干"空缺"：首先"被压迫"一词具有空缺。何为被压迫？以何压迫？是阶级压迫、性别压迫、社会制度压迫和文化压迫中的某一个方面，还是若干因素的相互结合？这种压迫是如何发生的？其次"现实状态"也具有空缺。女性的现实状态体现为方方面面，社会角色的差别使得女性作为妻子、母亲、女儿；社会阶级的差别体现为资产阶级或无产阶级；不同种族的女性体现为黑人女性、白人女性；甚至不同的背景、生活世界和性格特点决定了女性及女性的现存状态总是千差万别的。如何能够在千差万别的女性中

[①] 阿莉森·贾格尔. 女权主义政治与人的本质 [M]. 北京：高等教育出版社，2009：6.

把握女性"现实状态"的范型，这一范型缘何具有普遍性，这些都是女性主义研究需要思考的问题。

这一系列问题就是女性主义研究的关键。如同马克思解决了古典经济学家所遗留下来的看得见和看不见的空缺，将其合理和合逻辑地揭示出来，创造自身看待世界和历史的思想方法——历史唯物主义方法。女性主义研究也应该如此，女性主义的研究不能仍然停留在以往的研究当中，"因为它总是抱着它的旧的问题，并且总是把它的新的回答同旧的问题联系起来，因为它总是局限于它的旧的'视野'。从这个视野出发，新问题是'看不见的'"①。在阿尔都塞看来马克思正是将以往的旧问题和旧视野看做是新问题产生的基础和领域，新问题的出现相对于旧问题意味着某种新的变化，这种变化可能涉及到全部的现实领域，这些新问题可能是变化的一个标志或"症候"。所以把握"症候"就是把握问题、把握时代。阿尔都塞指出："这样我们就理解了把看得见的东西当做看得见的东西以及把看不见的东西当做看不见的东西的规定，同时也就理解了把看不见的东西同看得见的东西联系起来的有机纽带……这样看就不再是具有'看'的能力并且在注意或者不注意的情况下运用这种能力的个别主体的行为，看就是看的结构条件的行为，就是总问题领域所内在的它的对象和问题的反思关系。"②

用这样的方式看待女性、女性主义、女性主义问题中的"空缺"，这些空缺的产生正代表了一种对女性主义研究的对象和问题的反思关系。女性究竟指什么？除了作为一种与男性相互区别的性别之外，她还有何种内在含义？以女性的眼光看待女性自身，代表了对女性的必然反思。恰如女性主义者所指出的那样，女性除了特指女性的性别特征之外，还特指一种与家庭利益和性生活相联系的、与哲学和创造性活动的相脱离的、处于社会结构底层的被压迫群体。而这一状况是由阶级压迫、性别压迫及其相互作用得以发生的。但事实上，是否存在具有统一特征的女性群体呢？特别是在后现代和后马克思主义倡导多元、差异的条件下，还存在统一的作为社会性别的女性群体吗？女性问题的解决能够寄希望于整个女性群体地位的变迁和压迫的解除吗？如果我们将这些在对女性主义进行问题式阅读过程中"读出"的问题置

---

① 阿尔都塞，巴里巴尔. 读资本论 [M]. 北京：中央编译出版社，2001：16.
② 阿尔都塞，巴里巴尔. 读资本论 [M]. 北京：中央编译出版社，2001：17.

于总问题中加以理解的话，可能能够得到更明确的答案。

女性主义问题是总问题中的一个问题，而总问题就是人类社会的普遍性问题——女性的社会地位、社会职能、现实状况总是与某个特定时代、特定历史阶段的人类发展状况紧密相关。所以没有群体性的女性，每个女性总是生活在个别性的相互区别的生活境域中，体现自身作为个体的独特的价值和意义；同理也就没有完整的女性问题，女性问题总是与特定历史时期的特殊女性的生活经历紧密相关。如此看来，解决女性问题就不能仅仅局限在女性这一群体当中，女性问题更应被看做是不同时代的人类总问题中的分问题。每一个时代的总问题和总问题的解决是这样产生的，"各个人的意志——其中的每一个都希望得到他的体质和外部的、归根到底是经济的情况（或是他个人的，或是一般社会性的）使他向往的东西——虽然都达不到自己的愿望，而是融合为一个总的平均数，一个总的合力，然而从这一事实中决不应作出结论说，这些意志等于零。相反的，每个意志都对合力有所贡献，因而是包括在这个合力里面的。"① 女性也作为这一合力中的若干个别共同对合力的结果发生作用，而人类社会的发展又对单个女性发挥着诸多作用。在总问题的背景下看待女性、女性问题，女性问题的解决就要使用马克思和恩格斯的历史唯物主义方法，在历史唯物主义的视野中重新看待女性问题。如果说时代问题是普遍的物化、异化问题，那么女性问题代表了异化的性别形式，成为异化最好的例证和最典型的代表；如果说时代问题是资本逻辑的无节制扩张，女性问题就是因不符合这一逻辑而被排除在外的边缘群体问题；如果说时代问题是统治与被统治的文化逻辑的合理性延伸，女性问题就是这一关系的最后统治的领地。所以女性问题的解决不仅依赖于对种种异化现象的批判、对资本主义和父权制度的现代性批判，更要依赖于作为人类性问题的异化、资本主义和父权制度的解决。

我们既要将女性问题放在人类性的视角中加以审视，又要避免人类总体性对女性的淹没。阿尔都塞所提出的总体对个体的压制和制约："总问题领域把看不见的东西规定并结构化为某种特定的被排除的东西即从可见领域被排除的东西，而作为被排除的东西，它总由总问题领域所固有的存在和解决

---

① 马克思，恩格斯. 马克思恩格斯选集：第4卷[M]. 北京：人民出版社，1995：697.

决定的。看不见的东西禁止和压制了某种领域对它自己对象的反思。"① 所以对女性问题的理解既要放在总问题中,又要保持对总问题自觉反思的态度。对总体性的反思在于分裂、在于不同的"看"的方式和不同的视野,这种视角是局部性的视角,而局部的东西又具有无与伦比的优势,能够将总体性中难以发现的问题揭示出来,所以女性主义者才说"分裂,而不是存在,是女性主义的科学知识的认识论的有特权的形象。"每一个独特的个体都能够将自身的视角融合到不同的理论视界中一起"看",而不必强制性地使其成为共同的"看",而仅仅是一种"看",这样任何一个视角的合法性地位都能得以肯定,局部性的联结更体现为对总体性缺失的弥补和对总体性更深刻的理解。

个体性与总体性、女性问题与人类性问题的统一是阿尔都塞"问题式"阅读方式给女性主义研究的重要启示,而问题仅仅在于如何更好地使得二者相互结合。这首先涉及到研究立场的问题,在这一问题上两位西方马克思主义女性主义者作出了较好的典范。

(二)从女性主义思维方式到人类性思维方式的转变

该书对资本主义的现代性批判是基于两位西方马克思主义女性主义者对女性主义问题的思考展开的,她们始终希望用女性主义的思想观点、思维方式和基本理念来思考资本主义的相关问题。在女性主义的思想观点中体现出她们在以往西方马克思主义女性主义思想理论基础上的独特思维方式。

凯瑟琳·吉布森和朱丽·格雷汉姆首先对西方马克思主义女性主义研究进行了较为深入地反思。按照黑格尔的观点,任何理论思维都是反思的活动,反思活动需要"前提"作为逻辑的基础。换言之,"前提"就是反思活动的出发点和根据。孙正聿指出:"前提,通常解释为推理中已知的判断。显而易见,这样的解释是把对前提的理解限定在形式逻辑的框架内。作为批判活动的前提,它是对批判对象进行揭示、辨析、鉴别和选择的根据、标准

---

① 阿尔都塞,巴里巴尔. 读资本论 [M]. 北京:中央编译出版社,2001:18.

和尺度。"① 因此，一门理论的确立离不开对其思想前提的反思。凯瑟琳·吉布森和朱丽·格雷汉姆认为当前的西方马克思主义女性主义研究，缺乏对思想理论前提的自觉反思。一种理论研究首先应该确立研究立场，研究立场决定研究方向、研究领域和研究进展。而目前的西方马克思主义女性主义研究仍处于无立场的研究，即使一些西方马克思主义女性主义者自认为站在女性主义的立场义正词严地将自己的理论说得多么玄妙高深，但仍然无法切实地解决问题的一个重要原因，就在于她们没有真正对自己的立场进行反思，如：西方马克思主义女性主义研究应该立足于什么样的立场？是否是作为男性对立面的女性就是西方马克思主义女性主义立场？西方马克思主义女性主义研究的本体论基础是否应该局限于作为社会性别概念的女性？如果仅仅将女性作为西方马克思主义女性主义的研究立场能否达到其研究的目标？因此，在凯瑟琳·吉布森和朱丽·格雷汉姆看来，虽然目前的西方马克思主义女性主义研究总声称自己立足于女性主义的研究立场，但这种立场是不充分的，因为没有完全脱离作为真实生活世界的单纯的女性主义立场。她们自觉地在探讨如何进行马克思主义革命，推翻资本主义霸权的问题上，将女性主义的思想意识放在整个人类性问题上加以解决，形成了其鲜明的思想立场。西方马克思主义女性主义对现代性问题批判的目标不应该仅仅放在"女性"这一社会性别的自由、平等和解放上，还应该立足于女性所真实存在于其中的生活世界基础上，在人类性视阈下探究西方马克思主义女性主义研究所蕴含的人类形而上的精神追求。所以凯瑟琳·吉布森和朱丽·格雷汉姆对西方马克思主义女性主义研究进行前提性反思，明确自己的立场——立足于人类性的基本立场，形成对研究旨趣的理论自觉——研究应该放在现代性视阈下，放在人类自由和价值追求的维度上，才能赋予其更深刻的意义，这样的西方马克思主义女性主义研究才会更具有思想张力。为此，她们将现代性批判的矛头对准了资本主义霸权的解构，体现了其在思维方式上的独特性。

在对西方马克思主义女性主义研究进行反思的基础上，形成了鲜明的问题意识。伊曼努尔·康德（Immanuel Kant，1724～1804）在进行理性批判的过程中曾经提出这样的观点：在什么情况下，一个概念才是不可设想的。

---

① 孙正聿. 理论思维的前提批判 [M]. 沈阳：辽宁人民出版社，1992：5.

即如果是不可能的就不具备研究的可能性，应该说这是作任何研究应有的问题意识。以这样的观点看待该书的问题意识，凯瑟琳·吉布森和朱丽·格雷汉姆带着"为什么女性主义正在进行革命，而马克思主义者却在等待革命"的问题，对"等待革命"的疑惑构成了她们鲜明的问题意识。这一问题意识已经彰显了她们与其他西方马克思主义女性主义者在问题意识上的不同。我们知道西方马克思主义女性主义研究大体走了一条从探讨家务劳动对女性的束缚，到探讨女性受压迫的根源，再到从政治制度和文化制度双重因素思考女性主义问题，从探讨女性作为一个整体的解放到探讨女性作为独特的个体解放的路径。理论研究的先决条件就是针对理论问题和现实问题拥有自我认识的问题域或研究视角。正如伽达默尔所说的那样："精神科学的研究不同于自然科学的一个重要特点，就在于它研究的主题和对象，实际上是由探究的动机所构成的。"① 绝大部分西方马克思主义女性主义者都认为，西方马克思主义女性主义研究想要解决的问题是在普遍的父权制社会中，在女性普遍受压制的状态下实现女性的自由和解放。正如一些西方马克思主义女性主义者指出的那样："我们必须坚持，在我们所要创造的社会中，相互依赖是一种解放而不是耻辱，养育是一种普遍而非践踏的实践，并且在那里，女性不再继续支持男性虚伪的同时也是实在的自由。"② 因而大多数西方马克思主义女性主义研究的问题意识，都是将女性主义置于马克思主义的论阈中思考问题并展开讨论，它所具有的问题意识是：马克思主义究竟能够带给女性主义什么？西方马克思主义女性主义要如何解决女性所具有的不平等的境遇？然而事实上这样的问题意识是一种"虚假意识"——离开整个人类的自由与解放，单纯地追求女性的自由和解放。女性真正意义上的自由与解放，依托于马克思主义的人的自由与全面发展社会的到来。因此仅仅将立足点放在女性作为一个社会性别上再谈女性自身的解放是无意义的，这样的解放是虚假的。凯瑟琳·吉布森和朱丽·格雷汉姆则不同，在该书中她们没有空泛地站在女性主义者的立场上去探讨马克思主义者能给女性主义带来什么，而是自觉地以如何进行马克思主义革命，如何改变目前资本主义霸权观念为鲜明的

---

① 伽达默尔. 真理与方法：上卷 [M]. 洪汉鼎，译. 上海：上海译文出版社，1999：566.
② 詹妮特·克莱妮. 女权主义哲学：问题，理论和应用 [M]. 李燕，译. 北京：东方出版社，2006：584.

问题意识,自觉地将女性主义问题放在当前全球化和现代化的大背景下进行探讨。女性主义问题的解决离不开人类性问题的解决,只有依靠马克思主义的思想武器打破女性受压迫的资本主义根源的前提下,女性主义问题才能最终解决。因此她们展现出一种崭新的问题意识,自觉地作为一个马克思主义者,以如何唤醒马克思主义者的革命意识为问题,以女性主义的某些思想方法和解释原则为这样的问题意识探求答案。这就在问题意识上实现了对以往西方马克思主义女性主义研究带有的局限性、片面性的超越,在西方马克思主义女性主义研究的问题意识上实现了类似于康德的"哥白尼式革命"。这样西方马克思主义女性主义研究的问题作为理论问题得以确立;使西方马克思主义研究女性主义的问题置于人类性和全球化的大背景上,使作为一个社会性别的女性的自由和解放问题具有了整个人类自由和解放的意义,其作为理论与实践、传统与现代相统一的实践问题也得以确立。这样的西方马克思主义女性主义研究才更有研究价值,更有坚实的人类性思想理论基础。

通过对女性主义问题的前提性反思和问题意识的转变,体现了两位西方马克思主义女性主义者基于人类性层面思考女性主义问题,改变了以往男性与女性二元对立的思维方式,站在更高的人类性立场上形成了新的思维方式。列宁曾用"逻辑的格"来表述思维方式。"人的实践经过千百万次的重复,在人的意识中以逻辑的格固定下来。这些格正是(而且只是)由于千百万次的重复才有着先入之见的巩固性和公理的性质。"① 也许正是如此,思维方式才能先入为主地主宰人的思维领域。以往的西方马克思主义女性主义研究虽然也着力于在思维方式上改变以往二元对立的思维方式,认为二元对立的思维方式将男性预设为绝对化的"强大的"、"主导性的"、"攻击性的"具有霸权地位,而女性自然处在"柔弱的"、"消极的"、"被动的"、"非存在的"边缘化、次生化和弱化地位。大多数西方马克思主义女性主义者认为二元对立思维方式是男性霸权的认识方式的天然语境,在这种语境下,男性霸权被描述为天然的同质性和单一性,而女性在这种霸权主义的统治下被压抑,而丧失了主体性和反抗力量。想要获得女性的真正解放就应该改变这种西方长久以来特有的二元对立的思维方式,这体现西方马克思主义女性主

---

① 列宁. 列宁全集:第38卷[M]. 北京:人民出版社,1959:233.

研究者对世界状况的独特思考和对人的真实生活境遇的深切关注。但是另一方面，她们在鲜明地举起反对二元对立思维方式的旗帜之时，也将自己放在与男性对立的地位上。在绝大多数西方马克思主义女性主义者眼中，女性主义的现实运动就应该针对男性，使女性在政治、经济、文化、思想、认知、教育、观念、伦理等各个领域与男性获得平等地位。认为作为一个利益群体，女性与男性站在对立的立场，若想与男性抗衡必须所有女性联合起来，超越阶级和种族的局限为妇女解放共同斗争。如男性与女性是对立的，男性是女性的敌人，女性主义运动的敌人就是社会和男性等思想口号，仍然将女性与男性放在对立的地位，仍然是二元对立的思维方式的运用，是打着反二元对立思维方式的旗帜又走进二元对立的思维方式。而凯瑟琳·吉布森和朱丽·格雷汉姆则不同，她们在进行女性主义研究中，不仅仅站在女性主义立场上，更多的是站在人类性立场上来思考包括女性主义问题在内的问题。她们赞同恩格斯在《家庭、私有制和国家的起源》中的说法："在家庭中，丈夫是资产者，妻子则相当于无产阶级。"① 女性和男性社会地位的不同是随着私有制的产生而产生的，男性统治根源在于是他而不是她掌握财产的事实。妇女压迫也将伴随私有制的解体而终止。因此，她们将女性主义问题的根源归结为社会制度的同时，也将女性主义问题的解决寄托于资本主义在理论和制度层面上的霸权地位的解体和马克思主义革命的层面上。这就将以往西方马克思主义女性主义研究的二元对立的思维方式在更高的层面上加以改变，从更为广阔的人的自由和全面发展角度重新理解和研究女性主义问题。"过去的研究方法陷入僵局，结果证明它本身就是人类压迫问题的组成部分，而不是对问题的补救。这些方法的特征都是'非此即彼'的，我们越快的用'亦此亦彼'的方法取代'非此即彼'，也就越少浪费时间，不至于把时间都挥霍在男性主导和女性屈从的毁灭性的游戏上。"②

这样，凯瑟琳·吉布森和朱丽·格雷汉姆在《资本主义的终结》中，实现了对西方马克思主义女性主义研究中女性主义思维方式向人类性思维方式的转变。这种转变直接体现在其对女性主义问题的研究包括家务劳动、女性

---

① 恩格斯. 家庭、私有制和国家的起源 [M]. 北京：人民出版社，1972：72.
② 罗斯玛丽·帕特南·童. 女性主义思潮导论 [M]. 艾晓明，译. 武汉：华中师范大学出版社，2002：128.

与男性的权力斗争、性别斗争等层面，更包括在政治、经济、文化等层面对资本主义的现实批判，摧毁霸权观念，摧毁不合理的制度，才能使女性获得人类意义上的自由和解放。

（三）从整体性批判到多样性批判方式的转换

该书在基本立意和问题意识等方面体现了对以往西方马克思主义女性主义研究在思维方式上的转换，并在具体的资本主义现代性批判理论中又比较典型地体现了多样性的批判方式，进一步实现着两位西方马克思主义女性主义者在传统马克思主义①整体性思维基础上的思维方式转换。

两位西方马克思主义女性主义者对传统马克思主义的批判，不是为了"反对"而反对。她们往往是从马克思主义理论的现实状况出发，展开对传统马克思主义批判的。作为马克思主义者的凯瑟琳·吉布森和朱丽·格雷汉姆常常被认为是"满腹牢骚"的（读一下她们的作品便一目了然）。但在我们看来她们是以特别的方式"尖锐"地提出了这样的问题：为什么女性主义者现在可以革命，而马克思主义者却必须等待革命。女性主义运动运用各种方式力图实现社会领域的性别概念的塑造，并在实际上取得了一定的成效。那么，为什么马克思主义者为自己提出的个人改革和社会革命的目标不仅没有达到，似乎随着社会主义运动的失败和资本主义在全球范围内的扩张更是遥遥无期。马克思指出的"通过尖锐的矛盾、危机、痉挛，表现出社会的生产发展同它的现存的生产关系之间日益增长的不相适应。用暴力消灭资本……这是忠告资本退位并让位于更高级的社会生产状态的最令人信服的形式"② 却迟迟没有出现。虽然恩格斯也指出："把革命的发生归咎于少数煽动者的恶意那种迷信的时代，是早已过去了。现在每个人都知道，任何地方发生革命动荡，其背后必然有某种社会要求，而腐朽的制度阻碍这种要求得到满足。这种要求也许还未被人强烈地、普遍地感觉到，因此还不能保证立即

---

① 西方马克思主义女性主义虽然作为西方马克思主义的一部分，在某些方面继承了西方马克思主义的特质；但她们也在某些方面对早期西方马克思主义或传统马克思主义持批判态度，对整体性思维方式的批判尤为典型。

② 马克思，恩格斯. 马克思恩格斯全集：第31卷［M］. 北京：人民出版社，1998：149.

获得成功；但是，任何人企图用暴力来压制这种要求，那只能使它越来越强烈，直到它把自己的枷锁打碎。"① 但这种强烈的、普遍的感受不但迟迟没有到来，反倒越来越被人们漠视。

  在她们看来，是传统马克思主义看待资本主义的方式导致了这种失落。我们可以通过传统马克思主义对马克思主义的基本观念看待这一问题。马克思、恩格斯曾经在《共产党宣言》中指出："历史不外是各个世代的依次交替，每一代都利用以前各代遗留下来的材料、资金和生产力；由于这个缘故，每一代一方面在完全改变了的条件下继续从事先辈的活动，另一方面又通过完全改变了的活动来改变旧的环境。"② 资本主义是在与旧社会、也是在与新社会的交替中完成自身的使命的，因而资本主义绝不是铁板一块的。但用传统马克思主义理解马克思主义的总体性方法投射到资本主义之上却成为了将资本主义推向霸权的力量。正如前文提到过那样，传统马克思主义是指称以卢卡奇为开端到阿尔都塞的多元决定论结束的传统西方马克思主义。卢卡奇是西方马克思主义理论家中提出总体性思想的第一人，他把总体性称作"具体的总体性"，认为总体性是"被视为一个过程的社会整体"，因此，卢卡奇的总体性是用来专门指称社会现实，尤其是指称资本主义社会现实的。他主张资本主义的统治是整体性的，因此，改革资本主义的方案是培养无产阶级的总体的阶级意识来对抗资产阶级的总体统治，从总体上改造资本主义社会。对于卢卡奇而言，与资产阶级现代形而上学的"实践"原则（康德《判断力批判》意义上的）不同，无产阶级的实践原则"就是创造一种具体的总体"。也就是说，主体—客体在辩证的历史的过程中得到具体的统一，客体不仅是实体而且作为主体，主体作为辩证过程的创造者同时又是人的活动的产物，只有克服了主体的物化的分裂和客体的——同样是物化的——僵硬和不可理解，无产阶级意义上的实践原则就成为可能。"只有当'真理不仅被把握为实体、而且被把握为主体'；只有当主体同时既是辩证过程的创造者又是产物；只有当主体因此在一个由它自己创造的、它本身就是其意识形式的世界中运动……主体和客体、思维和存在、自由和必然等等对立的扬

---

① 马克思，恩格斯. 马克思恩格斯选集：第 1 卷 [M]. 北京：人民出版社，1995：483.
② 马克思，恩格斯. 马克思恩格斯选集：第 1 卷 [M]. 北京：人民出版社，1995：88.

弃问题才可以被看做是解决了。"① 因此，在卢卡奇这里，资本主义社会就是总体性的社会。卡尔·科尔施（Karl Korsch, 1886～1961）也指出："马克思主义的革命实质正体现在对实在或社会的总体把握上，所以它应被看做并理解为一个活的总体的社会革命理论。"② 社会的总体性或者整体性在他们的理论中被画上了重点符号。"总体的人"的理论使列斐伏尔必然强调过程性，"总体性表现为一系列生存维度的统一。但这种统一只是一个远景，只是一个极限概念，而不是一个历史事实，人的总体性内涵不只意味着统一性，也蕴涵着过程性。"③ 早期西方马克思主义的社会总体性和人的总体性思想为法兰克福学派的批判理论提供了思想前提。马尔库塞的《单向度的人》对社会的总体性作了详尽地描述，认为社会成为了一个全面管理的总体性的单向度社会，使人成为丧失总体性的单向度人。对于这种状况，阿多诺进行了批判："一切总体性神话背后仍然是某种非强制的更深层的隐形奴役和支配……任何总体化都是一种暴力过程。"④ 尤尔根·哈贝马斯（Jürgen Habermas, 1929～ ）也认为主体间性就是一种总体性，这种总体性是以主体间的相互作用为前提的。他们虽然都对资本主义进行了批判，但同时对资本主义的认识都是总体性的，他们在不同的场合用"不健全的社会"、"单面性的社会"、"病态的社会"、"总体异化的社会"、"患了社会健忘症的社会"等指称资本主义社会，想要通过对资本主义社会现实的总体性批判获得人的这种总体性，重新使人占有人的类本质。

正是传统马克思主义的整体性理解方式造成了种种问题，当传统马克思主义用这种总体性的表述来表述资本主义，就将资本主义变成了一个永恒而重大的理论主题，使资本主义能够通过总体性成为一种稳固而恒久的社会形态或社会状态，更使得这样的社会具有一种无可比拟的表现力。当这种无可比拟的表现力随同他们的马克思主义理论传播到全世界的时候，资本主义的表现力便成为一种新型的资本主义霸权，这种资本主义霸权区别于经济领域

---

① 卢卡奇. 历史与阶级意识 [M]. 北京：商务印书馆，1999：219.
② 俞吾今，陈学明. 国外马克思主义哲学流派新编 [M]. 上海：复旦大学出版社，2002：95.
③ 衣俊卿，丁立群，李小娟，王晓东. 20世纪的新马克思主义 [M]. 北京：中央编译出版社，2001：40.
④ 张一兵. 无调式的辩证想象 [M]. 北京：生活·读书·新知三联书店，2001：47.

和政治领域的霸权，在人们的意识中形成一种绝对的控制和恐惧，毫无疑问地影响着人们对资本主义的认识、对社会改革和变迁路径的认识，甚至包含了面向资本主义的革命能否成功的真实想法，这就使得舆论形态的资本主义霸权得以理论化并真正进入人们的意识领域。这样产生的后果，虽然一方面在现实生活中的经济实践是包含资本主义和非资本主义因素在内的多样性经济，但另一方面在人们的意识领域和思维领域非资本主义因素是尚不存在或者作为隐形的方式存在于资本主义有机体内部，因此关于非资本主义的理论和观念都被排斥在社会主流和正统领域之外。"大部分经济学的论述都是以资本主义为中心，这时我们的意思是说，最初理解其他的经济形态总是要涉及到资本主义：它们有的基本上与资本主义相同（或相仿），是不完善的或不标准的资本主义仿制品，有的是资本主义对立物，有的是资本主义补充物，有的是在资本主义空隙或沿着两肋生存。"① 这样在人们的视野中，对于社会主义来说，资本主义既是它们要毁灭和征服的对象，又是它们探讨的必然前提，这一前提作为总体性的无坚不摧的"铁板"，又似乎是无缝可寻的。在这样的观念下，资本主义的对立物都无法作为真正的经济形态而与资本主义抗衡，"其女性化的对立物——家庭经济，人们可能认为它缺乏效率和理性；其人道主义的对立物——社会主义，人们可能认为它缺乏生产率；其他经济形态无法展现出资本主义的系统特性或自我繁殖能力（的确，非资本主义理论化的设想总是不能说明经济整体推进的动因，而必须运用危机动力原理、逻辑学和运动规律才得以完成）。"② 因此，虽然无人否认存在着资本主义的对立物，但这些对立都是或是具有残缺，或是不够完善，都不足以作为对峙的形式与资本主义对立，而仅仅是作为附庸或衬托。

在思维方式上面，她们力图通过对多样性的倡导以达到对整体性的抗衡，"多样性标志着每一个决定因素都具有不可逆性；每一种存在形式都具有本质上的复合性——相对于根本上的简单性而言；每一个本体都具有开放性或不完善性；每一种含义都具有最终的不稳定性；想象一个无中心的却具

---

① J.K. 吉布森-格雷汉姆. 资本主义的终结：关于政治经济学的女权主义批判［M］. 陈冬生，译. 北京：社会科学文献出版社，2002：7-8.
② J.K. 吉布森-格雷汉姆. 资本主义的终结：关于政治经济学的女权主义批判［M］. 陈冬生，译. 北京：社会科学文献出版社，2002：8-9.

有相互关联的可能性。"① 对于多样性的重视，与其说是来自于德里达、福柯、德勒兹、贝内迪特·斯宾诺莎（Baruch Spinoza，1632～1677）、弗里德里希·威廉·尼采（Friedrich Wilhelm Nietzsche，1844～1900）或者路德维希·维特根斯坦（Ludwig Wittgenstein，1889～1951），倒不如说是来自马克思辩证法的启示，"辩证法在对现存事物肯定的理解中，同时包含对现存事物否定的理解，即对现存事物必然灭亡的理解；辩证法对每一种既定的形式都是从不断的运动中，因此也是从它的暂时性方面去理解；辩证法不崇拜任何东西，按其本质来说，它是批判的和革命的。"② 也就是说，马克思开创了这样的一种传统——摧毁西方实体性的本体思想、摒弃同一性或统一性的本体概念、终结西方传统本体论的本体幻象。西方传统哲学本体论导致的直接后果是使一些概念或存在成为具有霸权的中心，使得本体以外的概念次要化、边缘化和低级化；间接后果是导致传统西方哲学中的一系列相互对立的概念——主体与客体、主动与被动、具体与抽象、实体与属性、形式与内容、积极与消极、必然与偶然、理想与现实、传统与现代，这直接促使了西方传统哲学二元对立的思维方式的产生，并由此涤荡开来，在社会秩序中也建构等级系统，诸如男性之于女性的等级优势。在她们看来，马克思所开启的本体论超越了西方传统哲学的种种弊端和困境，将每一个体都作为事件或秩序的中心。正是因为所有的个体都是中心，在某种程度上来说中心的概念便被消除，这样每个个体就成为连续性和过渡性概念的一部分，更摧毁了一切西方哲学本体论所造成的直接和间接后果。不仅如此，她们还认为马克思辩证法不同于传统辩证法的重要内容在于，传统辩证法的两条基本原则就是肯定存在与否定存在的对立面，A 或非 A 之间的对立表征了一种绝对的非此即彼，它暗示着一种相互之间的绝对对立，而不是要把事件之间多元、复杂的矛盾揭示出来。马克思的辩证法是把事物内部的多元性、复杂性、矛盾性通过事物之间的逻辑揭示出来，矛盾的双方之间就绝非非此即彼，也不是一一对应的线性关系，而是处于同一个矛盾的空间当中。这个空间是一个具有期待性的空间——不但为主动者提供空间，更为被动者和缺席者提供觉醒和

---

① J. K. 吉布森-格雷汉姆. 资本主义的终结：关于政治经济学的女权主义批判 [M]. 陈冬生，译. 北京：社会科学文献出版社，2002：34.
② 马克思，恩格斯. 马克思恩格斯全集：第 23 卷 [M]. 北京：人民出版社，1972：24.

在场的空间，从而能够揭示表面上没有出现的内部奥秘、去解释尚未被解释的事物、去体会尚未被体会的感受。

多样性的思维方式能够产生这样的后果。传统马克思主义对资本主义的理解总是针对单一性的机构，将所有的事实最终都归结为经济因素，整个社会就成为一个由经济因素一维起作用的封闭的空间。在这种条件下，社会革命只能是阶级革命，而且只能是单一阶级的阶级革命，不但发动革命的阶级是单一的，革命的反对者和对象也是单一的。因而革命主体的特性就被这种单一的结构固定住，主体自身所包含的主动性、能动性和强大的生命力往往在这样的固定结构中还没有展示出来就已经被耗费殆尽。而对多样性的倡导能够使社会中的每一个因素不是锁定在固定的位置上，社会也不是部分与部分之间稳定的封闭整体，而是由暂时而散漫的定型物非固定地、部分地统一起来的。这样的社会就打破了固定的结构和形式，从社会原本所限制的、刚性的、决定性的框架中挣脱出来。在多样性中，整体的概念就是每一个社会形态都参与其他社会形态的构成，不是由这个社会之外的其他因素决定社会的发展与进步，而是该社会内部的因素共同推动社会发展。经济成为一个容纳性的、暂时性的空间，资本主义就不再是一个通俗故事中的主角，不再作为唯一有力量的事物出现，而只作为当前时代下多种影响社会发展因素中的一种而存在。"全球资本主义经济显然是局部多样化的一个来源，无论从空间上看，还是从因果关系上看，这些多样化特点都存在于其内部。政治经济学的任务不是要变着法儿地去理解它们的存在方式，而是要对一个现已存在的一般认识提出具体的设想：解释全球资本主义（按照我们的理解，这是精髓）如何引起异质性和多样性（现象）。"[1]

对资本主义的异质性和多元性的理解方式能够给"马克思主义的革命"提供力量和可能的信心。两位西方马克思主义女性主义者对资本主义进行现代性批判遵循了新的方法论原则，即从抽象的整体性向多样的具体性的转变。而这一方法论原则体现了思维方式的独特性。

---

[1] J.K. 吉布森-格雷汉姆. 资本主义的终结：关于政治经济学的女权主义批判 [M]. 陈冬生, 译. 北京：社会科学文献出版社，2002：54.

（四）政治经济学批判与批判精神

如果说两位西方马克思主义女性主义者在问题意识上体现出从女性主义思维向人类性思维转变、在具体的批判理论上体现出从整体性向多样性批判的思维方式转换，那么在现代性批判的根本路径上则体现出现实批判与批判精神结合的思维方式。

西方马克思主义女性主义之所以能够冠以马克思主义之名，是因为她们总是在马克思主义的路径上找寻自己的问题。如果说早期西方马克思主义代表了对马克思辩证法的继承——将真正的马克思主义理解为辩证的方法，那么法兰克福学派代表了西方马克思主义对马克思关于现实问题展开批判的思想理路的继承。该书的两位西方马克思主义女性主义者对资本主义的现代性批判沿着法兰克福学派的现代性批判理路继续前行，基于现实的批判灌入理想性的维度——将马克思的幽灵精神灌入现代性批判当中，使得这种现代性批判既有针对现实问题的批判精神，更有某种类似于马克思的形而上精神。现实性与理想性相结合构成了该书作者的又一独特的思维方式。

该书的两位马克思主义女性主义者在对资本主义进行现代性批判的过程中，力图将马克思的现实批判风格与马克思的批判精神结合起来。当然这种思考方式本身具有后现代主义思潮的影子，也是基于本身的立场和观点对马克思方法的一种现代性阐释。无论如何，她们是想要用马克思的方法来解决现代性问题特别是女性主义问题的，并且她们也确实继承了马克思现代性批判的某种方式。在她们看来仅仅对于资本主义具体领域展开现代性的现实批判或许是不够的，因为现实问题总是伴随着现实生活世界的变化而不断变迁，只有秉承马克思的现代性批判精神（对人类自由和解放的理想的不懈追求的精神）才能不断把握时代问题，对时代问题展开现代性批判，才能推动时代不断发展。本着这样的思考，她们在思维方式上力图将马克思的批判精神注入其现代性批判理论之中，实现批判理论与批判精神的紧密结合。她们援引德里达在《马克思的幽灵》中对马克思的理解，认为"幽灵"本身就代表了一种批判精神，幽灵形象是"一个悬而不定的混合物和污秽物，一个不可能实实在在的确切存在的虚幻。无论是生的还是死的（要是幽灵有死的话),无论是有完整形态的还是完全没有形体的,幽灵总是出现在存在与不存在之间的虚空。它栖息在超越了简单的对立和对抗的复杂而有差异的领域。"① 德里达口中的幽灵就是一个批判的形象,而对幽灵的思考,实际上就是一种对批判精神的思考,这种批判精神将所谓的存在与非存在、实在与非实在、生命与非生命等抛却开来,去思考差异的可能性。这个幽灵在德里达和两位西方马克思主义女性主义者看来就是西方的"救世主"精神。对于这样一种精神我们更愿意在形而上精神上加以阐述,即西方世界在对现实世界进行现代性批判式的解构时,更是以一种形而上精神为指引,永无止境地追寻人类理想的形而上精神之境。这种追求与现代性批判相结合,构成了西方文明不断向上发展的真实动力(此问题暂不赘述,后文会有详细的阐述)。在我们看来,马克思主义哲学也是如此,因此才会在《共产党宣言》的开头就写道:"一个幽灵,共产主义的幽灵,在欧洲上空盘旋。"② 正是马克思思想中的这种"幽灵"精神才使得马克思思想具有无限的生机和活力。德里达认为马克思对幽灵精神的贯彻是不彻底的。这种不彻底性表现在马克思具体的思想当中,如在探讨"商品拜物教"的时候,马克思总是将人与人之间的社会关系投射到"物与物之间的商品关系"上加以探讨。这种理解似乎是德里达对马克思的一种误解。两位西方马克思主义女性主义者认为,这并非马克思将"幽灵"精神摒除,反而是马克思通过资本主义现实生活中的事实——种种物化和异化现象将这一"幽灵"精神投射到现实批判之中。因此"驱魔"的行动依旧不能抹杀马克思的"幽灵"精神本身。"正是在驱魔的时辰,幽灵被命名、被援用,而幽灵应招栖息与自己预期不存在的虚空。可你越是蓄意把幽灵说成是无形的,其隐形性就越是引起关注。"③ 因为这种"幽灵"精神既是西方文明能够存在的核心和根本,又是马克思主义所不可或缺的重要组成部分。她们看来,在马克思思想中"幽灵"精神作为内在灵魂是始终起作用的。"我们不能明确的说马克思主义死了和不复存在了;马克思

---

① J. K. 吉布森-格雷汉姆. 资本主义的终结:关于政治经济学的女权主义批判 [M]. 陈冬生,译. 北京:社会科学文献出版社,2002:298.
② 马克思,恩格斯. 马克思恩格斯全集:第4卷 [M]. 北京:人民出版社,1972:1.
③ J. K. 吉布森-格雷汉姆. 资本主义的终结:关于政治经济学的女权主义批判 [M]. 陈冬生,译. 北京:社会科学文献出版社,2002:301.

主义的批判精神完全彻底地消灭了；过去的马克思主义被人遗忘和埋葬了，而未来的马克思主义不可能形成。可有老口号这么说：幽灵从不会死，它总是去了又回来。"① 她们用德里达的"幽灵"来说明西方文明和马克思思想中的这种批判精神的存在所具有的不可抗拒性的形而上精神。

那么她们力图将这种"幽灵"化的批判精神与现实批判相结合的思维方式，是如何体现在她们的理论当中？如果我们能够将两位西方马克思主义女性主义者对资本主义进行的现代性批判描绘为一幅图景的话，那么这幅图景是这样的场面：一种新市场、新技术和新的全球竞争所造成的不同于以往的失业；对无家可归的公民参与国家的民主生活权利的大量剥夺；经济战争控制国际法的实际阐释权及其不平等的应用；自由市场的概念、规范和现实方面控制矛盾的无能；外债和相关机制的恶化使人类处于饥饿和绝望的境地；军火工业和贸易被列入西方民主国家的科学研究和劳动社会化的常规调整范围；核武器的扩散甚至连国家机构也无法控制；一种共同体和主权、边界、本土和血缘的原始概念环节所造成的种族间的战争加剧；日益增长的没有变迁的国家遍布于各大洲、国际法及相关机构的现存状态依旧要受到特定的民族国家的操纵。② 这就是资本主义目前的现实状况。她们对这样的资本主义状况展开了现代性批判，力图告诉人们虽然资本主义一直用现代性或者启蒙精神将愚昧和落后乃至影响自由和民主的因素作为一种"邪魔"驱逐出去，但在事实上，资本主义所力图建立的"世界新秩序"本身就是一种恶魔，如果现代的世界能够用资本主义加以囊括的话，那么这样的世界既不自由更不民主。她们对资本主义的经济领域、政治领域、文化观念领域展开的分析正是为了说明资本主义的这种状况。但如果问题仅仅到了这里，那么这两位西方马克思主义女性主义者只不过如后现代主义思想家们那样，告诉人们问题是什么，告诉人们如何批判，但却没有解决问题也没有建构新的世界。她们在批判后正是将马克思的批判精神注入其中，认为即使在这样的社会中我们也要沿着马克思的自由和解放的理想前行。她们没有仅仅将马克思追求自由和解放的批判精神作为一种精神性的存在理解，而是力图采取"幽灵本体

---

① J.K. 吉布森-格雷汉姆. 资本主义的终结：关于政治经济学的女权主义批判 [M]. 陈冬生，译. 北京：社会科学文献出版社，2002：301.
② 参见雅克·德里达的《马克思的幽灵》一书的相关论述。

化"的方式将这种精神在资本主义社会中的作用形象地揭示出来。

在资本主义社会中,马克思的幽灵——现代性批判精神本体化为如下的表现形式,能够肩负起现代性批判的任务,更能肩负起建构新的理想社会形态的重任:第一个幽灵在我们看来就是东欧社会主义的幽灵。虽然这一幽灵的真实躯体随着苏联解体和东欧社会主义革命的失败已经死亡,但死亡后的幽灵尚在。虽然躯体死亡,但灵魂尚在,它们始终在人们的思想观念当中留下深刻的、无法消除的记忆和印记。即使目前把东欧和苏联称之为"资本主义"国家,即使东欧和苏联的社会主义运动失败了,这也不意味着集体的、共有的、封建的、个体和家庭的生产过程从此就不复存在了。这种幻想就是妄想"将完美无缺的自由民主幻想装扮成一种合乎标准和超越历史的完美理想,而不是作为一种历史的现实。"① 作为一种幽灵存在的社会主义并没有被消灭,它们不仅没有一夜之间消失(社会主义在世界范围内依然存在),它们不可避免地要重新出现。第二个幽灵是非商品市场和非市场交换的幽灵。资本主义一直被认为是商品的和市场的,以至于这种理解被无限制地扩大了——只要是商品的和市场的,就是资本主义的——这当然是一种误解。但非市场的和非资本主义的因素却一直被作为前现代的或前资本主义的方式,或者说是排斥到假定临近的时间和空间的领域。但其作为资本主义生产条件的一部分总是困扰着资本主义。比如作为资本主义生产重要组成部分的家庭劳动,必须作为资本主义的重要的生产条件,因为没有这部门非商品化和非市场化的劳动,作为创造剩余价值的工人就无法恢复已经被消耗的劳动力,也就无法继续从事剩余价值再生产;同样家庭也是通过生育再生产劳动力的重要场所,这种生产也非商品化和市场化的,应该如何囊括进资本主义商品和市场生产中呢?这始终作为"幽灵"困扰着资本主义。第三个幽灵是非资本主义的商品生产。虽然资本主义试图建立一种商品生产方式上的绝对霸权,在传统马克思主义对资本主义的阐释中也确实认可着这样的一种霸权。但是事实上,在资本主义范围内,非资本主义的商品生产是无法彻底消除的——集体公有制的商品生产、个体所有制的商品生产、甚至还有些地方存在有奴隶制商品生产的残余。虽然这些形式要么被断然排除在现实之外视而

---

① J.K.吉布森-格雷汉姆. 资本主义的终结:关于政治经济学的女权主义批判[M]. 陈冬生,译.北京:社会科学文献出版社,2002:304.

不见，要么被说成边缘化的甚至是微不足道的。但正如马克思在谈论资本的循环过程所使用的"货币 M——商品 C——货币 M"实际上只是一种对资本主义生产以货币为起点又以换取最大限度上的货币为重点的一种解释和描述方式。事实上，这种货币和商品的循环是永无止境的，"商品 C——货币 M——商品 C"的商品流通模式也是一直存在的，无论是为了获得资本的资本主义生产方式，还是具有其他目的，都同样遵循商品流通规律的，其他所有制形式都是前后相伴并共同存在的，从来就不曾存在一个完全的、纯净的资本主义。也就是说在现实的资本主义的生产活动中，异质性的"幽灵"是始终存在的。第四个幽灵是资本主义概念本身所产生的困扰。在传统马克思主义对资本主义的描述中，似乎只有一副面孔的资本主义，全世界的资本主义都是一样的。但是事实上，每个资本主义场所都是在特定的政治背景和社会背景之下建构起来的，这个背景本身就会因其历史原因或其他因素掺杂进前面所述的一些"幽灵"的因素。因此，从不存在单纯的资本主义，"现在不再有，过去也不曾有过撒撒脱脱的资本，也不存在单一性的资本主义，而只有多元的资本主义——不管是国有的还是私有的，实在的还是象征的，总是同幽灵的魔力联系在一起——或者更确切地说，总是同资本化不可简约的对抗性联系在一起。"① 这样，马克思的现代性批判精神就本体化为这样的幽灵，而这样的幽灵的存在又是对资本主义本身的改造力量。在她们看来，马克思的现代性批判理论与这些现实化了的批判力量的相互结合，是资本主义彻底灭亡的根本性力量所在，而本体化了的"幽灵"又是新社会产生的积极力量。

这样，在马克思批判方法和批判精神相互结合的思维方式影响下，两位西方马克思主义女性主义者实现了批判性与建构性、理想性与现实性、理论性与实践性的统一。这种思维方式实际上是对现代性批判本身所具有的现实性与理想性双重维度的倡扬，也是在马克思主义思想理论基础上对现代性本身的真实理解，体现了思维方式的独特性。

---

① J. Derrida. Structure, Sign and Play in the Discourse of the Human Sciences. Chicago: University of Chicago Press, 1978: 59.

九、《资本主义的终结》现代性批判的新路径

通过《资本主义的终结》一书中对资本主义霸权进行的现代性批判的理论探讨，我们更加深刻地认识了该书的典型性。在立足对传统资本主义作为工业发展史的英雄、社会发展的顶峰、体系或实体的存在、权力结构、主导概念、可塑和具有创造力的、经济决定论的、全球性的新趋势的形象进行现代性批判；对资本主义霸权的摧毁和对资本主义霸权形象加以批判，也就是从资本主义的各个组成部分——经济、政治等方面的政治经济学批判已达到对资本主义具体领域的批判，实现对资本主义霸权在观念领域的文化批判；对作为资本主义生产关系的重要组成部分的资本主义与非资本主义之间的关系进行重新梳理，挖掘资本主义社会中的非资本主义因素及二者之间的相互影响和相互作用，体现了该书的新观点、新思维和新视野。

（一）思想立场之新

《资本主义的终结》在西方马克思主义女性主义研究视阈下开创的新视野首先体现在思想立场上。由于作者自身立场的复杂性，该书的思想立场也具有某种程度的复杂性，这种复杂性却也能够将多种思想立场包容到理论内容之中，既可以避免某一种思想立场的片面性和单一性，更能使理论本身更具有深刻性和说服力。或许这种多立场、多层面和多视角的研究也能够成为该书的研究特色。

该书作为西方马克思主义女性主义研究的代表作反映女性主义的研究立场。一些西方学者曾这样说过："女性主义是一个非常成功的社会运动，它极大地改变了妇女的期望和生活，也影响了男性对妇女生活的看法和对待妇女的方式。可以说，没有其他的社会运动像女性主义运动这样，如此迅速地

革命化，并进而深入地影响人们的行为方式。"① 事实上，女性主义不但是一场现实的社会运动，更是一场思想上的改革和革命，它对包括男性在内的整个人类的思想影响甚至远远超过了其作为社会运动的意义。因此，女性主义不只被作为一种运动或政治思潮加以研究，更是一种在性别意义上追求自由和解放的思想运动。如果能够在这个层面上理解女性主义，我们就会发现，在《资本主义的终结》一书中，作者虽然没有如其他女性主义者一般将矛头直接对准男性统治或男性特权，却也秉持着一种温和的女性主义立场。她们正是用女性主义的介入使得对资本主义经济单一性或同质性的观念提出质疑。如她们利用对女性这一概念的认同形成历史来类比说明"资本主义"这一概念的生成性，"明确界定女人这个词，在私生活、婚姻的语境中是一种意思，而置于女性主义、女同性恋的语境中又是另外一种意思……不管是主体认同，还是社会认同，都不能看作是历史的、受限制的、被集中的本质属性。认同是开放的、不完善的、多重的、变迁的"，因此"女性主义的介入对资本主义经济单一性或同质性提出了质疑。"② 正是基于女性主义的立场，她们将资本主义与非资本主义的关系与男性与女性的关系加以相似性研究，用女性主义方法提出解构资本主义霸权的目标。再如，她们在文中屡次分析女性主义所侧重研究的家庭生活领域以对抗资本主义所代表的再生产领域。认为当"个体、家庭、国家、市民社会被人们认为都具有同等重要性的时候，女性主义理论就释放了空间：女性在家族内、在家庭里，在较小范围内的公共场合和志愿部门的行为，变成了社会主义的女性主义者对再生产领域进行探索的焦点。"③ 正是基于这种理解方式，她们认为家庭作为非资本主义场所，对其研究是对抗资本主义霸权形象的有力武器。另外，在整个文本中到处可见同性恋、异性恋、强奸、私生活等女性主义的话语，并将这种话语转换为一种解构同一性的思想方法来使用，充分体现了其女性主义的思想立场。

---

① 刘霓. 西方女性学 [M]. 北京：社会科学文献出版社，2001：185.
② J.K. 吉布森-格雷汉姆. 资本主义的终结：关于政治经济学的女权主义批判 [M]. 陈冬生，译. 北京：社会科学文献出版社，2002：15.
③ J.K. 吉布森-格雷汉姆. 资本主义的终结：关于政治经济学的女权主义批判 [M]. 陈冬生，译. 北京：社会科学文献出版社，2002：42.

正如前文所说,该书的思想立场与其他西方马克思主义女性主义者的思想立场的最大不同之处,在于后者始终是秉持着女性主义的思想立场而试图将马克思主义融入自己的理论之中,以获得更大的思想力量。该书则不同,凯瑟琳·吉布森和朱丽·格雷汉姆虽然秉承着女性主义的思想立场,但这种思想立场较之该书所提出的理论问题:怎样才能解构资本主义的霸权形象,从而使马克思主义者可以开始进行革命,我们就会发现女性主义立场是服务于马克思主义理论的。也就是说,该书始终将用马克思主义理论和思想方法(政治经济学、哲学批判的方法)对资本主义霸权形象进行批判。这样说来,马克思主义理论是凯瑟琳·吉布森和朱丽·格雷汉姆思想的重要基础。她们认为在目前的学术探讨中,马克思主义是生机盎然的,但在现实的活动中马克思主义却显得日薄西山,这是出于传统马克思主义对马克思资本主义理论的误解。因此她们以反思传统马克思主义的马克思主义理论为出发点,开始对资本主义的探讨。她们认为传统马克思主义误解了马克思对于改革与革命、社会主义与资本主义之间的关系,力图通过反思将这种错置的关系重新纠正过来。除了在理论本身上继承马克思思想理论之外,该书最大的特色就是对资本主义的批判延续了马克思政治经济学批判的思想方法。我们都知道无论是在马克思早期的《1844年经济学哲学手稿》,还是在稍晚的《资本论》中,马克思对资本主义的批判都是从政治经济学的层面出发的,通过政治经济学批判剖析其深层次原因,将批判进行得更为彻底。凯瑟琳·吉布森和朱丽·格雷汉姆也秉承了马克思理论研究的这一思想方法。在该书的题目中,就以政治经济学批判为题,将自身所具有的"马克思主义"因素鲜明地揭示出来。

西方马克思主义虽然称之为"马克思主义",却也具有一些不同于马克思主义的独特之处——从不同于马克思的角度去解读西方资本主义社会,解读马克思主义理论本身。并且这种解读既没有脱离二十世纪西方资本主义社会发展现实,也处在二十世纪以来西方哲学的话语背景和思维方式之中。它也大体经历了早期旨在对以第二国际为代表的正统马克思主义进行修正,提出了"回归"、"本真"马克思主义的总体性方法、历史性原则等,中期以法兰克福学派为代表的现代性批判理论,以及此后的后马克思主义或新马克思主义对马克思本身的批判和改造等阶段。西方马克思主义女性主义正是作为西方马克思主义的一个派别而存在，因此该书作为西方马克思主义女性主义的代表之作集中体现了西方马克思主义的思想立场。这一思想立场主要体现在两个方面：其一是秉承了西方马克思主义现代性批判的思想立场。我们都知道现代性批判是西方马克思主义的典型特征之一，早在早期西方马克思主义者卢卡奇那里就继承了马克思的"异化"理论而展开了现代性批判，而稍晚的法兰克福学派更是以现代性批判的深刻性、广泛性和彻底性而著称于世。凯瑟琳·吉布森和朱丽·格雷汉姆在该书中继承了西方马克思主义现代性批判的思想传统，并将法兰克福学派引以为豪的现实性批判发展成为理论概念和观念的现代性批判，而直指资本主义霸权观念。认为这一观念是在现代性语境下、全球化背景下的一种越来越使之立体化和放大化的假设，对这样的"纸老虎"只有彻底摧毁它，才能真正防止其以张牙舞爪的形象恐吓世人。因此，她们不但对其进行宏观上的批判还对其各个具体的组成部分（阶级、全球化等）展开了现代性批判。其二秉承了西方马克思主义对马克思主义思想方法的重视。我们都知道西方马克思主义一贯重视对马克思主义方法的探讨，卢卡奇所提出的"只有方法才是马克思主义的正统"的观点一直影响着西方马克思主义的理论走向。西方马克思主义女性主义也是如此，区别仅仅在于她们眼中的"马克思主义方法"与前者不同——以多样性取代了整体性。该书对资本主义解构充分体现了马克思主义的这一思想特质：从多元决定论中挖掘多样性的思想方法，用以作为对资本主义的解构贯穿在整个行文的始终。

当然该书的思想立场，还有后现代主义的思想痕迹。我们都知道两位西方马克思主义女性主义者所倡导的多元性、多样性带有明显的后现代主义的影子，福柯、德里达等后现代主义大师对女性主义问题的研究更是被女性主义视为经典。无疑，一种思想理论的探讨总是离不开一定的时代性才能体现为"时代精神的精华"。在现时代下，后现代主义作为一种重要的思想潮流或思想方法，难免要对其他思想产生影响。该书所呈现的最为典型的后现代主义特征就是解构主义。解构主义在德里达那里就是打破现有的单元化秩序。当然这秩序并不仅仅指社会秩序，除了包括既有的社会道德秩序、婚姻秩序、伦理道德规范之外，还包括个人意识上的秩序，比如创作习惯、接受习惯、思维习惯和人的内心较抽象的文化底蕴积淀形成的无意识的民族性格等等。解构就是打破秩序然后再创造更为合理的秩序。凯瑟琳·吉布森和朱丽·格雷汉姆充分利用了这种解构主义方法，将资本主义的霸权形象作为解构的对象，"把资本主义本身理论化为不同于自身的东西——换句话说，因为没有本质或内在的认同——理论就（无限地）增加了改变的可能性。同时，在经济多样化学说里，重新理解关于资本主义的分析语境，就动摇了它的假定霸权。霸权不再是资本主义本身的特征，只是暂时固定的社会的明确表达形式而已，并总是处于社会变化的风雨飘摇之中。其他经济学说成了斗争的阵地和工具，这些斗争可以推翻资本主义临时的而不稳定的统治。"① 此外，她们还借鉴后现代主义对于边缘性的理解。凯瑟琳·吉布森和朱丽·格雷汉姆将非资本主义因素在资本主义社会中的边缘化归结于资本主义的霸权统治，通过对非资本主义因素在资本主义社会中作用的揭示，力图将非资本主义因素作为与资本主义因素同等重要的社会构成，具有后现代主义的思想痕迹。

通过以上的分析，我们可以看出凯瑟琳·吉布森和朱丽·格雷汉姆在《资本主义的终结》中站在女性主义、马克思主义、西方马克思主义、后现代主义等多元立场思考问题，不但使得自身的理论表现形式多彩起来，也促使我们对其进行多元思考和研究。这种多立场、多观点的多元化研究方式体现了理论研究的新路向。在当前的理论研究中如何将多元性的观点放在统一的思想逻辑上加以理论探讨是理论发展的新方向。该书的理论研究在这种新路向的基础上始终秉承着现代性批判的理路，将女性主义、马克思主义、西方马克思主义和后现代主义的思想都放在现代性批判这一维度加以审视。因此该书呈现出典型的以现代性批判为核心观点，以多种理论形态的综合性分析和思考为基本特征的思想理论，体现了该书在资本主义现代性批判上的新路径。这种新理路、新视野，在诸多西方马克思主义女性主义批判中是一种强有力的声音和力量，使我们看到了一种追根溯源的精神，感受到一种撼世的警醒之气。所以无论从何种思想立场看待这部著作，它都彰显了批判性的精神实质，推进了现代性批判的价值取向。恐怕这一点是毋庸置疑的。

---

① J.K. 吉布森-格雷汉姆. 资本主义的终结：关于政治经济学的女权主义批判 [M]. 陈冬生，译.北京：社会科学文献出版社，2002：18.

(二) 思想理路之新

《资本主义的终结》的新视野还体现在思想理路上,即对思想理论问题的把握方式上。这种思想理路的创新主要体现在以下三个层面:其一,在西方马克思主义女性主义惯有的现实性研究之中,以马克思所特有的经济学、哲学的方式,将理论研究所应有的理想性与现实性达到统一;其二,是改变西方马克思主义女性主义的二元化理解方式,将女性主义问题作为现代性问题,并对其展开现代性批判;其三,是对女性主义问题的现代性批判并非泛泛的或基于女性主义立场的片面性批判,而是将现代性批判置于资本主义霸权形象的解构上,通过整体化解构与局部性解构相结合,达到摧毁资本主义霸权形象、唤醒马克思主义者进行革命的理论旨趣。

在对现代性批判的理解中,现代性批判始终与人类精神的形而上追求相伴而行。这一精神引导着现代性批判不断自我否定、自我批判、自我超越、自我发展。缘此,哈贝马斯说:"现代性是一项未竟的事业。"故此,现代性批判的现实批判必定与形而上的精神追求相互结合才能真正彰显现代性批判的实质。大多数对西方马克思主义女性主义的研究却忽视了这一点,虽然她们也将女性主义问题放在现代性的视阈中进行审视,但却过分重视现实问题的解决,在一定程度上忽视了理论的建构性。这大概与女性主义问题从其诞生开始就是面对现实问题,就现实问题而解决现实问题相关。如在从"妇女组织"、"妇女公平行动联盟"的成立到"妇女权利议案"的提出;从为少数民族妇女争取权利的斗争到为女同性恋者利益说话;从为妇女在社会组织、社会活动等方面广泛参与的积极呼吁到妇女参政议政的制度安排等等,女性主义对现实问题的研究,使得女性和男性的生理差异问题、女性和男性的心理分析问题、女性和男性的社会能力问题等经验直觉层面的问题成为社会制度立法者和研究者都必须面对的问题。这样使我们想到马克思的一段很经典的话:"理论一经掌握群众,也会变成物质力量。理论只有说服人,才能掌握群众；而理论只要彻底，就能说服人。"① 因此，作为女性主义重要分支的西方马克思主义女性主义，也不免将捕捉现实问题和解决现实问题作为研究的重点，但问题的关键更应该是现实问题研究的价值取向问题——现实实践的理论性与现实实践的价值性如何相统一的问题。

凯瑟琳·吉布森和朱丽·格雷汉姆自觉地意识到过分张扬的现实实践性，忽视了理论的价值追求性，这就使理论本身缺乏向上的、内在的、形而上的精神动力，她们认为这是西方马克思主义女性主义研究存在的一大缺陷。虽然西方马克思主义女性主义的产生是与现实生活世界中种种对女性不公正的待遇——权利丧失、性别歧视、边缘化——相伴而出现的，也是伴随着现实生活世界对女性生存和生命活动种种不平等的对待而产生的。所以它的确是一个现实问题，但却不能仅仅是一个现实问题。任何理论的研究既应具有理论的当下性，即通常我们所说的现实主义视野，也应具有理论的前提性预设，体现理论的内在价值和理想追求，也就是我们所说的理想主义视野。任何理论都是如此，西方马克思主义女性主义研究也不例外，只有当下的现实性，不能构成真正意义上的理论研究。凯瑟琳·吉布森和朱丽·格雷汉姆在该书中给我们设定了一个理想性的未来：根除资本主义霸权之后，各种非资本主义因素在资本主义中获得了广泛的生机，不断向其理想的、自由的和平等的社会形态迈进。这种对未来的企盼作为一种理想性的存在，使得理论本身更具有说服力和号召力。因此，她们要求人们在现实生活中、在真实的生活世界中不是"沉沦"而是"觉醒"，不是"同化"而是"超越"，要求人们对自身所处的社会历史状况、自身所感受的现实生活境遇、自身所面对的社会政治结构和制度——也就是她们眼中的资本主义自觉地进行反省、深刻地进行批判，从而向自身向往的应然状态迈进；不仅如此，她们更将这种理想性的希冀与现实性的批判相结合，深刻领会到任何理想的实现都不是简单的"线性"过程，而是一个面对现实问题、解决现实问题与升华为理论问题和探讨理论问题的"螺旋式"上升过程。面对时代问题、面向事情本身是这一过程的关键环节，这才赋予理想主义以鲜活的、感性的、现实的生命力量和生命意义。因此，她们没有采取西方马克思主义女性主义者习惯采取

---

① 马克思，恩格斯. 马克思恩格斯选集：第1卷[M]. 北京：人民出版社，1995：9.

的仅仅从现实生活的女性与男性对立的角度看待问题,而是将女性主义问题看做一个以追求自由和生命价值的以人为本体,以实现人的自由和全面发展的整体性,以理论自觉和现实自觉相一致的实践性为基础的人类形而上精神追求的问题,即人类理想的崇高追求与现实问题(前者是人类的形而上精神问题,后者是现代性问题;前者是理论、理想问题,后者是实践、现实问题),也许这才把握了西方马克思主义女性主义研究最为根本的问题。

其次,改变西方马克思主义女性主义的二元化的理解方式,将女性主义问题作为现代性问题,并对其展开现代性批判。我们都知道西方马克思主义女性主义最为典型的理论是"二元制"理论,即将作为制度根源的资本主义与作为文化根源的父权制作为相互平行的两重因素,并将这两重因素理解为女性主义问题的根源。"二元制"理论的确立的确体现了西方马克思主义女性主义对问题的把握,但也有更值得思考的问题,即"二元制"的二元之间究竟有什么关系?它们之间相互作用的方式如何?它们是相互对立的还是相互共生的?如何对它们进行革命?诸如此类的问题似乎将西方马克思主义女性主义研究带离了理论研究的核心问题,似乎总是在诸如此类的细枝末节上纠缠,这也在一定程度上为西方马克思主义女性主义研究带来一定的困难。凯瑟琳·吉布森和朱丽·格雷汉姆并没有纠结于这样问题的理论探讨,而是直接提出自己的鲜明观点:"二元制"实际上是"一元的",其中起核心作用的是资本主义。虽然父权制也在文化层面上起作用,但它只有在资本主义条件下、在社会化大生产的前提下才能起到如此深入而广泛的作用。因此,二元制的根源在于资本主义,对"二元制"的批判首先应对资本主义展开批判。带着这样的思想理论,凯瑟琳·吉布森和朱丽·格雷汉姆更将对资本主义的批判放在现代性和全球化的时代性背景中,对其进行现代性批判。她们指出,在现代性条件下,"经济、政治、文化和国民性相互强化,并以资本主义面目出现。我们正在认识这个世界,目的是要改造这个世界——我们一方面在追求着这个幻想,另一方面在沿着陈腐的路径前进。可是当我回过头时一看,发现我的分析结果表明:资本主义社会比我当初认识得更具体、更明确了。"[①] 在这种条件下,如何对越来越强大的资本主义进行研究呢?毫无

---

① J.K. 吉布森-格雷汉姆. 资本主义的终结:关于政治经济学的女权主义批判 [M]. 陈冬生,译. 北京:社会科学文献出版社,2002:4.

疑问需要对其进行现代性批判，但这种批判又不能只是简单的批判，因为简单的批判只能带来一种后果，即"当理论家描述父权制、种族歧视、强制性异性恋或资本主义霸权时，他们不仅仅是在描述他们所希望看到的、被动摇或被取代的一种形态，他们也在描述社会领域，并赋予这种描述以表现力。随着这种表达方式影响的逐渐产生，也许会有助于形成一种霸权形式的霸权。"① 为了避免在进行现代性批判的过程中，却相反地达到了巩固资本主义霸权形态作用的理论出现，凯瑟琳·吉布森和朱丽·格雷汉姆力图展开一种更为深刻的理论表达形式，即撇开对制度本身的现代性批判，而对观念本身进行现代性批判。对制度本身的现代性批判，马克思主义理论已经能够并达到了对现有制度弊端的揭示与反思，可对观念本身的批判则需要从思想深处、从思维方式等层面展开，这就通达了她们思想理论的第三个方面——对女性主义问题的现代性批判。这样的批判既是基于对女性主义片面的立场批判，更是将现代性批判置于资本主义霸权形象的解构上，通过整体性解构与局部性解构的结合，达到摧毁资本主义霸权形象，唤醒马克思主义者进行革命的理论旨趣。

在明确了对资本主义本身进行批判，容易进一步加强资本主义的作用时，凯瑟琳·吉布森和朱丽·格雷汉姆将对资本主义的现代性批判深入到对资本主义观念的批判上。正如前面所说对观念的批判是一种对人们长期形成的思想文化观念即思想理论的批判，这种思想理论长期统治人们的头脑，对其进行批判更显困难，因此这种观念在一定程度上已经成为人们惯有的思维方式影响着人们对问题的思考。那么如何才能从思想深处对这种观念进行现代性批判呢？从该书的思想理路中，我们发现凯瑟琳·吉布森和朱丽·格雷汉姆对这一困难问题的解决分为几个步骤。首先是确立对观念进行现代性批判的思维方式。在她们看来之所以形成这样的观念，其根本原因在于人们已经形成整体性和总体性的看待事物的方式方法。这种方法的特点就是将部分的或者局部的看做是整体性的、不可战胜性的事物。因此，要想改变笼罩整个社会上空的资本主义霸权观念，使非资本主义因素得到普遍流行，重新确立看待资本主义的新方法——人类性方法、政治经济分析方法、多元性理论

---

① J.K. 吉布森-格雷汉姆. 资本主义的终结：关于政治经济学的女权主义批判 [M]. 陈冬生，译.北京：社会科学文献出版社，2002：5.

和幽灵本体化方法。这些方法所注重的都是局部性、多元性和分散性，在方法论层面上对原有的整体性方法是有力地批判和翻转。其次，坚持这样的思想方法，如何推进这种批判，也就是对资本主义霸权观念的现代性批判理路如何展开，凯瑟琳·吉布森和朱丽·格雷汉姆也分为两个步骤。其一是对资本主义霸权形象进行具体的政治经济学批判。通过对资本主义社会中普遍流行的经济一元论的观念展开批判，认为仅仅将社会发展置于经济发展的一维视野上，不但会造成资本主义本身缺乏生机和活力，更遏制了其他非资本主义领域和非资本主义经济因素的发展，不利于历史向前发展。她们提倡非线性的进化观念，以此对抗资本主义的线性进化方式；通过对资本主义阶级现状和阶级概念的重新理解，将阶级中所蕴含的复杂性、多元性和多样性揭示出来，将资本主义霸权形象遮蔽下的多种阶级形态的活动揭示出来；通过对空间概念和全球化的女性主义批判，将资本主义空间概念的狭隘性和单一性特点彰显出来，同时也将全球化对其他非资本主义因素和非资本主义地区的影响并非单一的改造，而是多样性和多元性的特点彰显出来，重塑空间概念，改变对全球化的理解方式，也成为克服资本主义霸权形象的有力武器。这样，凯瑟琳·吉布森和朱丽·格雷汉姆就对经济、政治、文化等方面对资本主义一统天下的局面的虚假性展开了批判，从整体批判与部分解构的方式相互结合上摧毁资本主义的霸权形象。当然，她们在进行这样的批判中也没有忘记自身的理论使命：唤醒马克思主义者进行革命。当资本主义的"黑板上的魔画"已经完全从人们的脑海中消失殆尽，那么马克思主义者就会意识到自身的强大力量，所要进行的事情必然是革命。其二是她们要对资本主义的霸权观念进行文化批判。同以往理论家们通过理论推理或逻辑展开的方式进行理论建构所不同，她们选用生动事例、形象比喻，即具体的、感性的、或真实性的方式，认为资本主义霸权观念是一个类似于"稻草人"的怪物，它不但是人们主观创设出来的，更是可能变得越来越张牙舞爪的怪物。面对这样的怪物，去限制它、去分化它、去控制它，也就是用非资本主义因素去分化与瓦解资本主义的霸权。这就一方面将资本主义的内在本质用这种独特的方式揭示出来，另一方面也建构了非资本主义的形象，并以此形象与资本主义相互并存、相互抗衡。大有古希腊哲学一经产生就体现出的"拯救现象、还原本质"之思想实质。

171

(三) 思想观点之新

　　该书所开启的新路径还体现在对自己提出的思想观点的理解上，即西方马克思主义女性主义者凯瑟琳·吉布森和朱丽·格雷汉姆对资本主义展开的现代性批判问题的自我阐释上。在这部著作中，两位西方马克思主义女性主义者对资本主义从观念形态上展开了全方位的、较为深入的剖析，将其核心观点揭示出来：资本主义依靠观念上的霸权取得了日益巩固的政治、经济和文化地位，必须对其展开批判以唤醒马克思主义者进行革命。这期间她们将资本主义与非资本主义的关系类比于男性与女性之间的关系，具有思想上的启发意义。其观点所启发的新路径体现在她们深入思考了资本主义批判究竟是什么样的问题，并对这一问题作出回答：资本主义批判就是现代性批判。她们通过对资本主义批判引发了对现代性批判和现代性精神的思考，这是该书在现代性批判的思想观点上为我们开启的新路径。

　　凯瑟琳·吉布森和朱丽·格雷汉姆的资本主义批判更多的是对人类当前生存状况的焦虑，更多体现的是对以往资本主义理论的批判超越和思想方式的革新。她们的资本主义批判对现代西方工业文明社会中诸多层面的霸权作出了现代性阐释，尖锐地指出资本主义霸权的虚假性和矛盾性，并力求给予解决。从更深层次看，她们是在人的自由、人的价值层面看待资本主义霸权的。因此当她们以对资本主义霸权观念的批判为切入点和核心问题，对资本主义社会内部存在的种种不合理的制度展开批判，如阶级问题、全球化问题、经济控制问题等，使这种批判具有现代性批判的典型特征，并包含了她们对现代性的理解。当马克思用"一切固定的古老的关系以及与之相适应的被尊崇的观念和见解都被消除了，一切新形成的关系等不到固定下来就陈旧了。一切固定的东西都烟消云散了，一切神圣的东西都被亵渎了。人们终于不得不用冷静的眼光来看他们的生活地位，他们的相互关系"[1] 来理解她们所理解的现代性时，就能够发现现代性批判既包含着与传统之间的批判性和

---

　　[1] 马克思，恩格斯. 马克思恩格斯选集：第 1 卷 [M]. 北京：人民出版社，1995：275.

超越性，更包含着对现代性精神的尊重。前者表征了"现代精神必然就要贬低直接相关的前历史，并与之保持一段距离，以便自己为自己提供规范性的基础。"① 后者将现代性本身看做是一个不断以否定自身取得进步经验和动力的、自己反对自己却不断更新的运动过程。它的每次启程都在"谋求与过去的决裂，并将这种决裂作为自己的起点"，这之中始终贯穿着人类形而上的理想追求——如何实现人类生存的完善化和价值意义。正如哈贝马斯对黑格尔的评价："'随着突然升起的太阳'，我们到了'历史的最后阶段'，我们进入了我们的世界和我们的时代。"但是"它必须把与过去的断裂视为不断的更新。"② 而这种更新无疑就是指人们不断丰富和发展着的人类精神的形而上追求——也就是人类寻求自由和解放的终极理想和终极价值。人类精神的形而上追求表征着人类精神的终极性追求，而现代性精神则以内在否定性的思想传统推动着人类精神不断向人类理想的生存境地前行。现代性自我否定的思想传统不断推动时代通过自我否定而不断达到自我超越，形成了整个人类历史中以否定性的思想传统不懈地思索与追求人类精神的形而上——为人类精神建构精神家园的无止境进程。

正是基于对现代性精神的这种理解方式，以黑格尔、马克思和卢卡奇为代表的传统西方马克思主义都沿袭了对现代性的这种理解方式。黑格尔在现代性批判的层面上是具有关节点意义的第一位思想家。他认为一个"前无古人"的现代必须在自身内部发生分裂的前提下巩固自己的地位，有关此的忧虑，是"需要的根源"。"黑格尔同时阐明了现代世界的优越性及危机所在，即这是一个进步与异化精神共存的世界，因此，有关现代的最初探讨即已包含了现代的批判。黑格尔的任务在于：通过弥合康德主体和理性为特征的现代性所带来的鸿沟，使得现代性通过自我反思和自我批判获得向上发展的动力。在黑格尔看来首先应该认识到理性内部是存在分化的，不能仅仅将理性理解为主体的自我意识，也应该理解为世界和历史的本质。理性更应该被理解成为一种自我反思、自我批判、自我扬弃、自我提升的能力，这种能力不

---

① 哈贝马斯. 现代性：未完成的工程. 汪民安. 现代性基本读本 [M]. 郑州：河南大学出版社，2005：178.
② 哈贝马斯. 现代性的哲学话语 [M]. 曹卫东，译. 南京：译林出版社，2004：30.

但能够使得生活关系系统发生分裂，也应能够以其自身的力量将其统合起来。"① 这样，黑格尔的现代性批判使得现代性本身通过自我反思获得了一种鲜明的自我意识，并通过自身的否定之否定过程使得自身呈现为一种完满性。这种完满性对黑格尔之前的西方传统哲学是一种彻底的拒斥。当黑格尔将绝对精神作为一种理性精神的绝对合力试图弥合康德所遗留下来的本体世界与现象世界二分时，这种弥合的力量却看似内部的自我否定和自我批判，实质上却在绝对精神否定之否定的极致处自我锁死。现代性批判似乎只是为了达到这种极致而存在，而其中内涵的形而上精神追求的无上张力却被局限在理性向绝对理性发展的路途中，导致了现代性精神的"死亡"。

黑格尔的现代性批判作为一种内在否定的合力，旨在达到康德所遗留下来的理性与现实的和解，然而他过分地执著于将物质与意识、本质与现象、存在与存在者之间在概念、范畴和体系上推演，只是为历史的运动找到了抽象的、思辨的、逻辑的表达方式，即使努力地用理性的力量统摄现实，但最终却仅仅得到了扼杀现代性批判无限张力的结果。马克思继续了黑格尔的问题，却与黑格尔不同。在马克思看来，现代性批判想要达到理性与现实的和解不能仅仅局限于概念、范畴的推演，因为这还是局限于理性自身之内，在理性自身之内谈论理性和现实的和解，既不现实，也不可能。想要达到理性与现实的和解，必定要在理性与现实的双重维度中寻找一种统摄二者的力量。马克思认为不管理性以何种样态——"想象的理性"、"理性的概念框架"——呈现，都不是对现代性问题的解答。现代性就不是某一领域、某一方面的问题，而是一个具有整体性的、时代性的社会问题。正如安东尼奥·吉登斯（Anthony Giddens，1938~）所言："在其最简单的形式中，现代性是现代社会或工业社会的缩略语。"② 因此，"对马克思来说，社会——'现代政治社会现实'——是基础，宗教生活、哲学和资本主义国家都已经作为抽象物从中分离出来了。"③ 马克思的现代性批判就将黑格尔"只是为历史的运动找到抽象的、逻辑的、思辨的表达"的现代性批判理论进行了头脚倒

---

① 哈贝马斯. 现代性的哲学话语 [M]. 曹卫东，译. 南京：译林出版社，2004：32.
② 安东尼奥·吉登斯. 现代性：吉登斯访谈录 [M]. 尹宏毅，译. 北京：新华出版社，2001：69.
③ 哈贝马斯. 现代性的哲学话语 [M]. 曹卫东，译. 南京：译林出版社，2004：70.

置，重新奠定于社会历史存在的基础之上。马克思的现代性批判体察到了现代性所带给人类意义世界的危机，使人类无法承受无意义的生命之轻，并以批判的反思精神来抗议这种无意义感，在批判中寻找人类精神的家园。在对人的意义世界危机的反思中，马克思发现了新的文明诞生的可能。这种新的文明不再是黑格尔式绝对理性或绝对概念的产物，也不再仅仅是小布尔乔亚式面对现实的无力感伤，这种新的文明是作为旧世界掘墓人的斗士的无产阶级来造就的，是在实践的基础上的无产阶级的政治解放上升为社会解放，最终实现作为终极理想化的人类的自由全面发展。马克思所创造的新世界既脚踏实地地根基于现实，又以人类理想的终极追求引领人们不断接近完美的理想现实。

如果说西方马克思主义是现代性批判队伍中一群最为猛烈的斗士，那么卢卡奇无疑是处于西方马克思主义现代性批判最前沿的关键性人物。卢卡奇从黑格尔那里获得了革命的浪漫主义精神，也就是我们所说的人类精神的形而上追求。在卢卡奇看来，人类文明始终存在两种张力：一是以人的主体性为核心的人本精神，一是以可计算性和定量化为特征的科学精神。随着工业文明进程的加剧，两种文化精神之间存在的张力和冲突日益加剧。卢卡奇的理想就是恢复被科学精神遮蔽的人本精神。卢卡奇反对黑格尔式的将显而易见的矛盾从"精神科学的角度"使其统一起来，并构造一种有机的内在精神发展过程，力图将黑格尔的概念逻辑转化为现实逻辑。因此卢卡奇将黑格尔通过纯粹逻辑的和哲学的方式提出的——通过消除外化，自我意识向自身返回，实现主客体的统一，从而使绝对精神达到自身的最高阶段过程，转变为一种社会历史过程，并反复强调这一历史过程是通过无产阶级自觉地意识到自身是历史同一的主客体而实现的。即卢卡奇认为通过现代性批判唤醒无产阶级的阶级意识才是现代性批判的现实之路。但卢卡奇在现代性批判上也存有缺陷——力图将现代性问题还原为现实问题却始终无法真正找到通达现实的道路——其原因也恰恰在于卢卡奇思想中的"黑格尔式"痕迹。这正如他自己的评价："我们看到了未能对黑格尔遗产进行彻底的唯物主义改造，从而——在双重意义上——予以扬弃影响。"① 卢卡奇以后的西方马克思主义大

---

① 卢卡奇. 历史与阶级意识[M]. 北京：商务印书馆，1999：15.

体沿着卢卡奇开创的使现代性批判现实化道路继续前进。然而由于他们没有像马克思那样找到真正将现代性的理论批判与现实批判统一的路径——实践，因此在某种程度上，他们的批判虽然广博精深，却始终不能通达其所追求的终极目标。

凯瑟琳·吉布森和朱丽·格雷汉姆作为西方马克思主义在当代的发展，她们所进行的现代性批判也继承了以卢卡奇为代表的西方马克思主义现代性批判理路。该书所进行的现代性批判也始终围绕着现代性批判的双重内涵——面对现实生活世界的批判和对现代性精神的彰显。前者在该书中表现得尤为明显。当凯瑟琳·吉布森和朱丽·格雷汉姆用"一个（荒谬的）怪物正张牙舞爪"来描述资本主义之时，当她们对资本主义诸多具体领域进行批判时，她们涉及到的就不仅仅是资本主义霸权概念。她们是从现实生活世界出发、从现实生活世界中的人的真实生活状况出发，甚至从某个生活于资本主义世界中的具体的人的状况出发，描述生活在资本主义世界中的现实的人各种境遇——包括阶级的、经济的、政治的、性别的和文化的。这些批判作为其现代性批判的重要组成部分，构成了以凯瑟琳·吉布森和朱丽·格雷汉姆为代表的西方马克思主义女性主义现代性批判的现实维度。但如果仅仅将现代性批判理解为对现实的批判，现代性批判也终将因其丧失内在的张力而凋落。因此，真正的现代性批判在对现实世界进行批判的同时，一定不能遗忘对现代性精神——人类形而上精神追求的拯救。在这方面，凯瑟琳·吉布森和朱丽·格雷汉姆的现代性批判中也有体现。首先，当她们想要破除资本主义的统一性、单一性和整体性特点之时，她们所希冀的就是将人们从资本主义霸权观念这种绝对同一的、没有未来的丧失了理想性可能的霸权存在中解放出来。正是这种霸权观念使得人们丧失了对未来可能性的种种理想，而仅仅沦陷在当前的绝对性中无法挣脱，她们是想要带领人们走出这种困境。其次，凯瑟琳·吉布森和朱丽·格雷汉姆将解决女性主义问题和破除资本主义霸权联系起来理解，将其共同作为一种理想性存在。她们这样认为，对资本主义霸权观念的破除，可以有助于我们建立这样的社会，"它们不可能是堆积在资本主义门槛上的、我们想要包治百病的万灵药，但它们却是现在就可以看得见，并能重复再生的社会主义。"① 这种社会主义虽然不像资本主义所标榜的是万能的灵药，但却是能彰显人的自由精神的文明社会，也是女性主义问题能够得以解决的社会。

凯瑟琳·吉布森和朱丽·格雷汉姆通过对资本主义社会进行的政治经济学批判，和其批判所彰显的人类自由解放之理想，重新开启了现代性批判精神。她们在肯定历史的生成性与未来性中揭露资本主义社会的暂时性和虚假性，将现代性批判呈现为时代的显性问题，使现代性问题不断，现代性批判不止；现代性批判不止，现代性事业未竟！当然，凯瑟琳·吉布森和朱丽·格雷汉姆在对资本主义的现代性批判中，也留下了一些问题尚待我们继续思考，如现代性问题是何种问题，现代性精神仅仅是人类自由之理想吗，这种理想如何实现，现代性精神与现代性的现实批判之间的相互作用是如何发生的，诸如此类的问题，也开启了我们进行现代性批判的新思路。

凯瑟琳·吉布森和朱丽·格雷汉姆的这部著作的发表或出版是具有重要意义的，它使对资本主义的解读不再沉迷于对立的政治或经济，而是在政治经济批判的思想逻辑之下的合逻辑的现代性批判过程。这部著作在思想立场、思想理路和核心观点上区别于西方马克思主义女性主义的其他研究的独特性使得此书独树一帜：思想理论的深刻性与表达方式的生动性相结合、马克思主义立场与女性主义思想方法相补充、现代性批判的宏观理解与解构主义的微观把握相印照，这些特征使得这部著作作为研究西方马克思主义女性主义所绕不开的重要作品，充满了思想魅力。尚且不论它作为一部理论探讨的作品所得出的结论是否能在现实生活中起到作用，但作者在思想理论探讨中表现出的远见卓识、理论勇气和思维方式对我们进一步进行西方马克思主义女性主义理论研究具有重要的启示意义。

---

① J.K.吉布森-格雷汉姆.资本主义的终结：关于政治经济学的女权主义批判[M].陈冬生，译.北京：社会科学文献出版社，2002：332.

结 语　《资本主义的终结》现代性批判的新问题

通过以上对《资本主义的终结》的分析与研究，基本上将该书所体现的对资本主义经济、政治的现代性批判、文化的现代性批判以及由此开启的新思维、新视野等方面揭示出来，本书似乎可以告一段落。但如果按照哲学的思维方式将哲学史理解为问题史，将哲学形态的不断更迭看做以哲学问题的提问方式为动力的历史发展过程的话，那么一部著作或一种哲学研究带给人们最大的收益莫过于新问题的提出。宽泛地说，一切认识都起始于问题。问题既意味着某种无知，又意味着准备摆脱无知，进入相对知之境界的意识与无意识冲动。正如美籍犹太哲学家赫舍尔（Abraham J. Heschel，1907~1972）精辟地指出："提出一个问题（question）是一种理智的活动；它是渴求知识的产物。"① 或许，我们研究一部著作的目的，不在于通过理论探讨获得既定的结论，而在于通过思考获得值得进一步研究的问题。对该书的研究也是如此，作为西方马克思主义女性主义的代表性著作，对其研究究竟能够引发我们进行何种方式的思考，我们能够在何种意义上将该书引发的问题进一步涤荡开去，这或许是更值得我们深入思考的问题。

　　问题之一：如何理解文本及文本解读。首先应该思考的问题是，在当前理论研究已经从文本式研究到思想性研究的今天，文本研究是否还有意义，其意义究竟何在。文本的研究并非对纯粹客体性存在的叙述，而是力图实现三重统一。首先是作者与文本之间的统一。即作者如何将自己对问题的理解和把握投射到客体——文本当中，使之成为一种本质力量的外化或对象化，从而具有客观性（这种客观性当然是融合作者主体意识的客观性）。其次是读者与文本之间的统一。即读者如何将自己的主体意识、认知能力、思维能力、实践能力及价值选择能力等一系列能力投射到客观存在的文本当中，将

---

① 赫舍尔. 人是谁 [M]. 隗仁莲，译. 贵阳：贵州人民出版社，1995：1.

自身所具有的理解的背景性融入文本当中，使文本的客观因素为主体自我意识服务。最后是读者所具有的时代性与文本所具有的历史性之间的统一。与其将文本理解为凝固不变的存在，不如将其理解为具有历史流动性的思想资源。而文本的理解或解读就成了结合读者自身所面对的时代境遇，对文本进行适合自身生活世界变迁和价值选择转换的重构。当然在这样的重构过程中，要实现历史与现实的统一，既要尊重文本的历史性，以历史性和对传统尊重性的眼光审视文本，也要将自身所处的时代性特征共同凝结在文本的新诠释和重构过程当中，无怪乎伽达默尔指出："解释学的真正家园即在这中间地带（时间差距）中"①。如果说文本的理解中的确存在这三重统一，那么文本本身一方面具有中介性价值——既体现为读者价值生成过程的历史延续性，又是读者主体自我意识能动性和创造性地发挥，更是读者将自身的时代性与文本历史性统一的过程。这种中介性能够产生作者与读者的双重主体活动的彼此沟通与思想对接；另一方面，也是更为重要的一方面，读者在通过文本力图把握作者的思想价值和精神实质时，投射出哲学解释学的原则与范式的主观创造性本质，通过文字固定下来的东西已经同它的起源和原作者的关系相脱离，并向新的关系积极地开放。作者的意见或原来读者的理解这样的规范概念实际上只代表一种空位，而这空位需不断地由具体理解场合所填补。"我们不是将文本扔在一边，而是让我们进入文本。于是我们在文本之中就像每一个说话的人在他说的话之中，说话人并不与他的话保持一段距离，仿佛它们是使用了又放在一边的工具一样。"② 正是文本及文本解读具有的这一特性，才有理论界在一定时期内对于理解是主体对客观存在的把握还是主观创造性过程的分歧。事实上，正如文本本身存在的三重统一一样，对于文本解读也应该遵循三重尺度——即文本的尺度、读者的尺度、历史与时代的尺度，三者缺一不可。尊重文本的尺度，就是尊重文本的客观性，尊重文本的原意，离开文本本身的解读就不能称之为解读，而仅仅是对文本的一种诋毁或篡改；尊重读者的尺度，就是尊重读者的主体性，尊重其思想的独创性，离开读者的主体性和其思想的独创性的文本解读只能是对作品的复制或鹦鹉学舌式的重复。尊重历史与时代的尺度，就是既尊重文本所产生的时

---

① 伽达默尔. 时间距离的解释学意蕴 [J]. 甘阳, 译. 世界哲学, 1986 (3).
② 伽达默尔. 伽达默尔集 [M]. 上海：上海远东出版社, 1997：54.

代性、历史性，将其看做是作者对其所处的历史条件和时代特征的典型反映，又尊重读者的时代性特点，读者总是基于一定的时代性特征和生活世界基础来对文本进行解读和重构的，在文本的解读中，历史性与时代性因素都应该有所考虑。真正的解读应该立足于三重尺度的统一，即读者在尊重文本客观性基础上的主观能动性的发挥，这种能动性的发挥必须是读者以批判精神为原则，主动参与文本之中，在重新体验和重构文本的境遇——历史语境与当下语境的结合当中，成为能动地传承文本和重构文本的统一体。因此，文本的理解"既不是由于主体具有更清晰的观念从而有优越的知识这种意思，也不是意识对于创造的无意识本性具有基本的优越性这种意思。只需要说，如果我们有所理解，我们就总是以一种不同的方式在理解，这就够了"[1]。正是本着对文本和文本解读的这一理解方式，我选择对《资本主义的终结》这一文本进行文本解读，并力图本着解释学的原则，从"实谓（从原典考证、原始资料的考查，去决定原思想家的实际言诠）、意谓（尽予如实客观地了解并诠释原典义理或原思想家的意思意向），蕴谓（原典或原思想家言诠的种种可能义理蕴涵；思想史的理路线索、言诠在思想史上的积淀深化等等），当谓（原有思想的深层意蕴或根本义理所在，诸般可能诠释方式的优劣裁断或高低评价等等），必谓（站在新时代立场对于原有思想之批判的继承与创造的发展）"[2]，对作者本来说了什么、事实上说了什么、可能说了什么、应当说了什么、我还能说什么这一系列问题作出自己的理解和诠释。无论达到与否，仅代表我在此问题上的一些努力和尝试。

问题之二：何为女性主义思想立场。在该书的论述中，两位西方马克思主义女性主义者始终将脱离单纯的女性主义思想立场，立足于马克思主义上的人类性立场思考女性主义问题作为其思想立场转换的重要内容。那么我们首先就应该思考何为女性主义思想立场。西方马克思主义女性主义研究（或者从更宽泛的意义上来说，全部女性主义研究）都立足于一个理论假定或预设，即我们之所以对世界以及人与世界的关系形成不同的认知方式，根本上源于社会位置的差异，因而只有从恰当的"立足点"——思想立场出发，才能获得正确的认识。正如西方马克思主义女性主义者朱莉亚·伍德（Julia

---

[1] 伽达默尔. 时间距离的解释学意蕴[J]. 甘阳, 译. 世界哲学, 1986 (3).
[2] 傅伟勋. 从西方哲学到禅佛教[M]. 北京：生活·读书·新知三联书店, 1992：51—52.

T. Wood，1920～ ）曾经指出的那样："立场论隐含的一个重要意义是，尽管所有观察社会生活的视角都有其局限性，但是其中一些视角的局限性大于另一些视角。等级制度中的当权者在维护其地位中享有既得利益，因此他们的社会生活观念被扭曲的程度比那些从现有权力关系中所得甚少甚至一无所得的人更为严重。"① 女性的经验和生活形成了独特的认知模式与价值体系，这与男性的认知构架是有所区别的。也就是说，在大多坚持女性主义思想立场的西方马克思主义女性主义者看来，女性生活所处的情境较之男性生活所处的情境更能够产生较为真实的认识。如果可以将这种立场作为女性主义思想立场，我们会发现，这里存在一个前提性假设，即女性作为一个社会性别具有共同的女性主义思想立场。事实上，基于种族、阶级、民族等不同特点，是否存在一种共同的"大写"的女性主义思想立场是值得商榷的。该书的两位女性主义马克思主义者就持此观点，认为仅仅从单一的女性主义立场思考女性主义问题具有一定的虚假性，应该站在马克思主义的人类性思想立场上思考问题，才能克服虚假性，达到彻底性。因此两位西方马克思主义女性主义者力图不断地融入马克思主义，在思想立场上，体现为从女性主义思想立场转变为基于马克思主义的自由和解放的新立场。问题在于，这种思想立场的融会与转化能否实现？我们都知道，马克思始终把自己的思考放在人类解放的意义上进行："只有现实的个人同时也是抽象的公民，并且作为个人，在自己的经验生活、自己的个人劳动、自己的个人关系中间，成为类存在物的时候，只有当人认识到自己的'原有力量'并把这种力量组织成为社会力量因而不再把社会力量当做政治力量跟自己分开的时候，只有到了那个时候，人类解放才能完成。"② 马克思对人类解放的追求建立在对社会基本矛盾和基本关系的探讨之上，认为无产阶级通过现实的实践活动而不断实现人类的解放从而实现自身的解放。而该书的人类性思想立场建立在对资本主义的多样化理解基础上，似乎包含着这样一个逻辑思路：资本主义是多样的——非资本主义因素存在于资本主义当中——人类解放即将完成。而后两者之间缺少必然的逻辑关系，为什么非资本主义因素存在于资本主义当中就能

---

① 朱莉亚·伍德. 性别化的人生：传播、性别与文化 [M]. 徐俊，尚文鹏，译. 广州：暨南大学出版社，2005：34—35.
② 马克思，恩格斯. 马克思恩格斯全集：第1卷 [M]. 北京：人民出版社，1956：443.

够使得人类解放完成？它们是通过何种过程或途径实现这种解放的？这似乎更是问题的关键。该书在研究中恰恰对此问题没有作出努力，而仅仅是抽象地谈论人类解放和女性解放。因此，这种思想立场与马克思主义的思想立场还是存在一定距离的。

问题之三：女性主义何以体现马克思主义。作为西方马克思主义女性主义者，她们始终力图用马克思主义解释女性主义问题，那么两者如何能够恰如其分地结合？通过对该书思想理论的整体把握，可以初步得出这样的结论：两位西方马克思主义女性主义者试图通过对资本主义的政治经济学批判实现女性主义与马克思主义的结合。但事实上，这种结合是值得商榷的。该书对资本主义具体领域进行的政治经济学批判与马克思的政治经济学批判还是存在着很大的不同。这首先涉及到对政治经济学批判本身的理解。在两位西方马克思主义女性主义者看来，政治经济学批判的出发点是针对资本主义霸权观念，由此观念衍生出来的"经济一元论"和"阶级概念单一化"是其进行政治经济学批判的直接原因。因此她们所谓的政治经济学批判是针对政治和经济自身的批判，是力图把"经济一元论"和"唯经济论"变为"多元经济论"的批判，也是力图将原有对资本主义阶级状况的单一性变成丰富性的批判。这种批判是针对政治经济层面的观念或是现象的批判，也可以说是针对对象的实体性的实在批判，而马克思的政治经济学批判是针对关系的批判。马克思曾在《政治经济学批判》序言中指出："我考察资产阶级经济制度是按照以下的顺序：资本、土地所有制、雇佣劳动；国家、对外贸易、世界市场。在前三项下，我研究现代资产阶级社会分成的三大阶级的经济生活条件；其他三项的相互联系是一目了然的。"① 也就是说，在马克思看来，政治经济学分析就是建立在对资本、土地所有制和雇佣关系分析基础上的一系列研究的总和，也是对资本主义社会中的经济生活条件的分析。政治经济学批判，首先是从物质关系的总和——马克思"市民社会"的剖析出发。在对市民社会的解剖中，马克思发现了建立在人们社会生产中的一定的、必然的、不以他们意志为转移的客观经济关系，这些经济关系构成了社会的经济结构，并在其基础上形成了整个政治结构和政治关系。在经济关系和政治关

---

① 马克思，恩格斯. 马克思恩格斯选集：第 2 卷 [M]. 北京：人民出版社，1995：31.

系基础上又有意识形态和法律等关系。这是从社会的横截面上来看；如果从社会发展的纵向上来看，这些关系之间的相互作用，又构成了社会和历史发展的基本动力，推动整个人类历史不断向前迈进。马克思的政治经济学批判始终是有宏大历史观走向的政治经济学批判，是在政治经济学批判中展开多元关系的历史批判，是建立在历史唯物主义基础上的政治经济学批判。因此，有些学者才认为马克思的政治经济学批判虽然是从对"市民社会"的批判出发的，但却在某种程度上使整个唯物史观或历史唯物主义由此诞生。马克思的政治经济学批判是唯物史观的诞生过程，唯物史观的诞生又以政治经济学批判为路径的。两位西方马克思主义女性主义者与马克思的政治经济学批判在这一点上比较，就显现出缺乏历史观的宏大视野和历史观未来走向的宏大趋势，也就使该书的政治经济学批判较之马克思的政治经济学批判缺乏深刻性和丰富性。她们力图实现的女性主义与马克思主义的结合，也只能是女性主义的马克思主义或马克思主义的女性主义。因为，只有基于历史唯物主义的政治经济学批判才能真正体现女性主义思想立场向人类性思想立场的转化，才能将女性不再作为一种社会性别，而是追求自由与解放群体的一部分，也才能实现女性主义与马克思主义的结合，也才能通过女性主义这样的思想立场体现马克思主义及其思想立场。

问题之四：新阶级理论能否成为划分阶级的依据。在两位西方马克思主义女性主义者对阶级理论进行现代性批判时，呈现出典型的后现代主义特征——打破单一性，实现多元化。即把阶级理论从以社会生产中的地位以及剥削关系作为划分阶级依据转变为以社会性别在社会生活中所扮演的社会角色作为阶级划分的依据，以达到从形式上远离经济一元论，从内容上克服简单阶级分类的目的。但更值得我们思考的是，社会性别所扮演的社会角色，能否行之有效地成为划分阶级的依据？恩格斯在《社会主义从空想到科学的发展》中指出："生产以及随生产而来的产品交换是一切社会制度的基础；在每个历史地出现的社会中，产品分配以及和它相伴随的社会划分为阶级或等级，是由生产什么、怎样生产以及怎样交换产品来决定的。"① 并认为"社会阶级在任何时候都是生产关系和交换关系的产物，一句话都是自己时代经

---

① 马克思，恩格斯. 马克思恩格斯全集：第19卷[M]. 北京：人民出版社，1963：228.

济关系的产物。"① 马克思也在《孟德斯鸠第五十六》中指出："在我们这个时代也有劳动和分工，因此也就有阶级，其中一个阶级占有全部生产工具和生活资料，另一个阶级只有出卖自己的劳动才能生存，而出卖劳动也只有当购买劳动能使雇主阶级发财时才有可能。"② 也就是说，在马克思主义这里，阶级的划分不仅仅突出了生产力与生产关系的决定作用，更突出了阶级的社会历史性特征，即阶级划分的依据不但应该是经济决定论，更应该是历史文化决定论的。"马克思、恩格斯、列宁和毛泽东无论什么时候在分析社会阶级时都远非把自己仅仅局限于经济标准，他们都明确谈到政治标准和意识形态标准。"③ 不同时期生产力与生产关系的发展状况以及在此基础上形成的政治制度和意识形态要求，共同决定一个时期的阶级划分。这是将阶级作为社会历史概念的典型呈现。与之相反，西方马克思主义女性主义者仅仅将社会角色作为区分阶级的标准，那么问题就产生了：这样的所谓"阶级"如何能够既作为基于社会发展的自在存在，又作为推动社会发展的自为存在（多重社会角色必定导致自在自为性的弱化甚至丧失）？这样的"阶级"如何能够体现为经济、政治、文化、意识形态等相互统一的存在？这样的理解方式又如何能够体现阶级作为社会历史概念的基本特性（多重社会角色决定的阶级仅仅从社会发展的横截面中看待阶级，使阶级丧失文化历史特性）？恐怕这一切都是新阶级理论所无法达到的。新阶级理论以社会角色理解阶级导致阶级多元化的同时，所产生的更为严重的后果在于，使阶级社会中的阶级概念泛化乃至消失，这不但是对马克思唯物史观的不理解，更使得两位西方马克思主义女性主义者理论的深刻性大打折扣。

问题之五：对全球化观念的批判。两位西方马克思主义女性主义者对全球化的现代性批判呈现出的典型特征，在于她们不是从经济、政治、文化等层面对全球化展开批判，而是独辟蹊径地从女性主义视角对全球化观念展开批判，以此引发人们对全球化的思考。"全球化"一词首次提出是"经济全球化"的特指，即指称全球范围内经济发展摆脱民族国家的限制，从封闭、半封闭状态走向动态的全球开放的状态；世界各国的经济形态将统一在市场

---

① 马克思，恩格斯. 马克思恩格斯全集：第20卷[M]. 北京：人民出版社，1971：29.
② 马克思，恩格斯. 马克思恩格斯全集：第6卷[M]. 北京：人民出版社，1959：221.
③ 尼克斯·波朗查斯. 论社会阶级[J]. 新左派评论，1973（78）.

经济的规律之下并推动生产力发展所需要的各生产要素在全球范围内逐渐地整合成一个整体的状态。随着经济成分在世界范围的快速流动，人们开始把全球化的外延扩大，赋予它越来越多的实际意义。于是，又把诸如环境问题、安全问题、人口问题和社会公正问题等作为由全球化引发的问题称为"全球化问题"。因此全球化就超出"经济全球化"的最初内涵获得更为广泛的含义。具体说来，广义的全球化的内涵如下：以经济形态和生产方式为基础的经济一体化、以政治制度和国家形式为基础的政治一体化以及以文化特征和意识形态为基础的文化一体化。如果我们可以对全球化作出这样的理解，那么两位西方马克思主义女性主义者没有在经济一体化和政治一体化等理论界论述较为集中的视角上探讨全球化，而是力图在文化一体化的意义上，批判资本主义观念在文化形态上的霸权地位。批判是深刻的，视角是独特的。但问题在于，批判全球化观念能否代表对全球化问题的现代性批判，以及这种批判所要达到的真正目的何在，这是值得深思的。全球化问题是伴随着经济一体化、政治一体化和文化一体化在整个世界范围内造成的恶果而产生并提出这一观念，也有许多思想家展开对这一问题的研究，但无论如何仅仅从观念层面对全球化进行批判似乎不能很好地说明问题。马克思曾经说过："批判的武器当然不能代替武器的批判，物质力量只能用物质力量来摧毁。"① 也就是说，"全球化"是我们现实生活、现实世界的实际问题，它是当下的，也是未来的；它是文化观念的，更是经济政治的。这样的问题绝不是破除观念的问题，更是用怎样的观念、怎样的思维方式去实践的问题，既是要依靠"物质力量"对其进行摧毁的问题，更是要依靠"物质力量"对其进行建设的问题。

问题之六：思维方式转变问题。两位西方马克思主义女性主义者的政治经济学批判实现了思维方式的转变，即从以往女性主义的思维方式转变为人类性的思维方式、从整体性思维方式转变为多样性思维方式、从对资本主义的现实批判转变为现实批判与批判精神的相互结合，体现出思维方式上鲜明的独特性。马克思指出："社会生活在本质上是实践的，凡是把理论导致神秘主义方面去的神秘东西，都能在实践中以及对这个实践的理解中得到合理

---

① 马克思，恩格斯. 马克思恩格斯全集：第1卷 [M]. 北京：人民出版社，1956：406.

的解决。"① 同时马克思又将哲学家的任务规定为能动地改造世界："哲学家只是用不同的方式解释世界，而问题在于改变世界。"② 不仅如此，马克思还将人能动地改造世界的活动，作为人的真正本质的彰显："正是在改造对象世界中，人才真正地证明自己是类存在物。这种生产是人的能动的类生活。通过这种生产，自然界才表现为他的作品和他的现实。因此，劳动的对象是人的类生活的对象化……从而在他所创造的世界中直观自身。"③ 这样马克思从实践观点思维方式的变革出发，从人的真实的实践活动出发，才找到社会存在的基本矛盾，创立唯物史观。因此实践观点的思维方式不但代表了马克思思维方式的变革，也代表了马克思整个世界观和历史观的变革，更代表了真正意义上的人类性思维（如果真如西方马克思主义女性主义者所说存在这样一种思维的话）的确立。因此，马克思实践观点的思维方式更具有基础性和根本性，或具有理论风格和现实风格，即实践观点思维方式不是从社会生活的现象出发（无论对社会生活的整体性理解还是多样性理解都是从现象出发），而是从社会生活的本质——实践出发；不是从简单的作为"类"意义上的人出发（西方马克思主义女性主义"人类性思维方式"仍然具有一定的虚假性），而是从现实性的维度面向人们的生活世界及真实生存；不是仅仅从理论和观念上进行批判（西方马克思主义女性主义的现实批判与批判精神在某种程度上都没有真正代表现实批判），而是从现实活动出发在理论和实践双重意义上进行理论批判与实践改造。之所以认为马克思的实践观点思维方式是深刻的，正是在于其基础性和根本性——从此出发能够真实地解读和解决社会生活中的各种问题，不仅仅解释世界，更是在改变世界。

问题之七：怎样的思想理论才能带给西方马克思主义女性主义理论以生机。在该书中，两位西方马克思主义女性主义者采取同大多数西方马克思主义女性主义不同的方式来研究资本主义问题。或者说她们眼中的女性主义问题的根源——不是从女性主义问题出发，谋求马克思主义对女性主义的补充；而是从马克思主义出发，用女性主义的某些思想方法和思想观念对其加以理解。所达到的效果，在她们看来既解决了马克思主义面临的问题，也为

---

① 马克思，恩格斯. 马克思恩格斯选集：第1卷[M]. 北京：人民出版社，1995：57.
② 马克思，恩格斯. 马克思恩格斯全集：第42卷[M]. 北京：人民出版社，1979：96.
③ 马克思. 1844年经济学哲学手稿[M]. 北京：人民出版社，2000：58.

女性主义问题的解决创造了契机。她们在这一过程中，也吸取了后现代主义理论中有益的、进步的思想理论。从她们理论批判的实际效果来看，的确对资本主义霸权观念起到了解构作用。但是她们似乎忽略了一个问题：对资本主义霸权观念解构不应该是理论研究的终点或目标，更重要的是她们想要通过对资本主义霸权观念的解构建构什么。凯瑟琳·吉布森和朱丽·格雷汉姆在文中提出要发展多样化经济，使非资本主义经济和其他非经济领域中的非资本主义因素获得平等发展的空间，其立足点仍然是经济"发展"、经济"解放"和经济"平等"，这仍然是她们所批判的"经济一元论"的思想框架；再有，即便资本主义霸权观念已经得到彻底的解构，那么资本主义与非资本主义以何种方式相互共存，能否达到她们所提出的和谐共存，这是需要条件的。资本主义在经济、政治、文化方面的本性就是扩张，就是占有一切可以占有的资源。这样就必须有一种新的社会制度将其限制在某些特定的范围之内，它才有可能实现与其他社会形式之间的共存，否则单一地谈"共存"是没有意义的；另外，凯瑟琳·吉布森和朱丽·格雷汉姆解决问题的方式是依靠"多元决定论"，那么"多元决定"如何实现呢？我们都知道，毛泽东在《矛盾论》中对矛盾的主次方面关系进行了详细地论述："在各种矛盾之中，不论是主要的或次要的，矛盾着的两个方面，又是否可以平均看待呢？也是不可以的。无论什么矛盾，矛盾的诸方面，其发展是不平衡的。有时候似乎势均力敌，然而这只是暂时的和相对的情形，基本的形态则是不平衡。矛盾着的两方面中，必有一方面是主要的，其他方面是次要的。事物的性质，主要地是由取得支配地位的矛盾的主要方面所规定。"① 因此，主要矛盾决定事物的性质。那么在诉求上和目的上不同的"多元"性因素如何能够共同决定事物的性质呢，这虽然具有本质主义特点，但却是需要注意的问题。基于这些问题，我们提出：西方马克思主义女性主义应该以何种理论作为其思想支撑，显然是马克思主义理论而不是后现代主义理论。诚然，她们目前的这种寻求多种理论资源之间的融合，能够给问题的解决带来一些崭新的契机，但也难以避免多元理论之间的相互碰撞造成的分歧和冲突而无法得到真正的融通。

---

① 毛泽东. 毛泽东选集：第1卷[M]. 北京：人民出版社，1951：326.

问题之八：西方马克思主义女性主义究竟应该以什么作为自己的理论目标。两位西方马克思主义女性主义者将自己在该书中的理论旨趣概括为——为什么马克思主义者只能等待革命。在她们看来马克思主义者的革命是彻底性和根本性的，只有马克思主义者奋起进行革命才能解决目前社会和社会中的人面临的问题。所以她们将研究旨趣放在了如何唤醒马克思主义者进行革命上。在这里，她们既同马克思在《1844年经济学哲学手稿》中对异化的批判所要达到的结果有着一致性，也与西方马克思主义的鼻祖卢卡奇通过对"物化"现象和物化意识的理论批判，所要达到唤醒无产阶级革命意识的思路有着异曲同工之妙。但仔细思考，三者之间也有这样那样的不同：后两者通过对物化和异化的批判，认为两者均是对人的自由和全面发展的束缚和摧残，更是对无产阶级的一种压迫："劳动所生产的对象，即劳动的产品，作为异己的东西，作为不依赖于生产者的独立力量，是同劳动对立的，"① "劳动为富人生产了珍品，却为劳动者生产了赤贫。劳动创造了宫殿，却为劳动者创造了贫民窟。"② 这样对异化和物化的批判，能够起到唤起无产阶级革命的作用；而前者却是在前提和结论之间存在着这样一种逻辑关系：马克思主义者没有进行革命是出于对资本主义霸权观念的恐惧，消除这种恐惧就能够唤起马克思主义者进行革命。这两者之间的逻辑关系没有必然性。诚然，目前对资本主义霸权观念的理解可能是阻碍马克思主义者进行革命的原因之一，却不是根本原因。况且，革命本身是一种反抗的力量，其本身建立在对作为一个阶级的存在或作为整个人类的"类"存在意义上的压迫，也存在于对人自由和解放追求的束缚当中，这样的革命原因才能作为革命动力催生着革命的不断生成。而将资本主义霸权观念的破除也视做这样的革命动力，似乎缺乏有力性——它并非造成马克思主义者无法奋起革命的根本原因。因此，对资本主义霸权观念的破除与她们提出的结论之间是否存在必然的联系仍需斟酌。

问题之九：对资本主义的现代性批判。在该书中，两位西方马克思主义女性主义者通过对资本主义所表现出的齐一性、整体性、本质主义的方法论病症的现代性批判，在现代西方哲学特别是后现代主义哲学的多元性和反本质主义的视阈下，不但对资本主义从社会发展体系、权力体系或实体的存在

---

① 马克思. 1844年经济学哲学手稿[M]. 北京：人民出版社，2000：44.
② 马克思. 1844年经济学哲学手稿[M]. 北京：人民出版社，2000：46.

等方面进行全方位的把握，而且对其具体领域展开现代性批判，即包括对经济领域、政治领域、文化领域的资本主义批判——对于经济领域的批判涉及生产领域、流通领域、消费领域、管理领域及各领域内的阶级关系等作为资本主义生产关系的重要组成部分；对于政治领域的批判涉及资本主义的政治制度、权力关系、意识形态等；对于文化领域的批判涉及资本主义的文化特征及功能等，体现了现代性批判的整体性和局部性相结合的特征。然而，问题在于这种现代性批判仅仅基于观念上层建筑，没有真正体现现代性批判的现实精神。这一问题也带给我们可以进一步思考的问题：如何真正地面向资本主义本身进行现代性批判。这一问题基于我们对现代性批判的理解。现代性批判包含时间维度辩证法和空间维度辩证法：时间维度的辩证法预示了现代性问题将不断被克服、被超越而现代性却将永远奔涌向前的历史发展必然趋势；空间维度辩证法在不断地起承转合中将现代性的命运与整个人类的命运紧密结合。而时空双重维度的辩证法又不是相互孤立的，二者统一于现代性不断自我否定和自我批判这一属性当中。这种自我批判和自我否定既表征了现代性自身所实现的自我否定、自我批判、自我超越，又蕴含在现代性为人类寻求自由和解放的终极理想和价值追求的征程当中。如果可以对现代性作出这样的理解，那么基于现代性双重维度的资本主义批判就应该是马克思的现代性批判，即将资本主义的现代性看做是资本主义特定历史时期所生发出来的特殊事物，它既以否定性表征着对传统的继承和超越，又具有在其基础上生发出未来性、开放性的特征；既具有一种空间性的地理定位，又将这种定位放在人类形而上追求与现实批判当中突出其现实性特征。资本主义的现代性批判就应该是马克思的现实批判与批判精神相结合的批判。

正如有的学者所说："问题，无论在自然科学还是在哲学中都是思维发展的推动力量，是思想创新的推动力量。科学探索总是对未知对象问一个'为什么'，寻求对科学问题的答案。而哲学恰好是对'为什么'再问'为什么'，是对'为什么'中普遍存在的'为什么'的探索。哲学问题不能存在于人类的实践活动中的问题之外。先有问题中的哲学才会有哲学中的问题。"正是在对《资本主义的终结》的'为什么'进一步提出'为什么'的过程，我们力图将问题中的哲学变成哲学中的问题展开更深入地思考。因此，问题到了这里，远没有中止，反而有了新生。还是那句话——现代性问题不止，现代性批判不断，现代性批判不止，现代性事业未竟！

后　记

　　我相信历史的意义。历史通过时间显现自身的魅力，当曾经的当下经由时间流转变成历史时，许多"真"也被时间的魔法师变幻。历史总是想要追溯从前，而时间却有相反的打算。就在这一来一往的较量中，蕴含着思想之维。由于时间由过去指向未来，于是人们愿意在目的性上追赶时间，而在手段性上依赖历史。也许我也如此，不能掩饰对历史的好奇，也不能不热爱伽达默尔的名言："人理解历史，实际上就是理解人自身，具体地说，就是在历史的时间性中，在人生的有限性中追寻人的存在的意义。"选择对西方马克思主义女性主义经典文本的文本解读也许正是如此——如何在文本解读的目的性与文本的时间性和历史性保持一致的前提下，挖掘文本本身对当代人的思想价值。或许只有懂得了历史性文本的存在是在于它曾作为某种当下性存在能够为当前的某些当下性问题提供启示与意义，才能真正读懂文本、理解历史。因此，对这一问题的理论思考，不仅基于作为理性自由思考的个体对自身所处的社会历史境遇的体味和感悟，也出于对历史的尊重和力图重新把握历史的夙愿，更是力图通过对历史遗留下来文本的现代审视中拂拭出人理解理论自身以及人赋予历史理论以当下性存在的努力与尝试。

　　我相信哲学的意义。人们都说哲学是爱智之学，我想这深蕴着这一古老的学科得以绵延数千年仍然保持其生命力和思想张力。不管承认与否，我们在某种程度上都有些偏执——总是说服自己相信对于自己最合意的生活方式就是自由的思与想，然后用最自由的文字表达。我坚持认为，哲学思考是距离心灵自由最近的地方——"意味着，一个人不必非要实现某些特定的目标，不必成为道德上的圣人，不必成为一个有社会地位的人，也能获得生命原生的幸福、充实、宁静与喜悦。心灵的自由意味着，不依赖特定的东西，不必勉强去符合特定的规定与规范。心灵的自由意味着心的自然流淌"，心灵的自由是距离理想生活最近的地方。自由的思想使得心灵更加自由，心灵的自由既赋予生命以永恒的意义，又通过每个人的思与想与他人分别，作为标志自我独立存在的证据。对这一文本的思考让我在哲学的领地中尽情驰骋，打破学科的界限——马克思主义、西方马克思主义、女性主义、后现代主义、现代西方哲学，打破思想的限制——以好与坏、进步与落后、积极与消极简单地定义某一思想理论。在自由的思与想中我确实感受到了哲学的深邃和思想的快乐。

我相信生活的意义。自由的思想赋予生活更多的意义。生活之所以是生活就在于生活是多维的、流动的和不确定的，这种不确定恰恰给予自由的思想以空间。正如苏格拉底所说："未经反省的生活是无意义的生活。"也正如叔本华所说："人生总是在无聊和痛苦中徘徊。"我想他们说的都是一致性。正是在对生活的思考当中，我们领悟到了生活的喜与悲、苦与乐，而一旦我们放弃了思考，等待我们的唯有生活的无意义——无聊。思考对于生活的意义就在于我们永远在途中，在无尽的思与想中体味人生、把握人生、思索人生、领悟人生。思考让我们更加懂得生活的意义，让我们心里装着凡尘周遭中每一次珍贵的相遇，才能装着生命际遇里每一处的辗转，让我们时时感恩生活给予的恩赐。感谢生活、感恩生命、感受人生，更感谢生活中那些支持的力量，没有那些支持，我不知道自己是否有勇气在这布满思想荆棘的途中勇敢地走下去；没有那些支持，我不知道每当懈怠、每当疲倦、每当对自己和对生活丧失信心之时能否仍然坚持不懈地哲学思考；没有那些支持，我不知道如何才能在喧嚣的生活中保持灵魂的圣洁和思想的独立。感谢韩秋红先生，您的鼓励、支持与温暖的目光，让我能够走到今天；感谢友人、亲人的包容；也感谢出版社同仁为此书出版所做的辛勤工作。

是为后记。

史　巍

2011 年夏于净月